André Brambring
Kindestötung (§ 217 a.F. StGB)

Juristische Zeitgeschichte
Abteilung 3, Band 39

Juristische Zeitgeschichte
Hrsg. von Prof. Dr. Dr. Thomas Vormbaum
(FernUniversität in Hagen)

Abteilung 3:
Beiträge zur modernen deutschen Strafgesetzgebung.
Materialien zu einem historischen Kommentar

Band 39

Redaktion: Sandra Kralik, Dana Theil

De Gruyter

André Brambring

Kindestötung (§ 217 a.F. StGB)

Reformdiskussion und Gesetzgebung seit 1870

De Gruyter

ISBN 978-3-11-024832-6
e-ISBN 978-3-11-024833-3

Bibliografische Information der Deutschen Nationalbibliothek

Die Deutsche Nationalbibliothek verzeichnet diese Publikation in der Deutschen Nationalbibliografie; detaillierte bibliografische Daten sind im Internet über http://dnb.d-nb.de abrufbar.

Druck: Hubert & Co. GmbH & Co. KG, Göttingen
∞ Gedruckt auf säurefreiem Papier

Printed in Germany

www.degruyter.com

Vorwort

Diese Arbeit wurde im Mai 2009 von der Rechtswissenschaftlichen Fakultät der FernUniversität in Hagen als Dissertation angenommen.

Mein erster Dank gilt meinem Doktorvater Prof. Dr. Dr. Thomas Vormbaum, der mir die Möglichkeit eröffnete, die vorliegende Arbeit anzufertigen, und der dieses Vorhaben stets mit fachlichem Rat und wohlwollendem Zuspruch betreute und unterstützte.

Gleichfalls danke ich Herrn Prof. Dr. Dr. h. c. mult. Günter Bemmann, der freundlicherweise die Zweitbegutachtung dieser Arbeit vornahm.

Gedankt sei an dieser Stelle zudem den Mitarbeiterinnen und Mitarbeitern des Geheimen Staatsarchivs – Preußischer Kulturbesitz, des Bundesarchivs in Berlin-Lichterfeld und in Koblenz sowie des Bundesministeriums der Justiz in Berlin bzw. Bonn, die mir bei meinen Recherchen immer hilfsbereit und sachkompetent zur Seite standen.

Besonderer Dank gilt meinen ehemaligen Kolleginnen und Kollegen des Lehrgebiets Strafrecht, Strafprozessrecht und Juristische Zeitgeschichte, denen ich freundschaftlich verbunden bleiben werde. Jede und jeder von ihnen hat auf unterschiedliche Art und Weise zum Gelingen dieser Arbeit beigetragen. Zudem haben alle ihren Anteil daran, dass ich mich während meiner Zeit an der FernUniversität nicht nur in fachlicher, sondern, so hoffe ich, auch in persönlicher Hinsicht weiterentwickeln konnte. Stellvertretend genannt seien Beate Gogler und Anne Gipperich, deren kongeniales zwischenmenschliches Zusammenspiel die hierfür maßgebliche Atmosphäre „auf Station 4" schafft. Gedankt sei namentlich auch Dana Theil, die diese Arbeit redaktionell betreute.

Meinen Freunden danke ich dafür, dass sie mit viel Nachsicht mein Leben „neben der Dissertation" aufrecht erhielten und so für den nötigen Ausgleich sorgten.

Meinen Eltern und meiner Freundin Anja Kompa danke ich herzlich für Ihre bedingungslose Unterstützung und ihren Rückhalt, auch und insbesondere während der Zeit der Promotion.

Arnsberg, im April 2010 *André Brambring*

Inhaltsverzeichnis

Dritter Teil. Zusammenfassung und Würdigung

Anhang

Abkürzungsverzeichnis

a.a.O.	am angegebenen Ort
Abs.	Absatz
Abt.	Abteilung
AE-AT	Alternativ-Entwurf – Allgemeiner Teil
AE-BT	Alternativ-Entwurf – Besonderer Teil
ALR	Allgemeines Landrecht für die Preußischen Staaten
Art.	Artikel
BA	Bundesarchiv
Bd.	Band
BG / BHE	Gesamtdeutscher Block / Bund der Heimatvertriebenen und Entrechteten
BGBl.	Bundesgesetzblatt
BGBl. NdB	Bundesgesetzblatt Norddeutscher Bund
BGHSt	Entscheidungen des Bundesgerichtshofs in Strafsachen
Bl.	Blatt
BR-Drs.	Drucksachen des Deutschen Bundesrates
bspw.	Beispielsweise
BT-Drs.	Drucksachen des Deutschen Bundestages
bzw.	beziehungsweise
CCC	Constitutio Criminalis Carolina
CSU	Christlich-Soziale Union in Bayern
DDP	Deutsche Demokratische Partei
ders.	Derselbe
Dez.	Dezember
DJT	Deutscher Juristentag
DNVP	Deutschnationale Volkspartei
Dr.	Doktor
DV	Deutsche Volkspartei
E	Entwurf
EGStGB	Einführungsgesetz zum Strafgesetzbuch
etc.	etcetera
f., ff.	folgende
FamRZ	Zeitschrift für das Gesamte Familienrecht
FDP	Freie Demokratische Partei

Fn.	Fußnote
GA	Goltdammer´s Archiv für Strafrecht
GSK	Große Strafrechtskommission
GStA PK	Geheimes Staatsarchiv Preußischer Kulturbesitz
Hrsg.	Herausgeber
JZ	JuristenZeitung
Kap.	Kapitel
NdbStGB	Strafgesetzbuch für den Norddeutschen Bund
KP	Kommunistische Partei Deutschlands
mdl.	mündlich
NJW	Neue Juristische Wochenschrift
Nr.	Nummer
NSDAP	Nationalsozialistische Deutsche Arbeiterpartei
o.ä.	oder ähnliche(s)
o.g.	oben genannte(r/n)
Prof.	Professor
RGBl.	Reichsgesetzblatt
RefE	Referentenentwurf
RGSt	Entscheidungen des Reichsgerichts in Strafsachen
RN	Randnummer
RStGB	Reichsstrafgesetzbuch
S., s.	Seite, Satz, siehe
SPD	Sozialdemokratische Partei Deutschlands
Sten. Ber.	Stenographischer Bericht
StGB	Strafgesetzbuch
Str.ÄG	Strafrechtsänderungsgesetz
StrRG	Gesetz zur Reform des Strafrechts
u.a.	unter anderem
v. Chr.	vor Christus
Vgl., vgl.	vergleiche
Vorbm.	Vorbemerkung
VZ	Vorläufige Zusammenstellung
WP	Wirtschaftspartei; auch Reichspartei des Deutschen Mittelstandes
Z	Deutsche Zentrumspartei
z.B.	zum Beispiel
ZRP	Zeitschrift für Rechtspolitik
ZStW	Zeitschrift für die gesamte Strafrechtswissenschaft

ERSTER TEIL.

GRUNDLAGEN

Erstes Kapitel.
Sachliche Grundlegung: Probleme und Methoden

A) Problemstellung

Als das Sechste Gesetz zur Reform des Strafrechts (6. StrRG) am 1. April 1998 in Kraft trat, wurde damit der Tatbestand der Kindestötung nach 127 Jahren der Zugehörigkeit zum Strafgesetzbuch aufgehoben. § 217 StGB lautete bis zu seiner Streichung wie folgt:

> „(1) Eine Mutter, welche ihr nichteheliches Kind in oder gleich nach der Geburt tötet, wird mit Freiheitsstrafe nicht unter drei Jahren bestraft.
>
> (2) In minder schweren Fällen ist die Strafe Freiheitsstrafe von sechs Monaten bis zu fünf Jahren.“

Unter einer Kindestötung verstand das Strafgesetzbuch somit die Tötung eines nichtehelichen Kindes durch die eigene Mutter im Zusammenhang mit der Geburt des Kindes. Aufgrund ihres besonderen Erregungszustandes, den man auf die psychischen und physischen Belastungen der Geburt sowie auf den Umstand der Nichtehelichkeit des Kindes zurückführte, gewährte man der Mutter das Privileg einer in Relation zu den Strafandrohungen der allgemeinen Tötungsdelikte deutlich milderen Bestrafung.

Richtet man im Jahre 2009 unter dem Stichwort „Kindestötung“ eine Suchanfrage an das Internet, so erhält man als Ergebnis eine kaum zu überblickende Zahl von Hinweisen auf journalistische Berichterstattungen über Straftaten, die trotz der Aufhebung des § 217 StGB vor mehr als zehn Jahren schlagwortartig mit dem Begriff der Kindestötung überschrieben werden. Bei näherer Betrachtung der Fundstellen fällt allerdings auf, dass es sich dabei oftmals um Fälle von Kindestötungen handelt, die in keinerlei Zusammenhang mit der Geburt des betroffenen Kindes stehen und die von anderen Personen als der Mutter verübt wurden. Wird über Fälle der Tötung eines Neugeborenen durch die eigene Mutter berichtet, so wird dabei zumeist das Unverständnis über die Tat in den Vordergrund gestellt, ohne die Motive und Beweggründe der Täterin objektiv zu hinterfragen. Angaben zum drohenden Strafmaß werden auffallend hoch angesetzt, ohne dass auf die Möglichkeit der Annahme eines minder schweren Falls verwiesen wird.

Diese Eindrücke einer einfachen Suchanfrage im Internet, die natürlich keinerlei Anspruch auf empirische Genauigkeit erhebt, lassen befürchten, dass der privilegierende Tatbestand der Kindestötung bereits ein gutes Jahrzehnt nach seiner Streichung aus dem Strafgesetzbuch in Vergessenheit geraten ist. Gleiches gilt für die Erwägungen, die zur Rechtfertigung der milden Bestrafung der Täterinnen herangezogen wurden und die auch heute noch dazu beitragen könnten, die Beweggründe einer Mutter zu verstehen, die ihr neugeborenes Kind tötet. Diese Entwicklung wird der langen Rechtshistorie der Norm, die nicht nur auf die Dauer ihrer Zugehörigkeit zum Strafgesetzbuch beschränkt ist, in keiner Weise gerecht. Die Kindestötung wurde bereits in der Costitutio Criminalis *Karls V.* eigenständig geregelt, durchlief im Zuge der Aufklärung einen tiefgreifenden Wandel von einem qualifizierten zu einem privilegierten Tötungsdelikt und fand Eingang in die Partikulargesetzgebungen des 19. Jahrhunderts. Nachdem die Vorschrift schließlich nahezu unverändert aus dem Preußischen Strafgesetzbuch von 1851 in das Reichsstrafgesetzbuch von 1871 übernommen worden war, blieb sie bis zu ihrer Abschaffung als § 217 des Strafgesetzbuches in ihren wesentlichen tatbestandlichen Grundzügen bestehen, fand jedoch nichtsdestoweniger regelmäßig kontroverse Berücksichtigung in den verschiedenen Reformbemühungen zum Strafgesetzbuch.

Die Befürchtung, dass der Tatbestand der Kindestötung nach seinem Ausschluss aus dem Strafgesetzbuch auch hinsichtlich seiner bedeutenden rechtshistorischen Entwicklung in Vergessenheit gerät, bietet hinreichenden Anlass, dem durch eine umfassende Darstellung der zugrundeliegenden Reformdiskussionen und Gesetzgebungsverfahren entgegenzuwirken.

B) Forschungsstand

Zur Normgenese der Kindestötung existieren bereits zahlreiche Abhandlungen, die aber entweder, bedingt durch den frühen Zeitpunkt ihrer Abfassung, auf andere Untersuchungszeiträume ausgerichtet sind[1], die nur ein punktuelles Erkenntnisinteresse haben[2] oder sich auf eine gedrängte chronologische Darstellung beschränken[3].

1 Z.B. *Handke*, Die Kindestötung: Rechtshistorisch und rechtsvergleichend, 1937; *Fuß*, Der Begriff der Kindestötung nach § 217 RStGB, sowie deren Behandlung in den Entwürfen zu einem neuen Reichsstrafgesetzbuch mit Rechtsvergleichung, 1932; *Wallach*, Zur Lehre vom Kindsmord, 1932.

2 Z.B. *Michalik*, Kindsmord, Sozial- und Rechtsgeschichte der Kindestötung im 18. und beginnenden 19. Jahrhundert am Beispiel Preußen, 1997; *Kriegelstein*, Die Rechtshistorische Entwicklung der Kindestötung unter medizinischen Aspekten, 1969.

3 Z.B. *Weinschenk*, § 217 StGB – Folgen des Wegfalls einer Norm, 2004; *Streb*, Über die Kindestötung. Eine strafrechtliche und kriminologische Studie zur Problematik des § 217 StGB und des von ihm vorausgesetzten Deliktstyps, 1968.

C) Methoden und Fragestellungen

Die Studie wird eingeleitet mit einem Überblick über die strafrechtliche Behandlung der Kindestötung im römischen und germanischen Recht, im Mittelalter, in der Constitution Criminalis *Karls V.*, im Zeitalter der Aufklärung sowie innerhalb der Partikulargesetzgebungen des 19. Jahrhunderts.

Im zweiten Teil der Arbeit schließt sich eine chronologische Darstellung der amtlichen Reformdiskussion und Gesetzgebung an, die bei der Entstehung des Reichsstrafgesetzbuches ansetzt und sich bis zur bislang letzten legislativen Änderung im Jahre 1998 (6. Strafrechtsreformgesetz) fortsetzt, die zur Aufhebung des Tatbestandes der Kindestötung führte. Gegenstand der näheren Betrachtung sind diesbezüglich insbesondere folgende Fragestellungen:

I. Strafmaß

Das Delikt der Kindestötung zeichnet sich durch einen bemerkenswerten Wandel von einem qualifizierten zu einem privilegierten Tötungsdelikt aus, der in den Partikulargesetzgebungen des 19. Jahrhunderts dahingehend seine Vollendung fand, dass die zuvor oftmals besonders grausam und ehrverletzend vollzogene Todesstrafe abgeschafft und durch die Androhung von Freiheitsstrafe ersetzt wurde. Aber auch die Frage des in Relation zu den höheren Strafandrohungen der allgemeinen Tötungsdelikte angemessenen Strafrahmens der Freiheitsstrafe war immer wieder Gegenstand der Reformarbeiten zum Strafgesetzbuch.

II. Privilegierungszeitraum

Umstritten war des weiteren die Frage, wie der Zeitraum des Geburtsvorgangs und damit der Zeitraum der Privilegierung abzugrenzen sei. Während der Beginn der Geburt mit dem Eintritt der Eröffnungswehen konkret bestimmt werden konnte, ließ man die Fortdauer und das Ende der Geburt mit der Formulierung „in oder gleich nach der Geburt" relativ unbestimmt. Immer wieder gab es Vorstöße, auch das Ende des Geburtsvorgangs durch konkrete Zeitangaben zu fixieren und damit die Dauer der Privilegierungswirkung schärfer zu konturieren.

III. Rechtfertigungsgrund der Privilegierung und die Frage der Ausdehnung der Privilegierung auch auf eheliche Mütter

Grundlegende Bedeutung kam der Frage des rechtfertigenden Grundes der milden Bestrafung der Kindestötung zu. Daran schloss sich die regelmäßig wiederkehrende Frage an, ob diese Milderung nicht auch auf eheliche Mütter erstreckt werden solle. Stellte man hinsichtlich der Rechtfertigung der Privilegierung auf die Folgen der Nichtehelichkeit ab, sprach dies zwangsläufig für eine Beibehaltung dieses Differenzierungskriteriums. Führte man das Erfordernis einer milderen Bestrafung hingegen auf die körperlichen und geistigen Belastungen der Mutter im Verlauf der Geburt zurück, so legte dies eine Erweiterung der Strafmilderung auch auf eheliche Mütter nahe, die naturgemäß den gleichen geburtsbedingten Beeinträchtigungen unterfielen wie nichteheliche Mütter.

IV. Aufhebung des Tatbestandes der Kindestötung

Aus der unter III. bereits angesprochenen Frage der Rechtfertigung der Privilegierung ergibt sich schließlich auch die Frage des grundsätzlichen Erfordernisses eines Tatbestandes der Kindestötung. Das 6. Strafrechtsreformgesetz hat diese Frage 1998 unter Verweis darauf, dass das Kriterium der Nichtehelichkeit nicht mehr zeitgemäß sei, negativ beantwortet und hat die Kindestötung aus dem Strafgesetzbuch gestrichen. Diese Entscheidung ist umstritten, zumal die Aufhebung entgegen dem Vorschlag des Bundesrates erfolgte, den Tatbestand der Kindestötung beizubehalten und die Privilegierung auch auf Mütter ehelicher Kinder zu erstrecken

Die Darstellung endet im Dritten Teil mit einer Abschlussbetrachtung, die zunächst die Entwicklung der Kindestötung bilanzierend herausarbeitet. Auf Grundlage der gewonnenen Ergebnisse soll sodann der Versuch unternommen werden, die Aufhebung des Tatbestandes durch das 6. Strafrechtsreformgesetz einer angemessenen Bewertung zuzuführen.

D) Darstellungsweise

Die Darstellung der Arbeit erfolgt in historischen Abschnitten. Die jeweiligen Entwürfe werden in direktem Zusammenhang mit den dazugehörigen verfügbaren Motiven und Diskussionsprotokollen der beteiligten Gremien behandelt. Ergänzend finden auch kritische Stimmen und private Reformüberlegungen innerhalb der juristischen Fachliteratur Berücksichtigung.

Soweit möglich, werden besonders aussagekräftige Passagen direkt in den Text eingebunden. Ist dies ohne Beeinträchtigung der Lesbarkeit nicht möglich, erfolgt die Wiedergabe in einer Fußnote.

Um einen Vergleich der unterschiedlichen Gesetzes- und Entwurfstexte zu ermöglichen, sind der Abhandlung die wechselnden Fassungen des Tatbestandes der Kindestötung in einem Anhang beigefügt.

Zweites Kapitel.
Die Entwicklung bis zur Partikulargesetzgebung des 19. Jahrhunderts

A) Das römische Recht

Das römische Recht kannte keinen Tatbestand der Kindestötung durch die Mutter im heutigen Sinne[1].

Ein Gesetz, welches um 450 v. Chr. in die XII Tafeln aufgenommen wurde und Romulus zugeschrieben wird[2], beschränkte lediglich das der *patria potestas* des Vaters entstammende *ius vitae et necis*, also das Recht des Vaters, über das Schicksal seines Kindes zu bestimmen, dahingehend, dass dieses an bestimmte Voraussetzungen geknüpft wurde. So durfte ein Kind, welches durch seinen Vater getötet oder ausgesetzt wurde, zu diesem Zeitpunkt noch nicht älter als drei Jahre sein. Zudem musste das Kind durch Zeugnis von fünf Nachbarn für missgestaltet oder schwächlich erklärt worden sein[3]. Diese reglementierte Verfügungsgewalt wurde dem Vater später durch die christlichen Kaiser Roms gänzlich genommen. Diese sahen in der Kindestötung ein *parricidium*, einen Verwandtenmord, und ahndeten diesen mit der Todesstrafe[4].

Ob die Reglementierung und das spätere Verbot der Kindestötung durch den Vater im neueren römischen Recht den Rückschluss darauf zulassen, dass diese im alten römischen Recht noch uneingeschränkt ausgeübt werden durfte, ist umstritten[5]. Unstreitig ist jedoch, dass es einer Mutter im römischen Recht zu keiner Zeit zustand, ihr Kind zu töten[6]. Im Gegensatz zum Vater stand der Mutter die *patria potestas* und somit auch das *ius vitae et necis* nicht zu, so dass sie in jedem Fall ein *parricidium* beging und daher die Todesstrafe zu erwarten hatte[7].

---

1 *Handke*, Kindestötung, S. 4.

2 *Blanke*, Die Kindestötung in rechtlicher und kriminologischer Hinsicht, 1966, S. 15 mit Verweis auf Cicero de legibus 3, 18.

3 *Wallach*, Kindesmord, S. 2; *Streb*, Kindestötung, S. 40; *Handke*, Kindestötung, S. 7.

4 *Handke*, Kindestötung, S. 6; *Streb*, Kindestötung, S. 42.

5 Vgl. hierzu *Handke*, Kindestötung, S. 5 ff.

6 *Streb*, Kindestötung, S. 41; *Handke*, Kindestötung, S. 9.

7 *Streb*, Kindestötung, S. 41; *Handke*, Kindestötung, S. 9.

B) Das germanische Recht

Ein Tatbestand der Tötung eines Kindes durch die eigene Mutter ist auch im germanischen Recht nicht zu finden[8]. Zwar galt der Mord an einem Verwandten auch hier als besonders schweres Verbrechen, jedoch zählte man die Tötung eines neugeborenen Kindes nicht hierzu. Ähnlich der römischen *patria potestas* oblag dem Vater im germanischen Recht vielmehr die *Muntschaft* über sein Kind und damit die Gewalt, das Kind zu töten oder auszusetzen[9]. Dieses Recht endete, wenn das Kind durch die mit der Taufe vergleichbare germanische *Lustration* oder durch die Aufnahme von Nahrung ein eigenständiges Recht auf Leben erworben hatte[10]. Die Muntschaft des Vaters erstreckte sich neben dem Neugeborenen auch auf dessen Mutter, so dass dieser selbst kein Recht zustand, ihr Kind zu töten[11]. Tötete sie ihr Kind trotzdem, so beging sie vor dessen Lustration oder Nahrungsaufnahme eine einfache Tötung, da das Kind noch nicht als rechtsfähig galt[12]. War das Kind hingegen schon in die Gemeinschaft aufgenommen worden, so wurde die Mutter wegen des Mordes an einem Verwandten mit dem Tode bestraft[13].

C) Das Mittelalter

Die privilegierende Wirkung der noch nicht erfolgten Taufe im Frühmittelalter verkehrt sich durch den Einfluss des kanonischen Rechts im Spätmittelalter ins Gegenteil. Wurde ein Kind getötet, bevor der Akt der heiligen Taufe vollzogen werden konnte, so interpretiert man dies nunmehr dahingehend, dass dem Kind die Erwartung ewigen Lebens und ewiger Seligkeit genommen wurde[14]. Diese kirchliche Auslegung vermittelte dem Volk das Gefühl einer besonderen Schwere[15] der Kindestötung und mündete schließlich darin, dass das *corpus*

---

8 *Handke*, Kindestötung, S. 12.

9 *Handke*, Kindestötung, S. 10; *Grimm*, Deutsche Rechtsaltertümer, 1899, Bd. 1, S. 455, 1.

10 Vg. *Handke*, Kindestötung, S. 10 ff.

11 *Handke*, Kindestötung, S. 11.

12 Vgl. *Schwarz*, Die Kindestötung in ihrem Wandel vom qualifizierten zum privilegierten Delikt, 1935, S. 5; *Kastner*, Der Kindsmord: historische, rechtliche und literarische Aspekte, in: NJW 1991, S. 1443 ff. (1444).

13 *Handke*, Kindestötung, S. 10.

14 *Streb*, Kindestötung, S. 42; *Schwarz*, Kindestötung, S. 6; *Handke*, Kindestötung, S. 14.

15 *Clossmann*, Die Kindestötung historisch-dogmatisch dargestellt, 1889, S. 11; *Handke*, Kindestötung, S. 15.

iuris canonici[16] jegliche Art der Kindestötung durch Vater oder Mutter unabhängig davon, ob diese vor oder nach der Taufe des Kindes erfolgte, als *Parricidium* ahndete[17].

Die besondere Schwere der Tötung eines Kindes durch die eigene Mutter ergab sich nach kanonischem Recht auch daraus, dass der Grund einer solchen Tötung zwingend in der Angst der Mutter vor Strafe und der Rettung ihrer Geschlechtsehre nach außerehelichem Geschlechtsverkehr gesehen wurde[18]. Die Erwähnung der Motive, die bis heute als Hauptbeweggründe für die Tat gelten, findet sich somit bereits im Mittelalter[19]. Jedoch interpretierte man diese Motive damals keineswegs strafmildernd. Vielmehr ging man bei der Tötung eines Kindes durch die eigene Mutter, die der Verheimlichung außerehelicher Unzucht diente und zudem das ursprünglichste aller Bande zwischen Mutter und Kind zerstörte[20], von einer Häufung von Verbrechen aus, welche den Ausspruch der Todesstrafe im doppelten Sinne rechtfertigte[21].

Wurde die Todesstrafe bei Frauen zunächst häufig noch ausgesetzt oder durch die Blendung beider Augen ersetzt[22], so gestaltetet sich der unter dem steigenden Einfluss des kanonischen Rechts später regelmäßige Vollzug der Todesstrafe immer drastischer[23]. Das Lebendigbegraben und Pfählen, welches insbesondere für Frauen als besonders grausam galt, wurde zur üblichen Art des Vollzuges[24]. Die *Tiroler Malefizordnung* von 1499 bestimmte beispielsweise:

> „Welche fraw ain kind verthut, die sol lebendig begraben und ain phal durch sy geschlagen werden."[25]

---

16 Eine Zusammenfassung teils privater, teils amtlicher Sammlungen kirchenrechtlichen Inhalts, die zwischen 1140 und 1503 in organischer Entwicklung entstanden ist und bald von der Kirche und der Wissenschaft als geschlossenes Werk betrachtet wurde, vgl. *Streb*, Kindestötung, S. 43.

17 Regino Ic II 68, zitiert bei *Clossmann*, Kindestötung, S. 11; *Handke*, Kindestötung, S. 14.

18 Regino de causis Synod. II, 68–71; *Handke*, Kindestötung, S. 13.

19 *Blanke*, Kindestötung, S. 24.

20 *v. Liszt*, Kindestötung, in: Vergl. Darstellung des deutschen und ausländischen Strafrechts, Bes. Teil V, S. 107.

21 *Jordan*, Über den Begriff und die Strafe des Kindesmordes nach der peinlichen Gerichtsordnung Karls V. mit Rücksicht auf das römische und altgermanische Recht, 1844, S. 51 ff.

22 *Handke*, Kindestötung, S. 14; *Lex Visigoth*, VI 3, 7.

23 *Streb*, Kindestötung, S. 47.

24 *Kastner*, Der Kindsmord, NJW 1991, S. 1443 ff. (1444); *Schwarz*, Kindestötung, S. 7.

25 Zitiert nach *Weiske*, Abhandlungen aus dem Gebiete des teutschen Rechts theoretischen und praktischen Inhalts, 1830, S. 190; *Schwarz*, Kindestötung, S. 7.

Die Tötung ihres eigenen Kindes qualifiziert die Mutter im Mittelalter somit für eine überdurchschnittlich harte Bestrafung durch einen besonders qualvollen Tod.

D) Die Constitutio Criminalis Karls V.

An der Todesstrafe für Kindestötung durch die Mutter durch Lebendigbegraben und Pfählen hielt grundsätzlich auch die Peinliche Halsgerichtsordnung *Karls V.*, die *Constitutio Criminalis Carolina* (CCC) von 1532, fest. Die CCC nahm in den Artikeln 35, 36 und 131[26] bezug auf die Kindestötung und regelte diese somit erstmalig als eigenständiges Delikt und nicht mehr als Unterfall der Abtreibung oder des *Parricidiums*[27].

Art. 35 und 36 sowie Art. 131 Abs. 2 regelten in strafprozessualer Hinsicht die Möglichkeiten der Anwendung von Folter zur Erzwingung eines Geständnisses der Kindestötung. Ein solches Geständnis war nach den allgemeinen Grundsätzen der CCC für eine Verurteilung zwingend erforderlich, sofern keine Zeugen die Täterschaft bestätigen konnten[28].

Der eigentliche Tatbestand der Kindestötung findet sich in Art. 131 Abs. 1 der CCC:

> „Item welches weib jre kind, das leben und glidmass empfangen hett, heymlicher bosshafftiger williger weiss ertödtet, die werden gewonlich lebendig begraben vnnd gepfelt, Aber darinnen verzweiffelung zuuerhütten, mögen die selben übelthäterinn inn welchem gericht die bequemlicheyt des wassers dazu vorhanden ist, ertrenckt werden. Wo aber solche übel offt geschehe, wollen wir die gemelten gewonheyt des vergrabens vnnd pfelens, vmb mer forcht willen, solcher bosshaftiger weiber auch zulassen, oder aber das vor dem erdrencken die übelthätterin mit glüenden zangen gerissen werde, alles nach radt der rechtuerstendigen."

Gewöhnliche Strafe für die Kindestötung war somit das Lebendigbegraben und Pfählen, welches in Regionen, in denen sich die Kindestötung häufte, zum Zwecke der Abschreckung generell angewandt werden sollte[29]. In Gegenden, in denen sich geeignete Gewässer befanden, konnte diese besonders harte

---

26 Die Peinliche Gerichtsordnung Kaiser Karls V. von 1532 (Carolina), herausgegeben und erläutert von *Gustav Radbruch*, 5. verbesserte und ergänzte Auflage herausgegeben von Arthur Kaufmann, 1980.

27 Vgl. *Blanke*, Kindestötung, S. 25 zur Bambergischen Halsgerichtsordnung von 1507 (Constitutio Criminalis Bambergensis), deren Regelung zur Kindestötung wörtlich in die CCC übernommen wurde.

28 *Schwarz*, Kindestötung, S. 30.

29 *Handke*, Kindestötung, S. 24.

Frauenstrafe durch den Tod durch Ertränken ersetzt werden, um Verzweiflung zu verhüten[30].

Das Bestreben, möglicher Verzweifelung der Delinquentin angesichts des bevorstehenden Lebendigbegrabens und Pfählens durch Anwendung des als milder empfundenen Ertränkens entgegenzutreten, wird teilweise als erster Ansatz einer Privilegierung der Täterin interpretiert[31]. Die Carolina bezeichnet die Kindestötung jedoch im weiteren als ein „unchristlich und unmenschlich übel und mordt“[32] an einem „unschuldigen kindlein“[33]. Mit dieser Bewertung der Tat als unchristlich und unmenschlich hätten sich die Verfasser der Carolina selbst widersprochen, wenn sie zugleich eine Privilegierung der Täterin beabsichtigt hätten[34]. Die Einführung der Möglichkeit des Ertränkens der Kindesmörderin ist somit als Ausdruck des allgemeinen Bestrebens der Carolina zu verstehen, Strafen des Mittelalters, die nunmehr als zu grausam empfunden wurden, zu reduzieren und schließlich abzuschaffen[35]. Die Schwere des Verbrechens an sich sollte mit dieser Humanisierung der Strafe hingegen noch nicht relativiert werden.

E) Das Zeitalter der Aufklärung

Im 16. und 17. Jahrhundert traten die Bestrebungen zur Humanisierung der Strafen häufig wieder in den Hintergrund: So gestattete beispielsweise die *Henneberger Landesordnung* von 1539 die Möglichkeit des Ertränkens der Täterin erst „auf vielfältige Fürbitt“ als Akt der Begnadigung[36]. *Landgraf Philipp von Hessen* verordnete am 25. Mai 1554 im Falle der Kindestötung das Lebendigbegraben und Pfählen der Täterin ohne jegliche Möglichkeit der Milderung[37]. Die *Verordnungen und Constitutiones des rechtlichen Processes* vom 21. April 1572 definierten für Sachsen die Kindestötung entgegen Art. 131 der CCC wieder als einen Unterfall des Verwandtenmordes und

30 *Handke*, Kindestötung, S. 24.

31 *Clossmann*, Kindestötung, S. 15; *Jordan*, Kindesmord, S. 51.

32 Art. 131, II CCC; *Schwarz*, Kindestötung, S. 8, *Handke*, Kindestötung, S. 24.

33 Art. 131, II CCC; *Schwarz*, Kindestötung, S. 8; *Handke*, Kindestötung, S 24.

34 Vgl. *Schwarz*, Kindestötung, S. 8; *Handke*, Kindestötung, S 24.

35 *Handke*, Kindestötung, S. 24.

36 Buch VIII, Tit. V, Cap. 3; zitiert nach *Schwarz*, Kindestötung, S. 9.

37 „Verordnung wider den Ehebruch, dier Hurerey, das Jungfrauschwächen und uneheliches Beylager, ingleichen wie der Kinder-Mordt zu verhüten und zu bestrafen seye“; vgl. *Schwarz*, Kindestötung, S. 9.

bestraften diesen mit der *poena culei*[38]. Die *poena culei* sah vor, dass die Delinquenten vor dem Ertränken zusammen mit Hunden, Affen, Hähnen, Katzen oder Schlangen in einen Sack eingenäht wurden. Auf diese Weise traktierten die Tiere die Ertrinkenden während des gemeinsamen Todeskampfes unter Wasser in Todesangst zusätzlich mit ihren Zähnen bzw. Schnäbeln und ihren Krallen[39]. *Benedikt Carpzov*[40] legte in der Folge sogar die Möglichkeit des Ertränkens der Täterin in Art. 131, I CCC dahingehend aus, dass darunter allein die *poena culei* als angemessene Art des Vollzuges zu verstehen sei[41]. Allerdings war die *poena culei* erst nach Abfassung der Carolina aus dem römischen Recht rezipiert worden[42].

Erst im 18. Jahrhundert änderte sich die Rechtsanschauung über den Kindesmord durch den Einfluss der Aufklärung und des Gedankens der Humanität wesentlich und nachhaltig[43]. Wurde die harte Bestrafung der Kindestötung bislang mit der Grausamkeit der Tat und der Hilflosigkeit der Opfer begründet, so rückten nun die Person der Täterin und ihre Motive in den Mittelpunkt der Betrachtung in Wissenschaft, Literatur und Gesellschaft.

Johann Heinrich Pestalozzi beispielsweise hielt die Vorstellung einer fernliegenden eventuellen Todesstrafe für nicht stark genug, die uneheliche Mutter, die sich in einer verzweiflungsvollen Lage befindet, von dem Tun zurückzuhalten[44]. *Cesare Beccaria* erläuterte die Zwangssituation der Täterin wie folgt:

> „Der Kindesmord ist [...] die Wirkung eines unvermeidbaren Widerspruchs, in den eine Person sich versetzt sieht, die ihrer Schwäche oder der Gewalt nachgegeben hat. Wie sollte die, welche zwischen der Schande und dem Tode eines Wesens, das dessen Übel zu empfinden unfähig ist, zu wählen hat, nicht diesen dem unabwendbaren Elend vorziehen, dem sie und die glücklose Frucht ausgesetzt sein würden?“[45]

---

38 *Codex Augusteus* Bd. I, S. 118 ff; vgl. *Schwarz*, Kindestötung, S. 10.

39 *Schwarz*, Kindestötung, S. 7.

40 1595–1666, Deutscher Strafrechtler.

41 Practicae novae, Quaestiio IX Nr. 25 f.; *Schwarz*, Kindestötung, S. 7.

42 *Schwarz*, Kindestötung, S. 7.

43 *Handke*, Kindestötung, S. 28.

44 Über Gesetzgebung und Kindesmord, S. 28, vgl. *Handke*, Kindestötung, S. 26.

45 *Beccaria*, Über Verbrechen und Strafen, S. 128, zit. nach *Wächtershäuser*, Das Verbrechen des Kindesmordes im Zeitalter der Aufklärung. Eine rechtsgeschichtliche Untersuchung der dogmatischen, prozessualen und rechtssoziologischen Aspekte, 1973, S. 28.

Und auch *Immanuel Kant*, der als entschiedener Vertreter des Vergeltungsgedankens die Todesstrafe für vorsätzliche Tötungen grundsätzlich forderte, sah im Falle des Kindermords hiervon ab:

> „Da die Gesetzgebung die Schmach einer unehelichen Geburt nicht wegnehmen kann, so scheint es, dass Menschen in diesen Fällen sich im Naturzustand befinden und Tötung (*homicidium*), die alsdann nicht mehr Mord (*homicidium dolosum*) heißen müsste, zwar allerdings strafbar sei, von der obersten Macht aber nicht mit dem Tode könne bestraft werden. Das uneheliche auf die Welt gekommene Kind ist außer dem Gesetz (denn das heißt Ehe), mithin auch außer dem Schutz desselben geboren. Es ist in das gemeine Wesen gleichsam eingeschlichen (wie verbotene Ware), so dass dieses seine Existenz (weil es billig auf diese Art nicht hätte existieren sollen), mithin auch seine Vernichtung ignorieren kann, und die Schande der Mutter, wenn ihre uneheliche Niederkunft bekannt wird, kann keine Verordnung heben."[46]

Die Problematik der Kindestötung wurde auch innerhalb der Bevölkerung mit zunehmendem Interesse erörtert. Als beispielsweise *Freiherr von Dalberg und Michaelis* 1780 die Preisfrage stellte: „Welches sind die besten ausführbaren Mittel, dem Kindesmord Einhalt zu tun?", gingen zu diesem Thema in der Folgezeit mehr als 400 Abhandlungen aus der Gesellschaft ein[47].

Die Literaten des Sturm und Drangs förderten diese gesellschaftliche Entwicklung, indem sie in ihren Liedern und Dramen versuchten, Mitleid und Verständnis für die Täterinnen zu wecken[48]. Exemplarisch genannt sei an dieser Stelle *Johann Wolfgang von Goethe*. In dessen Tragödie *„Faust"* aus dem Jahre 1808[49] wird der Person des Gretchens durch eine „Stimme von oben 'Errettung'" zugesagt, obwohl sie zuvor aus Verzweiflung ihr neugeborenes Kind getötet hat. Während der Dichter *Goethe* somit Mitgefühl für die Täterin und ihre Motive zum Ausdruck brachte, hielt der Jurist *Goethe* zuvor noch an der Todesstrafe als angemessener Sanktionierung einer Kindestötung fest: Der Jenenser Schöppenstuhl[50] hatte im Jahre 1783 eine Mutter wegen der Tötung ihres außerehelich geborenen Kindes zum Tode verurteilt. Diese Verurteilung bedurfte der Bestätigung durch *Herzog Karl August*, der diesbezüglich die

---

46 Zitiert nach *Wächtershäuser*, Das Verbrechen des Kindesmordes, S. 31.

47 *v. Bar*, Handbuch des deutschen Strafrechts, Band 1, S. 157; *Handke*, Kindestötung, S. 28.

48 *Handke*, Kindestötung, S. 28; ausführliche Darstellung hierzu bei: *Kastner*, Der Kindsmord, NJW 1991, S. 1443 ff.; *Rameckers*, Der Kindermord in der Literatur der Sturm- und Drangperiode. Ein Beitrag zur Kultur- und Literatur-Geschichte des 18. Jahrhunderts 1944.

49 1790 bereits als Fragment erschienen, vgl. *Kastner*, Der Kindsmord, NJW 1991, S. 1443 ff (1443).

50 Der Schöppenstuhl war ein Spruchkörper, der mit dem heutigen Schwurgericht vergleichbar ist.

Räte seines Consiliums, darunter den im Range eines Staatsministers stehenden *Goethe*, zu gutachterlichen Äußerungen aufrief. Nachdem er einer klaren Aussage zunächst auswich, stimmte *Goethe* der Beibehaltung der Todesstrafe schließlich aus Gründen der Staatsraison zu[51]. Abseits seiner literarischen Werke hielt sich der Jurist *Goethe* damit an die Grenzen, die ihm die rechtswissenschaftliche Anschauung der Kindestötung im 18. Jahrhundert noch auferlegte.

Als einer der ersten Rechtswissenschaftler hatte *Augustin Reichsfreiherr von Leyser*[52] die Motive der Täterin einer Kindestötung strafmildernd berücksichtigt[53]. Die meisten Kindestötungen entstammten nach Darstellung *Leysers* der Furcht der Mutter vor Strafe sowie deren Wunsch, sich die Ehrenschätzung zu erhalten[54]. Zudem sei die Tötung eines neugeborenen Kindes ein leichteres Verbrechen als die Tötung der Eltern[55]. Vor diesem Hintergrund empfand *Freiherr von Leyser* die Strafe des Säckens als zu hart[56]. Waren die Motive der Ehrenrettung und der Furcht vor Schande im Einzelfall tatsächlich gegeben, so sollte die Strafe im Wege der Auslegung zum Tod durch das Schwert gemildert werden[57]. Auch *Clossmann* unterstellte die Kindestötung wegen des ihr zugrundeliegenden Motivs der milderen Beurteilung und Strafe[58] und wies darauf hin, dass in den meisten Fällen statt der Bezeichnung „Kindermord" besser die Bezeichnung „Kindertotschlag" zu verwenden sei[59]. Den Ausführungen *Clossmanns* schlossen sich im Nachgang Rechtswissenschaft und Gesetzgebung dahingehend an, die Kindestötung nicht mehr als qualifizierte, sondern als privilegierte Art der Tötung zu interpretieren.

Allerdings führte der hiermit manifestierte Wandel der Kindestötung von einer Qualifikation zur Privilegierung noch nicht zu einem Verzicht auf die Todesstrafe[60]. Die Milderung kam vielmehr dadurch zum Ausdruck, dass man auf die noch immer üblichen grausamen Arten der Todesstrafe wie das Pfählen,

---

51 *Kastner*, Der Kindsmord, NJW 1991, S. 1443 ff. (1445).

52 18. Oktober 1683 bis 4. Mai 1752.

53 *Handke*, Kindestötung, S. 26; *Schwarz*, Kindestötung, S. 61.

54 Meditationes ad pandectas, S. 698 f., vgl. *Schwarz*, Kindestötung, S. 61 ff.

55 Meditationes ad pandectas, S. 698 f., vgl. *Schwarz*, Kindestötung, S. 61 ff.

56 Meditationes ad pandectas, S. 698 f., vgl. *Schwarz*, Kindestötung, S. 61 ff.

57 Meditationes ad pandectas, S. 698 f., vgl. *Schwarz*, Kindestötung, S. 62.

58 Vgl. *Handke*, Kindestötung, S. 29.

59 *Clossmann*, Kindestötung, S. 16.

60 *Handke*, Kindestötung, S. 34.

Lebendigbegraben oder Säcken verzichtete und durch die Enthauptung durch Beil oder Schwert ersetzte[61].

F) Die außerpreußischen Partikulargesetzgebungen[62] *bis 1871*

Nach Gründung des Deutschen Bundes am 8. Juni 1815 als Folge der Auflösung des Heiligen Römischen Reiches Deutscher Nation am 6. August 1806 durch die Niederlegung der Reichskrone durch *Kaiser Franz II.* und dem Ende der napoleonischen Herrschaft in den Jahren 1814/1815 erließen die meisten der ursprünglich 39 Mitgliedstaaten eigene Strafgesetzbücher. Diese Gesetzbücher traten nach und nach neben die wenigen bereits existierenden Partikulargesetzgebungen des Allgemeinen Landrechts für die preußischen Staaten, den *Codex Maximilianeus Bavaricus Criminalis* (Bayern) sowie die *Constitutio Criminalis Theresiana* bzw. das *Josephinische Strafgesetzbuch* Österreichs, während in den Regionen westlich des Rheins zunächst der *Code pénal* weiterhin Geltung besaß.

Im Gegensatz zum *Code pénal*, der die Kindestötung nach wie vor mit dem Tode ahndete[63], verzichtete bereits das österreichische „*Allgemeine Gesetz über Verbrechen und derselben Bestrafung*“ von 1787 auf die Todesstrafe in Fällen des Kindesmordes, den es allerdings noch nicht als selbständiges Verbrechen aufführte. Die Kindestötung wurde vielmehr unter den Verwandtenmord subsumiert und mit langwierigem hartem Gefängnis zweiten Grades sanktioniert[64].

Erst das österreichische *Gesetzbuch über Verbrechen und schwere Polizeyübertretungen* von 1803 wies die Kindestötung in § 122 als selbständiges Verbrechen aus und belegte dieses ebenfalls nicht mehr mit der Todesstrafe.

Diesem Beispiel folgte als erstes deutsches Strafgesetzbuch das von *Anselm v. Feuerbach* entworfene Strafgesetzbuch Bayerns von 1813, welches in Art. 157 bestimmte:

> „Eine Mutter, die ihr uneheliches neugeborenes lebensfähiges Kind absichtlich um das Leben bringt, soll zum Zuchthaus auf unbestimmte Zeit verurteilt werden.“

---

61 *Handke*, Kindestötung, S. 34.

62 Der folgende Überblick über die außerpreußischen Partikulargesetzgebungen erfolgt auf Basis der über die Sammlung von Stenglein zugänglichen Normen, in: *Stenglein*, Sammlung der deutschen Strafgesetzbücher, Bände 1–3, München 1858.

63 Art 300, 302 code pènal.

64 *Handke*, Kindestötung, S. 34.

Begründet wurde diese nicht mehr nur todeserleichternde, sondern nun auch lebenserhaltende Privilegierung der Täterin damit, dass die Kindestötung zur Erhaltung der Geschlechtsehre, zur Vermeidung öffentlicher Schande und zur Vermeidung der Zerstörung des Lebensglücks erfolge und dass die Täterin als Gebärende zudem unter dem Einfluss eines äußerst gereizten Nervensystems stehe[65].

Unter dem Einfluss des bayerischen Vorbildes verzichteten auch die nachfolgenden Strafgesetzbücher der anderen deutschen Staaten im Grundsatz auf die Todesstrafe in Fällen der Kindestötung. Das Herzogtum Braunschweig begründete dies in den Motiven zu seinem *Criminalgesetzbuch* in Ergänzung der oben bereits genannten Motive auch damit, dass das getötete Neugeborene nur über ein völlig unterentwickeltes Bewusstsein verfüge[66]. Die Todesstrafe wurde im Strafgesetzbuch Bayerns von 1813, im Strafgesetzbuch Hannovers von 1840 und im Strafgesetzbuch Oldenburgs von 1814 lediglich noch für den Fall vorgesehen, dass die Kindestötung wiederholt begangen wurde[67].

Die partikularen Strafgesetzbücher stimmten auch darin weitgehend überein, dass der Täterin die Privilegierung nur bei Tötung ihres unehelichen Kindes zugebilligt wurde. Lediglich die österreichischen Strafgesetzbücher von 1803[68] und 1852[69], das Strafgesetzbuch Braunschweigs von 1840[70] und das bayrische Strafgesetzbuch von 1861[71] erstreckten den Tatbestand auch auf die Tötung eines ehelichen Kindes. Begründet wurde diese Gleichbehandlung damit, dass das eigentliche Motiv der Kindestötung, der Wunsch, sich von einer drückenden Last zu befreien, sowohl bei der ehelichen als auch bei der nichtehelichen Mutter gegeben sei[72]. Gleiches gelte für den durch den Geburtsakt hervorgerufenen physischen und psychischen Zustand der Täterin[73]. Während das bayerische Strafgesetzbuch zudem auch hinsichtlich des Strafmaßes nicht zwischen einer ehelichen und einer nichtehelichen Täterin unterschied[74], nahmen die

---

65 Anmerkungen zum Strafgesetzbuch für das Königreich Baiern, 1813, S. 32.

66 Motive und Bemerkungen zum Braunschweigischen Strafgesetzbuch, S. 272.

67 Art. 158 Bayern; Art. 234 Hannover; Art. 163 Oldenburg.

68 § 122.

69 § 139.

70 § 149.

71 Art. 231.

72 Motive und Bemerkungen zum Braunschweigischen Strafgesetzbuch S. 272.

73 *Stenglein*, Commentar über das Strafgesetzbuch für das Königreich Bayern, 1861, S. 253 f.

74 Art. 231.

österreichischen Strafgesetzbücher[75] sowie das Strafgesetzbuch Braunschweigs[76] eine solche Differenzierung dahingehend vor, dass die Tötung eines ehelichen Kindes härter bestraft werden sollte.

Mit Ausnahme der Strafgesetzbücher Braunschweigs von 1840[77] und Badens von 1845[78] privilegierten alle strafrechtlichen Partikulargesetzgebungen allein die Mutter eines von ihr selbst getöteten Kindes als Täterin. Wurde das Kind von anderen Personen getötet, so waren diese Taten anhand der Tatbestände des Mordes und des Totschlags sowie den Bestimmungen über die Teilnahme an diesen Verbrechen zu beurteilen.

Zudem zählte in allen Strafgesetzbüchern weder die grundsätzliche Lebensfähigkeit des getöteten Kindes[79] noch die der Tötungshandlung zumeist vorausgehende Verheimlichung der Schwangerschaft[80] zu den Tatbestandsvoraussetzungen der Kindestötung.

Neben diesen weitgehenden Übereinstimmungen wiesen die verschiedenen partikularen Strafgesetzgebungen zur Kindestötung jedoch auch deutliche inhaltliche Divergenzen aus.

Insbesondere der Zeitraum, in dem die Kindestötung für eine privilegierte Sanktionierung erfolgt sein musste, wurde uneinheitlich definiert. Während die österreichischen Strafgesetzbücher von 1803[81] und 1852[82] allgemein voraussetzten, dass die Mutter das Kind „bei der Geburt" getötet haben musste, definierten das Strafgesetzbuch Bayerns von 1813 und das Strafgesetzbuch Württembergs von 1839 das Tatobjekt dahingehend, dass ein neugeborenes Kind zu Tode gekommen sein musste. Neugeboren sei das Kind, wenn es noch keine drei Tage alt[83] bzw. nicht älter als 24 Stunden[84] sei. Die Strafgesetzbücher Sachsen-Altenburgs von 1841[85] und Sachsens von 1855[86] setzten voraus, dass die Tötung des Kindes während dessen Geburt oder innerhalb der ersten

75 § 122 (1803) bzw. § 139 (1852).

76 § 149.

77 § 158.

78 §§ 222 bis 224.

79 Ausnahme: § 157 Bayern (1813).

80 Ausnahme: § 233 Hannover (1840).

81 § 122.

82 § 139.

83 Art. 157, 159 Bayern (1813).

84 Art. 249 Württemberg (1839).

85 Art. 126.

86 Art. 159.

24 Stunden erfolgte. Das Strafgesetzbuch Badens von 1845[87] verknüpfte die Privilegierung der Täterin im Fall der Tötung des Kindes 24 Stunden nach dessen Geburt mit der Bedingung, dass der durch die Geburt ausgelöste besondere geistige und körperliche Zustand, der die Zurechnung mindert, bei der Täterin noch fortgedauert haben musste. Das bayerische Strafgesetzbuch von 1861 forderte, dass die Mutter ihr Kind während oder gleich nach der Geburt getötet haben musste[88].

Uneinheitlich zeigten sich die verschiedenen strafrechtlichen Partikulargesetzgebungen auch hinsichtlich der Berücksichtigung strafmildernder bzw. strafschärfender Tatbestandsmerkmale.

Strafmildernd wirkte sich beispielsweise aus, wenn die Mutter das Kind tötete, weil diesem die menschliche Gestalt fehlte[89], wenn das getötete Kind aus Notzucht oder Schändung gezeugt worden war[90] oder wenn die Täterin den Entschluss zur Tötung des Kindes erst während oder nach der Geburt gefasst hatte[91]. War das getötete Kind nicht lebensfähig, so führte dies teilweise zu einer Strafbarkeit wegen Versuchs[92] oder zur Verhängung der Hälfte der ansonsten verwirkten Strafe[93].

Strafschärfend wirkte sich hingegen aus, wenn die Mutter den Entschluss zur Tötung ihres Kindes bereits vor der Geburt gefasst hatte[94], wenn die Täterin mit Vorbedacht oder Überlegung gehandelt hatte[95], wenn die Täterin öffentlich als Hure lebte[96] oder wenn die Täterin wiederholt eine Kindestötung beging und bereits zuvor wegen dieses Delikts bestraft worden war[97] oder auch bislang straffrei geblieben war[98].

---

87 § 216.

88 Art. 231.

89 § 150 Braunschweig (1840).

90 Art. 234 Hannover (1840); Art. 259 Hessen (1849).

91 § 215 Baden (1845); Art. 234 Hannover (1840).

92 Art. 249 Württemberg (1839); § 149 Braunschweig (1840).

93 Art. 234 Hannover (1840); Art. 126 Sachsen-Altenburg (1841).

94 Art. 249 Württemberg (1839); Art. 249 Hessen (1841).

95 § 149 Braunschweig (1840).

96 Art. 158 Bayern (1813); Art. 234 Hannover (1840).

97 § 217 Baden (1845).

98 Art. 234 Hannover (1840).

G) Das preußische Recht bis 1871

Im Vergleich zu den übrigen partikularen Gesetzgebungen zeichnet sich das Preußische Strafrecht durch einen besonders großflächigen Geltungsbereich aus. Zudem ist das Strafgesetzbuch Preußens von 1851 auch Vorbild des sogenannten Entwurfs Friedbergs, des „Grundsteins“[99] des späteren Reichsstrafgesetzbuches, so dass der Entwicklungsverlauf des preußischen Strafrechts besondere Beachtung verdient.

Das *„Allgemeine Edict wegen des Kinder-Mordes“* aus dem Jahre 1720 markiert den Beginn der gesetzlichen Auseinandersetzung Preußens mit der Problematik der Kindestötung[100]. Das Edikt ordnete an, die auf Todesstrafe lautenden Urteile in Fällen der Kindestötung in Form des Säckens zu vollziehen[101]. Begründet wurde der Erlass dieses strafschärfenden Edikts mit der „Erfahrung“, dass das Verbrechen „allzu gemein“ werde und insbesondere „viele ausser der Ehe gebohrne unschuldige Kinder von ihren gottlosen Müttern bey der Geburth umgebracht“ würden[102].

Mit der Thronbesteigung *Friedrichs II.* im Jahre 1740 begannen sich die Ideen der Aufklärung auch in Preußen auf das Delikt der Kindestötung auszuwirken. Per Kabinettsorder vom 31. Juli und Reskript vom 7. August 1740 wurde die Strafe des Säckens für die Kindestötung abgeschafft und durch die einfache Todesstrafe des Schwertes ersetzt[103].

Im Jahre 1749 befasste sich *Friedrich II.* in seiner rechtstheoretischen *Dissertation sur les raisons d'etablir ou d'abroger des lois* mit der Kindestötung und wies als erster Staatsvertreter darauf hin, dass die Kindestötungen auf gesellschaftliche Ursachen, konkret die staatlichen Unzuchtstrafen, zurückzuführen seien[104]:

> „Ist durch die Gesetze nicht eine Art von Schande mit der heimlichen Niederkunft verknüpft? Kommt ein Mädchen von zärtlichem Gemüt, das sich durch die Schwüre eines Wüstlings hat verführen lassen, infolge ihrer Leichtgläubigkeit nicht in die

---

99 *Große-Vehne*, Tötung auf Verlangen (§ 216 StGB), „Euthanasie“ und Sterbehilfe – Reformdiskussion und Gesetzgebung seit 1870, 2005, S. 19.

100 *Michalik*, Sozial- und Rechtsgeschichte der Kindstötung, S. 186 ff.

101 Vgl. Fußnote Nr. 39.

102 Zit. nach *Michalik*, Sozial- und Rechtsgeschichte der Kindstötung, S. 186.

103 „Rescript, daß die Kinder-Mörderinnen nicht mehr gesacket, sondern mit dem Schwerdt hingerichtet werden sollen“, 7.8.1740, CCM Continuatio I, Nr. XLII, Sp. 371–372; vgl. *Michalik*, S. 212.

104 *Michalik*, Sozial- und Rechtsgeschichte der Kindstötung, S. 213.

Notlage, zwischen dem Verlust ihrer Ehre und ihrer unglücklichen Leibesfrucht zu wählen? Ist es nicht Schuld der Gesetze, dass sie in diese grausame Lage gerät?“[105]

Friedrich II. deutete damit bereits seine Absicht an, mit der Aufhebung diskriminierender Gesetze nicht nur die gesellschaftliche Schande der außerehelichen Schwangerschaft zu tilgen, sondern auch die Ehre lediger Mütter wiederherzustellen[106].

Diese Absicht setzte *Friedrich II.* am 8. Februar 1765 mit dem Erlass des Edikts „wider den Mord neugebohrner unehelicher Kinder, Verheimlichung der Schwangerschaft und Niederkunft“[107], in die Tat um. Dieses Edikt gilt als eine der spektakulärsten Gesetzesmaßnahmen des 18. Jahrhunderts[108], da es den vollständigen Rückzug des Staates aus dem Feld der Moralpolitik darstellt[109]. *Friedrich II.* schaffte die staatlichen Unzuchtstrafen für den außerehelichen Geschlechtsverkehr ersatzlos ab und ordnete an, dass „dergleichen Weibs-Leuthen ihres begangenen Fehltritts halber zu keiner Strafe ferner gezogen“ werden sollten und dass „ihnen nicht der geringste Vorwurf deshalb, oder einige Schande gemacht werde.“ Untermauert wurde diese Anordnung durch die ergänzende Androhung einer „willkürlichen Strafe“ für Eltern und Dienstherrschaften, wenn sie „durch unzeitige und unbillige Härte gefallene Weibs-Persohnen zur Verzweiflung und Verübung eines größeren Übels“ verleitet hatten.

Das Edikt stellte somit nicht die Bestrafung, sondern die Verhütung der Kindestötung in den Vordergrund. Die Aufklärung ging davon aus, dass eine Strafe für die Tötung eines Kindes solange nicht als gerecht bezeichnet werden könne, als der Staat nicht alles in seiner Macht stehende getan habe, das Verbrechen zu verhüten[110]. Indem man den Frauen außereheliche Fehltritte nicht mehr vorwarf und sie für diese nicht zur Rechenschaft zog, hoffte man, das Erfordernis der Verheimlichung der Schwangerschaft und damit das wesentliche Motiv der Kindestötungen zu beseitigen.

---

105 Über die Gründe, Gesetze einzuführen oder abzuschaffen (*Dissertation sur les raisons d'etablir ou d'abroger des lois*, 1749), in: Die Werke Friedrich des Großen, hrsg. v. *Gustav Berthold Volz*, Bd. 8, Berlin 1913, S. 31–39, S. 34; zit. nach *Michalik*, S. 213.

106 *Michalik*, Sozial- und Rechtsgeschichte der Kindstötung, S. 214.

107 Abdruck des Edikts bei *Walcher*, Das Neugeborene in forensischer Hinsicht, 1941, S. 3ff.

108 *Michalik*, Sozial- und Rechtsgeschichte der Kindstötung, S. 229.

109 *Michalik*, Sozial- und Rechtsgeschichte der Kindstötung, S. 230.

110 Vgl. *Beccaria*, Über Verbrechen und Strafen (Dei delitti et delle pene, Monaco 1764), hrsg. u. übersetzt von *Wilhelm Alff*, Frankfurt/M. 1966, S. 129; *Michalik*, S. 212.

I. Das Allgemeine Landrecht für die Preußischen Staaten

Das Allgemeine Landrecht für die Preußischen Staaten vom 1. Juni 1794 regelte die Kindestötung in insgesamt 98 Einzelparagraphen[111], wovon sich rund die Hälfte mit vorbeugenden polizeilichen Maßnahmen befasste.

Die besondere Berücksichtigung von Vorbeugemaßnahmen war für das Landrecht kennzeichnend. Preußen hatte sich als aufgeklärter Polizeistaat zum Ziel gesetzt, das Leben seiner Untertanen bis in den häuslichen Bereich hinein zu überwachen und zu kontrollieren, um so Laster und Verbrechen von Grund auf zu verhüten. Dementsprechend enthielt das Allgemeine Landrecht zu jedem Delikt umfangreiche vorbeugende Bestimmungen, die den eigentlichen Strafbestimmungen vorangestellt wurden[112].

Ebenso wie im Edikt *Friedrichs II.* von 1765 galt auch im Landrecht die rechtzeitige Offenbarung der Schwangerschaft als eines der wichtigsten Instrumente der Verhinderung der Kindestötung. Daher verpflichteten die polizeilichen Vorschriften zur Kindestötung die Mütter von Töchtern im Alter von 14 Jahren diese über die Kennzeichen der Schwangerschaft aufzuklären und sie in Geburtshilfe, insbesondere dem Abbinden der Nabelschnur, zu unterrichten[113].

Darüber hinaus wurden auch beide Elternteile sowie Dienstherrschaften und Hauswirtinnen mit Aufsichtspflichten dahingehend belegt, „auf die einer Schwangerschaft verdächtigen Weibspersonen […] genaue Obsicht (zu) nehmen“[114], „die Verdächtige zur Rede (zu) stellen“[115] und „das, was zur Verhütung eines besorglichen Verbrechens dienen kann, (zu) veranstalten“[116]. Wurden diese Aufsichtspflichten verletzt, so drohten Zuchthausstrafen bis zu sechs Monaten[117].

Auch der Vater des Kindes wurde in die Pflicht genommen:

> „Jede Mannsperson, die sich eines außer der Ehe gepflogenen Beyschlafes bewußt ist, muß auf die Folgen, welche diese Handlung bey der Geschwächten hervorbringen kann aufmerksam seyn.“[118]

Kam der Vater dieser Verpflichtung nicht nach und kam das Kind zu Schaden, so sah das Landrecht eine sechs- bis achtjährige Festungsstrafe vor[119].

---

111 ALR, II, 20, §§ 887–984.

112 *Michalik*, Sozial- und Rechtsgeschichte der Kindstötung, S. 239.

113 § 902 ALR, II, 20.

114 § 917 ALR, II, 20.

115 § 920 ALR, II, 20.

116 § 920 ALR, II, 20.

117 §§ 917 ff. ALR, II, 20.

118 § 914 ALR, II, 20.

Das Landrecht verstand die Kindestötung realitätsadäquat nicht als eine ruchlose Handlung einer isolierten Einzeltäterin, sondern als ein komplexes, in das soziale Umfeld eingebettetes Phänomen[120]. Die Strafbestimmungen berücksichtigten daher auch die mögliche aktive Beteiligung von „Mitverbrechern“[121] an der Tat. Hatte der Schwängerer die Mutter „zur Verheimlichung der Schwangerschaft und Niederkunft selbst aufgemuntert, verleitet, oder ihr dabey thätigen Beystand geleistet“, so erwartete ihn eine bis zu zehnjährige Festungshaft[122]. Jede andere Person, die „durch bestimmten Rath oder thätigen Beystand“ die Verheimlichung der Schwangerschaft oder Niederkunft begünstigt hatte, erwartete die Hälfte der Strafe der „Hauptverbrecherin“[123]. Derjenige, der gar „zur Verübung eines Kindermordes angereizt (hatte) oder dazu behilflich gewesen“ war, sollte mit dem Schwert hingerichtet werden[124]. War die Tat ohne eigenes Zutun der Mutter geschehen, so erging eine geschärfte Todesstrafe in Form der Hinrichtung durch das Rad von oben[125].

Um einem weiteren Motiv der Kindestötung, dem der Angst vor gesellschaftlicher Schande und der Sorge um die finanzielle Absicherung, entgegenzutreten, legte das Allgemeine Landrecht sogar „unbescholtenen ledigen Weibspersonen, wenn sie unter dem Versprechen der Ehe geschwängert worden, die Rechte und Würden einer Ehefrau, oder wo die Ehe nicht statt finden kann, einer Hausfrau“ bei[126]. Des weiteren sprach das Allgemeine Landrecht Frauen, die außerehelich geschwängert worden waren, Entschädigungsansprüche gegenüber dem Vater des Kindes zu[127].

Der eigentliche Tatbestand der Kindestötung war in § 965 ALR, II, 20 geregelt und lautete wie folgt:

> „Eine Mutter, die ihr neugeborenes Kind bey oder nach der Geburt vorsätzlich tödtet, soll mit der Todesstrafe des Schwerdts belegt werden.“

Enger als der Wortlaut, galt diese Regelung jedoch nur in Fällen der Tötung außerehelicher Kinder. Die Tötung ehelicher Kinder stellte § 984 ALR, II, 20 dem Verwandtenmord gleich, der gemäß § 874 ALR, II, 20 mit dem Tod durch

119 §§ 914, 976, 977 ALR, II, 20.

120 *Michalik*, Sozial- und Rechtsgeschichte der Kindstötung, S. 241.

121 §§ 973 ff. ALR, II, 20.

122 § 978 ALR, II, 20.

123 § 980 ALR, II, 20.

124 § 973 ALR, II, 20.

125 § 974 ALR, II, 20.

126 § 888 ALR, II, 20.

127 § 889 ALR, II, 20 iVm. §§ 1047 ff. ALR, II, 1.

das Rad von unten herauf und mit Schleifung zum Richtplatz betraft wurde. Da die Enthauptung mit dem Schwert im Gegensatz dazu eine erheblich mildere Bestrafung darstellte, privilegierte das Allgemeine Landrecht somit die Tötung eines unehelichen Kindes durch seine Mutter.

II. Preußische Gesetzrevisionen seit 1825

Lediglich fünf Jahre nach Verkündung des Allgemeinen Landrechts für die Preußischen Staaten versuchte man bereits, eine Totalrevision des materiellen Strafrechts zu realisieren. Der Geheime Justizrat *Klein* wurde am 8. Dezember 1799 beauftragt, den Entwurf „einer Criminalordnung und die Revision des Titels 20 des Allgemeinen Landrechts" auszuarbeiten[128]. In der Folgezeit wurden dem preußischen Staatsministerium bis zum Beginn der eigentlichen „Gesetzes-Revision" in den Jahren 1825/1826 verschiedene Entwürfe eines „Strafgesetzbuches für die Preußischen Staaten" vorgelegt[129].

1. Entwurf von 1828[130]

König Friederich Wilhelm III. beauftragte am 5. Februar 1823 *Staatsminister v. Beyme* mit der Ausarbeitung des „Entwurfs zu einem allgemeinen Strafgesetzbuch". Ziel war es, das Strafrecht der Rheinprovinzen, die Preußen 1814/1815 auf dem Wiener Kongress zugeschlagen worden waren und in denen noch der Code Pénal galt, mit dem Strafrecht der übrigen preußischen Landesteile zu vereinheitlichen. Da die Arbeiten des Staatsministers ergebnislos blieben, gab der König den Auftrag zur Revision der Gesetzgebung am 11. Juni 1825 wieder an das Justizministerium zurück. Nachdem er die Oberlandesgerichte zunächst zu Stellungnahmen aufgefordert hatte, bildete Justizminister *Danckelmann* noch im Dezember 1825 eine Gesetz-Revisions-Kommission[131], die die zu bearbeitenden Rechtsthematiken Ende Januar 1826 in insgesamt 16 Pensen unterteilte. Die für jedes Pensum zu erstellende Gesetzesentwürfe sollten von Gesetzgebungs-Deputationen erarbeitet werden, die jeweils aus einem verantwortlichen Revisor und mehreren Koreferenten bestanden. Die erarbeiteten Gesetzgebungsentwürfe wurden der Gesamtkommission zur Beratung vorgelegt.

Für das materielle Strafrecht – Pensum I – wurde *Kammergerichtsrat Bode* zum Revisor bestellt. Als Koreferenten wurden ihm *Kamptz*, *Sack* und *Fischenich* zur Seite gestellt[132].

---

128 *Schubert / Regge*, Gesetzrevision, Bd. 1, S. XXIX.

129 Eine einzelne Betrachtung dieser Entwürfe würde den Rahmen dieser Arbeit überschreiten; ausführliche Darstellung bei *Schubert / Regge*, Gesetzrevision, Bd. 1 S. XXIX–XXXV.

130 Entwurf des Strafgesetzbuches für die Preußischen Staaten. Berlin 1828, in: *Schubert / Regge*, Gesetzrevision, Bd. 1, S. 271 ff.

131 Prominente Mitglieder dieser Kommission waren: *Danckelmann*, *Kamptz*, *Sethe*, *Sack*, *Simon*, *Köhler*, *Scheffer*, *Müller*, *Reibnitz*, *Fischenich*, *Savigny*, *Eichhorn*, *von Scheibler*, *Oswald*, *Schelter* und *Bötticher*, vgl. *Schubert / Regge*, Gesetzrevision, Bd. 1, S. XVI ff.

132 *Schubert / Regge*, Gesetzrevision, Bd. 1, S. XXXIV, XXXV.

Nachdem *Kammergerichtsrat Bode* 1827 bereits einen Entwurf des allgemeinen Teils des Strafgesetzbuches nebst Motiven vorgelegt hatte, stellte er im Jahre 1828 auch den Entwurf des Besonderen Teils fertig.

Die darin enthaltenen Regelungen zur Kindestötung[133] weisen einerseits Parallelen zu anderen deutschen Strafgesetzbüchern auf, andererseits führte *Bode* auch einige Neuerungen ein. So verzichtete er auf die Beibehaltung der Todesstrafe und wollte eine außerhalb der Ehe geschwängerte Mutter, welche ihr neugeborenes, lebensfähiges Kind während oder nach der Geburt tötet, mit zehnjähriger bis lebenswieriger Zwangsarbeit bestrafen[134].

Dieses Strafmaß stellte gegenüber dem gewöhnlichen Verwandtenmord eine privilegierte Bestrafung dar. § 3[135] des Entwurfs von 1828 ahndete die mit überlegtem Vorsatz verübte Tötung als Mord mit der Todesstrafe[136]. Wurde der Mord an einem Verwandten in absteigender Linie verübt, fand gemäß § 4 die geschärfte Todesstrafe Anwendung[137]. Erfolgte die Tötung ohne vorherige Überlegung in plötzlich aufwallender Leidenschaft, so wurde diese Tat gemäß § 14 des Entwurfs von 1828 als Totschlag mit fünfzehnjähriger bis lebenswieriger Zwangsarbeit bestraft[138].

Bode begründete die Privilegierung der Kindestötung in den Motiven des Entwurfs[139] zum einen mit den Beweggründen, die die Täterin gewöhnlich zu der Tat veranlassen, der Furcht vor Schande aufgrund der verlorenen Geschlechtsehre sowie der Besorgnis, das Kind aus Mangel an Unterhalt nicht ernähren zu können[140]. Zum anderen verwies *Bode* auf den physischen und psychischen Zustand der Täterin im Tatzeitpunkt. Die Geburt eines Kindes sei schon für eine mit „zärtlicher Sorgfalt gepflegte“[141] ehelich Gebärende mit Anstrengungen, körperlichen Schmerzen und einer Veränderung der Seelenstimmung verbunden. Dieser Zustand werde bei einer außerehelich Gebärenden durch die Gedanken an die negativen gesellschaftlichen und

133 Zweiter Titel, Achter Abschnitt, §§ 25 ff.

134 *Schubert / Regge*, Gesetzrevision, Bd. 1, S. 324.

135 Zweiter Titel, Achter Abschnitt.

136 *Schubert / Regge*, Gesetzrevision, Bd. 1, S. 321.

137 *Schubert / Regge*, Gesetzrevision, Bd. 1, S. 321.

138 *Schubert / Regge*, Gesetzrevision, Bd. 1, S. 323.

139 Motive zu dem, von dem Revisor vorgelegten, Ersten Entwurfe des Criminal-Gesetzbuches für die Preußischen Staaten, Dritter Band, Zweite Abteilung. Berlin 1829, in: *Schubert / Regge*, Gesetzrevision, Bd. 1 S. 826.

140 *Schubert / Regge*, Gesetzrevision, Bd. 1, 838.

141 *Schubert / Regge*, Gesetzrevision, Bd. 1, 839.

wirtschaftlichen Folgen der Niederkunft noch verstärkt, so dass es die Pflicht des Gesetzgebers sei, dieser erhöhten Reizbarkeit des Gemüts und den krankhaften, das Nervensystem ergreifenden Veränderungen durch eine mildere Bestrafung der Kindestötung Rechnung zu tragen[142].

Wie eine Vielzahl anderer deutscher Strafgesetzbücher, ergänzte auch *Bode* die Regelungen zur Kindestötung des Entwurfs von 1828 mit einigen Strafzumessungsrichtlinien, die der Richter bei Festsetzung des Strafmaßes beachten sollte. So sollte die Strafe höher ausfallen, wenn das Kind zum Zeitpunkt der Tötung bereits ein völlig ausgetragenes war, wenn die Täterin den Entschluss zur Tötung des Kindes schon vor der Niederkunft gefasst oder wenn die Täterin früher einen ausschweifenden Lebenswandel geführt hatte[143].

Abweichend von anderen deutschen Strafgesetzbüchern machte *Bode* dagegen die grundsätzliche Lebensfähigkeit des zu Tode gekommenen Kindes zur objektiven Tatbestandsvoraussetzung der Kindestötung. War das von der Mutter getötete Kind nicht lebensfähig, so sollte das Strafmaß nach den Versuchsregeln bemessen werden[144]. Die Aufnahme der objektiven Tatbestandsvoraussetzung „Lebensfähigkeit des Kindes" in die Regelungen zur Kindestötung begründete *Bode* wie folgt: Das Allgemeine Landrecht lasse die höchst streitige Frage, ob die Erfüllung dieses Merkmals für den Tatbestand der Kindestötung Voraussetzung sei, unbeantwortet. § 965 ALR enthalte diesbezüglich keinerlei Regelung, so dass davon ausgegangen werden müsse, dass es auf die Frage der vorhandenen oder nicht vorhandenen Lebensfähigkeit des getöteten Kindes für die Verwirklichung des Tatbestandes nicht ankomme. In den Vorschriften über die Verheimlichung der Schwangerschaft und Niederkunft hingegen unterscheide das Allgemeine Landrecht danach, ob das Tatobjekt eine unzeitige Leibesfrucht oder ein vollständiges Kind gewesen sei. Im Falle der Entbindung einer unzeitigen Leibesfrucht wolle das Landrecht die Täterin milder bestrafen. *Bode* war der Ansicht, dass eine solche Unterscheidung auch bei der absichtlichen Tötung eines Kindes vorgenommen werden müsse und stellte aus diesem Grund das Erfordernis der „Lebensfähigkeit des Kindes" auf. Allerdings enthielt der Entwurf *Bodes* keine gesetzliche Definition des Zeitpunkts, ab dem die Lebensfähigkeit des Kindes angenommen werden konnte. *Bode* sah von einer solchen Bestimmung bewusst ab, da er die Ansicht vertrat, dass die Lebensfähigkeit eines Kindes nicht von einer be-

142 *Schubert / Regge*, Gesetzrevision, Bd. 1, 839.

143 § 25 Abs. 2, Zweiter Titel, Achter Abschnitt E 1828; vgl. *Schubert / Regge*, Gesetzrevision, Bd. 1, S. 324.

144 § 26, Zweiter Titel, Achter Abschnitt E 1828; vgl. *Schubert / Regge*, Gesetzrevision, Bd. 1, S. 324.

stimmten Dauer der Schwangerschaft[145] abhängig gemacht werden könne. Zu jedem Zeitpunkt der Schwangerschaft bestehe die Möglichkeit, dass das Kind Missbildungen oder organische Mängel entwickle, die ihm ein selbständiges Leben außerhalb des Mutterleibes unmöglich machten. Die Feststellung der Lebensfähigkeit eines Kindes müsse somit allein den Medizinern vorbehalten bleiben und könne nicht vom Gesetzgeber durch eine pauschale Zeitangabe getroffen werden[146].

Auch hinsichtlich des Privilegierungszeitraums wich *Bode* von den Regelungen des Allgemeinen Landrechts ab und orientierte sich an den entsprechenden Regelungen anderer deutscher Strafgesetzbücher. Darin, dass die Mutter während oder nach der Geburt ein neugeborenes Kind töten müsse, um in den Vorteil der privilegierten Bestrafung zu gelangen, stimmte der Entwurf von 1828 noch mit dem Landrecht überein. Das Allgemeine Landrecht ließ jedoch den Zeitraum unbestimmt[147], während dessen ein Kind als neugeboren galt. *Bode* grenzte diesen Zeitraum auf die ersten 24 Stunden nach der Geburt des Kindes ein[148], so dass die Täterin nur in den Genuss der milderen Bestrafung gelangen konnte, wenn sie das Kind innerhalb der ersten 24 Stunden nach der Geburt tötete. Die Aufnahme einer Definition des Zeitraums der Neugeborenheit in die Regelungen zur Kindestötung begründete *Bode* wiederum mit dem besonderen physischen und psychischen Zustand der Gebärenden, den er auch als einen der Hauptgründe für die privilegierten Ahndung der Kindestötung anführte[149]. Die Erfahrung spräche nach Ansicht *Bodes* dafür, dass der aufgeregte Gemütszustand der Gebärenden in der Regel innerhalb der ersten 24 Stunden nach der Geburt bestehe. Die Strafmilderung könne der Täterin somit nur so lange zugute kommen, wie der besondere Zustand bei ihr andauere[150].

---

145 Allgemein wurde davon ausgegangen, dass ein Kind ab der 30. Schwangerschaftswoche die nötige körperliche Reife besaß, sein Leben auch außerhalb des Mutterleibs fortzusetzen; dementsprechend stellten auch die §§ 941, 958 ALR auf den Ablauf der 30. Schwangerschaftswoche ab.

146 Motive zu dem, von dem Revisor vorgelegten, Ersten Entwurfe des Criminal-Gesetzbuches für die Preußischen Staaten, Dritter Band, Zweite Abteilung. Berlin 1829, in: *Schubert / Regge*, Gesetzrevision, Bd. 1 S. 180 ff.

147 Vgl. § 965, II, 20 ALR.

148 § 27, Zweiter Titel, Achter Abschnitt E 1828; vgl. *Schubert / Regge*, Gesetzrevision, Bd. 1, S. 324.

149 Vgl. *Schubert / Regge*, Gesetzrevision, Bd. 1, 839.

150 *Schubert / Regge*, Gesetzrevision, Bd. 1, 844.

2. Entwurf von 1830[151]

Nach Fertigstellung wurde der Entwurf *Bodes* in der Gesetzrevisionskommission beraten. Die Arbeiten dieser Kommission mündeten im Ergebnis in den Entwurf von 1830, der die Kindestötung in den §§ 237 ff. regelte. Der Haupttatbestand der Kindestötung war in § 237 geregelt und lautete wie folgt:

> „Eine Mutter, welche ihr uneheliches Kind während oder unmittelbar nach der Geburt absichtlich tötet, ist des Kindermordes schuldig, und mit zwanzigjähriger bis lebenswieriger Zwangsarbeit zu bestrafen."

Mit dieser Regelung war die Gesetzrevisionskommission in gravierenden Punkten vom Entwurf E 1828 *Bodes* abgewichen. Der Tatbestand der Kindestötung enthielt nunmehr weder das objektive Tatbestandsmerkmal der Lebensfähigkeit des getöteten Kindes, noch führte er etwaige Strafschärfungsgründe an. Der Zeitraum der Privilegierung wurde nur noch dahingehend umrissen, dass die Täterin das Kind während oder unmittelbar nach der Geburt töten müsse. Auf eine Bestimmung, wann der Zeitraum „unmittelbar nach der Geburt" enden sollte, wurde jedoch verzichtet. Somit überließ man die Frage, ob die Täterin das Kind nach der Geburt zu einem Zeitpunkt getötet hatte, der sie noch in den Genuss der Privilegierung brachte, allein der Feststellung des Richters. Schließlich sah der Entwurf von 1830 auch eine Erhöhung des Mindeststrafmaßes der Kindestötung von zehn auf zwanzig Jahre Zwangsarbeit vor[152].

3. Entwurf von 1833[153]

Nachdem Justizminister *Danckelmann* dem Staatsministerium im Juni 1830 den E 1830 vorgelegt hatte, beschloss das Ministerium, die Beratungen zur Gesetzrevision solange „auszusetzen, bis über den ferneren Gang der Revisionsgeschäfte beim Staatsministerium und Staatsrat Klarheit vorliege". Der Tod *Danckelmanns* brachte die Revisionsarbeit schließlich gänzlich zum Erliegen. Im Jahre 1832 wurden *Kamptz* zum Minister für die Gesetzrevision und *Mühler* zum Minister für die Justizverwaltung ernannt, so dass Preußen fortan wieder zwei Justizministerien besaß.

---

151 Entwurf des Strafgesetzbuches für die Preußischen Staaten. Erster Theil. Criminal-Straf-Gesetze, Berlin 1830, in: *Schubert / Regge*, Gesetzrevision, Bd. 2, S. 467 ff.

152 Die Strafmaßerhöhung der Kindestötung ging mit der allgemeinen Tendenz des E 1830 konform, die Tötungsdelikte in Relation zu E 1828 mit härteren Strafen zu ahnden. So ahndete der E 1830 die Tötung mit zuvor überlegtem Vorsatz gemäß § 224 als Mord mit der geschärften Todesstrafe. Auch für den Totschläger, der sein Opfer ohne überlegten Vorsatz tötete, sah der E 1830 gemäß § 232 die Todesstrafe vor.

153 Revidierter Entwurf des Strafgesetzbuches für die Königlich Preußischen Staaten. Erster Theil. Kriminal-Strafgesetze, Berlin 1833, in: *Schubert / Regge*, Gesetzrevision, Bd. 3, S. 1 ff.

Die Gesetzrevision wurde wieder aufgenommen und aus den Überarbeitungen des Entwurfs von 1830 des Gesetzrevisionsministeriums entstand 1833 der „Revidierte Entwurf des Strafgesetzbuchs für die Königlich Preußischen Staaten“[154].

Die Regelungen des Entwurfs von 1833 zur Kindestötung (§§ 290 ff.) nahmen die Änderungen des Entwurfes von 1830 im wesentlichen zurück und orientierten sich wieder stark an den Regelungen des Entwurfs von 1828.

So wurde auf ein Mindeststrafmaß von 20 Jahren Zwangsarbeit verzichtet und in Übereinstimmung mit dem Entwurf von 1828 die Tötung eines unehelichen Kindes durch die eigene Mutter bei oder bald nach der Geburt des Kindes mit zehnjähriger bis lebenswieriger Zwangsarbeit geahndet[155]. Da das höhere Strafmaß hauptsächlich dann verhängt werden sollte, wenn die Täterin den Entschluss zur Tat schon vor der Entbindung gefasst hatte oder wenn das getötete Kind ein bereits völlig ausgetragenes war[156], wurden auch zwei der drei Strafschärfungsgründe des Entwurfs von 1828 im Entwurf von 1833 wieder eingeführt[157].

Aufgrund der gleichen Erwägungen wie zum Entwurf von 1828 erlangte auch die Frage der Lebensfähigkeit des Kindes wieder Bedeutung[158]. In Ergänzung der Motive des E 1828 war man der Ansicht, dass an einem noch nicht lebensfähigen Wesen, dessen wenige Lebenskraft auch ohne die Handlung der Mutter von selbst erloschen werde, eine Tötung im eigentlichen Sinne nicht verübt werden könne[159].

Die Lebensfähigkeit des Kindes wurde im Gegensatz zu E 1828 jedoch nicht wieder zu einer objektiven Tatbestandsvoraussetzung gemacht. Mangelte es an der Lebensfähigkeit des getöteten Kindes, so stellte dies einen Strafmilde-

---

154 *Schubert / Regge*, Gesetzrevision, Bd. 1, S. XXXVI, XXXVII.

155 § 291 (E 1833), *Schubert / Regge*, Gesetzrevision, Bd. 3, S. 55.

156 § 291 (E 1833), *Schubert / Regge*, Gesetzrevision, Bd. 3, S. 55.

157 § 291 Abs. 1, E 1833; das hohe Strafmaß sollte jedoch nur dann gelten, wenn die Mutter ihr Kind ermordet hatte. Ein Mord setze gemäß § 265 E 1833 eine absichtliche Tötung voraus. Im Gegensatz zu den vorangegangenen und auch nachfolgenden Entwürfen war es im Entwurf von 1833 für die Abgrenzung von Mord und Totschlag nicht entscheidend, ob man mit überlegtem Vorsatz handelte. Es kam vielmehr allein darauf an, ob man die Absicht hatte zu töten. Der von der Mutter an einem neugeborenen unehelichen Kind verübte Totschlag wurde gemäß § 293 (E 1833) nur mit sechsjähriger bis lebenswieriger Zwangsarbeit bestraft.

158 § 291, E 1833, *Schubert / Regge*, Gesetzrevision, Bd. 3, S. 55.

159 Motive zum revidierten Entwurf des Strafgesetzbuchs für die Preußischen Staaten. Erster Theil. Kriminal-Strafgesetze, Berlin 1833, in: *Schubert / Regge*, Gesetzrevision, Bd. 3, S. 476.

rungsgrund dar[160]. Man war der Ansicht, dass bei der Tötung eines nicht lebensfähigen Kindes ein Verbrechen vorliege, das aufgrund seiner „minderen objektiven Schädlichkeit“ weniger strafbar sei[161]. Das Strafmaß sollte in diesen Fällen eine achtjährige Zuchthausstrafe nicht übersteigen, konnte aber auch bis zu einer einjährigen Arbeitshausstrafe ermäßigt werden[162].

Auch hinsichtlich des Privilegierungszeitraums der Tat wichen die Regelungen des Entwurfs von 1833 von den Vorgaben des Entwurfs 1828 ab. In Übereinstimmung mit dem Entwurf von 1833 definierte man keine festen zeitlichen Fristen, sondern ließ allein den Richter darüber entscheiden, ob die Täterin das Kind innerhalb des privilegierenden Zeitraums tötete und damit in den Genuss der milderen Bestrafung kam. Diese Regelung wurde explizit in den Gesetzeswortlaut des § 290 im Entwurf von 1833 aufgenommen:

> „Eine Mutter, welche ihr uneheliches Kind bei oder bald nach der Geburt tötet, macht sich des Kindermordes schuldig. Den Zeitraum nach der Geburt, innerhalb dessen hiernach das Verbrechen noch als Kindermord anzusehen ist, hat der Richter in jedem einzelnen Falle, mit Rücksicht auf den körperlichen und geistigen Zustand der Mutter zur Zeit der That, zu ermessen.“[163]

Der Verweis auf das richterliche Ermessen wurde damit begründet, dass eine feste Zeitgrenze zu nicht haltbaren Ungerechtigkeiten führen konnte. Die Dauer des durch die Geburt hervorgerufenen Zustands sei von den jeweiligen Tatumständen abhängig und könne somit bei jeder Frau unterschiedlich lang sein. Aus diesem Grund verbiete es sich für den Gesetzgeber, eine pauschale Zeitgrenze zu definieren, die lediglich willkürlich gesetzt werden könne und somit zu unerträglichen Härten führen würde[164].

4. Entwurf von 1836[165]

Der Entwurf von 1833 wurde von *Kamptz* erneut überarbeitet. Aus diesen Überarbeitungen entstand der Entwurf von 1836. Dieser regelte die Kindestötung in den §§ 414 ff., die jedoch hinsichtlich des Tatbestandes keinerlei Veränderungen zu den Regelungen des Entwurfs von 1833 aufwiesen.

---

160 § 291, Abs. 2, E 1833; *Schubert / Regge*, Gesetzrevision, Bd. 3, S. 55.

161 *Schubert / Regge*, Gesetzrevision; Bd. 3, S. 476.

162 § 291, Abs. 2 (E 1833), *Schubert / Regge*, Gesetzrevision, Bd. 3, S. 55.

163 *Schubert / Regge*, Gesetzrevision, Bd. 3, S. 55.

164 *Schubert / Regge*, Gesetzrevision, Bd. 3, S. 475.

165 Revidierter Entwurf des Strafgesetzbuchs für die königlich Preußischen Staaten, Berlin 1836, in: *Schubert / Regge*, Gesetzrevision, Bd. 3, S. 785 ff.

5. Entwurf von 1843[166]

Im Jahre 1838 begannen die langwierigen und umfassenden Beratungen über den Entwurf von 1836, die ihren Abschluss schließlich in dem Entwurf von 1843 fanden. Um die Beratungen abzukürzen, wurde auf Vorschlag der Justizminister *Mühler* und *Kamptz* eine aus Staatsministern und Mitgliedern des Staatsrates zusammengesetzte neunköpfige Kommission gebildet, die die Funktionen des Staatsministeriums, des Staatsrates und der Fassungskommission in sich vereinigen sollte[167]. Die Kommission sollte den Entwurf von 1836 zunächst umfassend prüfen und sodann die Punkte festlegen, die im Staatsrat behandelt werden sollten. Nach den Beratungen im Plenum des Staatsrates sollte sich die Kommission dann erneut mit der Vorlage befassen und damit die Fassungskommission des Staatsrates ersetzen[168].

Mit den Beratungen über die Regelungen zur Kindestötung begann die Kommission in ihrer 30. Sitzung am 24. Oktober 1840[169]. Zunächst thematisierte man die Frage, wie der Zeitraum der Privilegierung zu bestimmen sei. Diesbezüglich wurde zum einen, in Anlehnung an den Entwurf von 1828, eine feste Befristung in Betracht gezogen. Zum anderen wurde erwogen, die Bestimmung des Privilegierungszeitraums entsprechend den Entwürfen von 1830 und 1833 allein dem richterlichen Ermessen zu überantworten. Aus den gleichen Erwägungen, die schon zum Entwurf von 1830 herangezogen worden waren, entschied man sich schließlich, für die Bestimmung des privilegierenden Zeitfensters durch den Richter. Man war der Ansicht, dass eine feste Definition der Zeitgrenze allzu willkürlich erfolgen müsse und dem Zufall einen zu großen Einfluss auf die Entscheidung gewähre.

Für den Wortlaut des Gesetzes wollte man jedoch nicht die Terminologie des Entwurfs von 1833, „bei oder bald nach der Geburt“, übernehmen, sondern die Formulierung „eine Mutter, welche ihr uneheliches neugeborenes Kind tötet“ verwenden. Man begründete dies damit, dass der Ausdruck „neugeborenes Kind“ weniger zweifelhaft und unbestimmt sei, als der Ausdruck „bald nach der Geburt“. Die Feststellung, ob ein Kind noch als Neugeborenes angesehen

---

166 Entwurf des Strafgesetzbuchs für die Preußischen Staaten, nach den Beschlüssen des königlichen Staatsraths, Berlin 1843, in: *Schubert / Regge*, Gesetzrevision, Bd. 5, S. 1 ff.

167 Mitglieder der Kommission waren: *Müffling*, *Kamptz*, *Mühler*, *Rochow*, *Sethe*, *Köhler*, *Eichhorn*, *Duesberg*, *Arnim* und *Jähnigen*; später wechselte die Zusammensetzung der Kommission mehrfach; ab 1842 nahm auch *Savigny*, der eine Mitgliedschaft in der Kommission abgelehnt hatte, in unregelmäßigen Abständen an den Beratungen teil, *Schubert / Regge*, Gesetzrevision, Bd. 1, S. XXXVII u. Bd. 4/I, S. XIII.

168 *Schubert / Regge*, Gesetzrevision, Bd. 4/I, S. XIII.

169 Berathungs-Protokolle der zur Revision des Strafrechts ernannten Kommission des Staatsraths, den Zweiten Theil des Entwurfs des Strafgesetzbuchs. Erste Abtheilung. Betreffend die Titel 1. bis 16. des speziellen Theils, Berlin 1840, in: *Schubert / Regge*, Gesetzrevision, Bd. 4/I, S. 493 ff.

werden könne, sei für den Richter einfacher zu treffen als die Feststellung der Frage, ob die Mutter ihr Kind nach der Geburt getötet habe.

Hinsichtlich des Strafrahmens stimmte die Kommission den Maßgaben des Entwurfs von 1836 zu, der eine zehnjährige bis lebenswierige Strafarbeit oder Zuchthaus vorsah. Bei der Strafzumessung sollte es sich schärfend auswirken, wenn das Verbrechen mit Vorbedacht verübt worden war.

Des weiteren wurde darüber beraten, wie sich die mangelnde Lebensfähigkeit des Opfers auf die Strafbarkeit der Täterin auswirken solle. Abweichend vom Entwurf von 1836, der bei fehlender Lebensfähigkeit des Kindes eine Milderung der Strafe vorsah, entschied sich die Kommission, die Tötung eines nicht lebensfähigen Kindes nach den Vorschriften über den beendeten Versuch zu bestrafen. Der Ansicht, dass eine Versuchsstrafbarkeit nicht in Frage komme, da kein versuchtes, sondern ein vollendetes und nur objektiv weniger schädliches Verbrechen vorliege[170], folgte die Kommission damit nicht. § 56 des Allgemeinen Teils besage, dass auch dann ein Versuch vorliege, wenn das Verbrechen an einem Gegenstand verübt werde, bei dem die gesetzwidrige Wirkung nicht eintreten könne. Im Hinblick auf diesen Gesetzeswortlaut war es nach Ansicht der Kommission nur konsequent, die Tötung eines neugeborenen, noch nicht lebensfähigen Kindes nur als versuchte Kindestötung zu bestrafen.

Die Beratungsergebnisse der Kommission fanden Eingang in die 1. Redaktion des Entwurfs des Strafgesetzbuches[171]. § 290 der ersten Redaktion lautete dementsprechend wie folgt:

> „Eine Mutter, welche ihr uneheliches neugeborenes Kind vorsätzlich tötet, hat zehnjährige bis lebenswierige Strafarbeit oder Zuchthausstrafe verwirkt.
>
> Die Strafe ist bei der Zumessung zu steigern, wenn das Verbrechen mit Vorbedacht verübt worden ist. War das Kind nicht lebensfähig, so ist die Tötung nach den Vorschriften über den beendeten Versuch [...] zu bestrafen."

Nachdem die zweite Redaktion des Entwurfs des Strafgesetzbuches den Tatbestand unverändert gelassen hatte, beriet die Kommission in ihrer 44. Sitzung am 29. Mai 1841 erneut über die Regelungen zur Kindestötung. Diese Beratungen führten dazu, dass der Begriff „neugeborenes" entfallen und

---

170 Motive zum revidierten Entwurf des Strafgesetzbuches für die Preußischen Staaten. Erster Theil. Kriminal-Strafgesetze, Berlin 1833, in: *Schubert / Regge*, Gesetzrevision, Bd. 3, S. 476.

171 1. Redaktion des Zweiten Theils des Entwurfs des Strafgesetzbuches, Von den einzelnen Verbrechen und deren Strafen (§§ 139–605), in: *Schubert / Regge*, Gesetzrevision, Bd. 4/II, S. 917 ff.

durch die Formulierung „in oder gleich nach der Geburt" ersetzt werden sollte. Des weiteren sollte die fehlende Lebensfähigkeit des Tatopfers nur noch als Strafzumessungsgrund Verwendung finden. Aufgrund dieser Kommissionsergebnisse lautete der Tatbestand der Kindestötung nach 3. Redaktion des Entwurfs des Strafgesetzbuches gemäß § 302[172] wie folgt:

> „Eine Mutter, welche ihr uneheliches Kind in oder gleich nach der Geburt vorsätzlich tötet, hat zehnjährige bis lebenswierige Strafarbeit oder Zuchthaus verwirkt.
>
> Bei Zumessung der Strafe ist besonders zu berücksichtigen, ob das Kind bereits lebensfähig war, und ob die Tötung mit überlegtem Vorsatz verübt worden ist, oder nicht."

Da schließlich auch die Beratungen des Tatbestandes der Kindestötung im Plenum des Staatsrates zu keinen weiteren Veränderungen führten, stimmte der endgültige Tatbestand der Kindestötung in § 308[173] des Entwurfs des Jahres 1843 mit dem Tatbestand der 3. Redaktion des Entwurfs des Strafgesetzbuches überein.

Der Entwurf wurde im Frühjahr 1843 den versammelten acht Landtagen zur Prüfung vorgelegt und gleichzeitig über den Buchhandel verbreitet. In der Folgezeit gingen umfassende Stellungnahmen der Landtage ein und es erschienen insgesamt 71 Kritiken der namhaftesten Theoretiker und Praktiker[174].

Im Mittelpunkt der Kritiken und Stellungnahmen stand das vom Entwurf vorgesehene Strafmaß der Kindestötung, welches zumeist als zu hoch empfunden wurde[175]. So wollten beispielsweise die brandenburgischen Stände das Mindeststrafmaß auf fünf Jahre senken, die Posener Stände empfahlen ein Strafmaß von fünf bis zwanzig Jahren und die Schlesischen Stände sprachen sich für Strafarbeit von bis zu zehn Jahren Dauer aus[176].

Auch *v. Strampff* vertrat die Ansicht, dass das Mindeststrafmaß der Kindestötung auf acht Jahre zu reduzieren sei[177]. Den besonderen Tatumständen der Kindestötung werde nicht in ausreichendem Maße Rechnung getragen, wenn das Strafmaß dieses Tatbestandes identisch sei mit dem Strafmaß des einfa-

---

172 *Schubert / Regge*, Gesetzrevision, Bd. 4/II, S. 1104.

173 *Schubert / Regge*, Gesetzrevision, Bd. 5, S. 52.

174 *Schubert / Regge*, Gesetzrevision, Bd. 1, S. XXXIX.

175 Der Entwurf von 1843 sah für die Kindestötung ein Strafmaß von zehnjähriger bis lebenswieriger Strafarbeit oder Zuchthaus vor.

176 Revision des Entwurfs des Strafgesetzbuches von 1843, Zweiter Band, Berlin 1845, in: *Schubert / Regge*, Gesetzrevision, Bd. 5, S. 620.

177 *Schubert / Regge*, Gesetzrevision, Bd. 5, S. 620.

chen Totschlags[178]. Eine Mutter, die ihr Kind in der Angst der Geburt und somit ohne überlegten Vorsatz töte, sei schon nach den allgemeinen Vorschriften der §§ 298 und 299 des Entwurfs nicht als Mörderin, sondern als Totschlägerin unter Umständen mit nur zehnjähriger Strafarbeit zu bestrafen. Da bei der Verurteilung der Täterin auch noch die besonderen Tatumstände der Kindestötung zu berücksichtigen seien, müsse die Strafe für die Kindestötung im Mindestmaß unter der des Totschlags liegen[179].

Auch *Temme* war übereinstimmend der Ansicht, dass die Tatumstände bei einer Kindestötung und beim einfachen Totschlag nicht gleichzusetzen seien und forderte daher ein geringeres Strafmaß für die Kindestötung von fünf- bis zehnjähriger Strafarbeit oder Zuchthaus[180]. Den Fall der Kindestötung mit überlegtem Vorsatz wollte *Temme* hingegen dem Anwendungsbereich der Kindestötung entziehen. Der Vollzug der Tat infolge eines bereits vorab gefassten Vorsatzes lasse sich nicht mit der Beschränkung der Privilegierung auf den Zeitraum während oder unmittelbar nach der Geburt in Einklang bringen. Für den Tatbestand der Kindestötung bleibe nur Raum, wenn die Mutter den Entschluss zur Tötung des Kindes aufgrund der besonderen Gemütsbewegungen erst während der Entbindung fasse. Des weiteren wollte *Temme* auf die Beibehaltung der in § 308 Abs. 2 des Entwurfs von 1843 angeführten Strafzumessungsgründe verzichten. Den Zumessungsgrund des „überlegten Vorsatzes“ lehnte er aus den bereits oben angeführten Erwägungen ab. Auch der Zumessungsgrund der „Lebensfähigkeit des Kindes“ sei zu streichen, da dieser nur in den Tatbestand aufgenommen worden sei, um zu verdeutlichen, dass das Kriterium der Lebensfähigkeit des Kindes keine Tatbestandsvoraussetzung der Kindestötung sei[181].

---

178 Gemäß § 299 des Entwurfs von 1843 wurde auch die ohne Überlegung begangene vorsätzliche Tötung als Totschlag mit zehnjähriger bis lebenswieriger Zwangsarbeit oder Zuchthausstrafe geahndet.

179 *v. Strampff*, Kritische Briefe über den Entwurf des Strafgesetzbuches für die Preußischen Staaten, Berlin 1844, in: Bibliothek des Deutschen Strafrechts, Meister der Moderne (64), Goldbach 1997.

180 *Schubert / Regge*, Gesetzrevision, Bd. 5, S. 620.

181 *Temme*, Kritik des Entwurfs des Strafgesetzbuches für die Preußischen Staaten. Erster Theil. Berlin 1843, in: Bibliothek des Deutschen Strafrechts, Meister der Moderne (92), Goldbach 1997.

6. Entwurf von 1845[182]

König Friedrich Wilhelm IV. erteilte *Savigny* am 24. November 1843 per Kabinettsorder den Auftrag, unter Berücksichtigung der Stellungnahmen der Stände sowie aller Ausführungen der Kritiker den Entwurf von 1843 für eine erneute Beratung der 1838 eingesetzten Immediatkommission umzuarbeiten[183]. Unter Federführung des *Geheimen Justizrates Bischoff*[184] führten diese Arbeiten zum revidierten Entwurf von 1845.

Der Strafrahmen der Kindestötung wurde auf fünfjährige bis zwanzigjährige Zuchthausstrafe herabgesetzt, da man ein solches Strafmaß nach Auswertung der eingegangenen Stellungnahmen und unter Berücksichtigung ärztlicher Erfahrungen mit dem Zustand von Gebärenden und Schwangeren für ausreichend erachtete[185]. Darüber hinaus wurde der eigentliche Tatbestand der Kindestötung des Entwurfs von 1843[186] unverändert in § 220 Abs. 1 des Entwurfs von 1845 übernommen.

Auf die Beibehaltung der in § 308 Abs. 2 des Entwurfs von 1845 definierten Zumessungsgründe wurde hingegen verzichtet. Die Streichung des Zumessungsgrundes der „Lebensfähigkeit des Kindes“ begründete man damit, dass das Leben eines jeden Menschen schützenswert sei. Dies gelte unabhängig von der Frage, wie lang die jeweilige Lebensdauer voraussichtlich währen werde[187].

Der Fall der Tötung des Kindes mit „überlegtem Vorsatz“ sei nicht als Zumessungsgrund anzusehen. Es handele sich, „wie die meisten Gesetzgebungen richtig“ annahmen, vielmehr um einen Schärfungsgrund[188], der in § 220 Abs. 2 des Entwurfs von 1845 seinen Niederschlag finde:

> „Hat sie den Vorsatz, das Kind zu töten, schon vor der Entbindung mit Überlegung gefasst, und ist sie auch bei der Ausführung mit Besonnenheit zu Werke gegangen, so ist auf lebenswierige Strafarbeit oder Zuchthaustrafe zu erkennen.“

---

182 Revidierter Entwurf des Strafgesetzbuches für die Preußischen Staaten. Vorgelegt von dem Ministerium der Gesetz-Revision, in: *Schubert / Regge*, Gesetzrevision, Bd. 6/I, S. 1 ff.

183 *Schubert / Regge*, Gesetzrevision, Bd. 6/I, S. XVIII.

184 *Berner*, Die Strafgesetzgebung in Deutschland vom Jahre 1751 bis zur Gegenwart, 1867, S. 235.

185 *Schubert / Regge*, Gesetzrevision, Bd. 5, S. 620.

186 § 308 Abs. 1.

187 *Schubert / Regge*, Gesetzrevision, Bd. 5, S. 620.

188 *Schubert / Regge*, Gesetzrevision, Bd. 5, S. 620.

7. Entwurf von 1846[189]

In der Zeit vom 18. Oktober 1845 bis 9. Juli 1846 beriet die Immediat-Kommission den Entwurf von 1845[190]. Die Ergebnisse dieser Beratungen führten im Dezember 1846 zum Entwurf von 1846.

Der Entwurf von 1846 regelte den Tatbestand der Kindestötung in § 227 und verzichtete auf die Beibehaltung der in § 220 Abs. 2 des Entwurfs von 1845 enthaltenen Strafschärfung in Fällen der Kindestötung mit „überlegtem Vorsatz“[191]. Die Streichung der Strafschärfung war am 28. Februar 1846 mit sechs Stimmen gegen eine Stimme beschlossen worden[192].

8. Entwurf von 1847[193]

Der Entwurf von 1846 wurde wiederum im Plenum des Staatsrates beraten. Die Ergebnisse dieser Beratungen mündeten in den Entwurf von 1847.

Im Gegensatz zum Tatbestand der Kindestötung im Entwurf von 1846 enthielt § 231 Abs. 1 des Entwurfs von 1847 kein Mindeststrafmaß, so dass die Tat mit Strafarbeit oder Zuchthaus bis zu zwanzig Jahren geahndet werden konnte.

Der Entwurf von 1847 wurde, versehen mit 19 Hauptfragen, dem am 3. Dezember 1847 einberufenen Vereinigten Ständischen Ausschuss[194] zur Begutachtung überwiesen[195]. Ab dem 29. Dezember 1847 erstellte eine vorbereitende Abteilung des aus 99 Mitgliedern bestehenden Ausschusses in insgesamt 26 Sitzungen Gutachten, die dem Ausschuss in dessen anschließenden Plenarberatungen als Grundlage dienten. Die Beratungen des Ausschusses erfolgten in insgesamt 33 Sitzungen vom 17. Januar 1848 bis 6. März 1848 und führten unter anderem zu dem Antrag, das Strafgesetzbuch nicht eher zu erlassen, als der Vereinigte Landtag über eine neue Strafprozessordnung beraten habe[196].

---

189 Entwurf des Strafgesetzbuchs für die Preußischen Staaten, von der königlichen Immediat-Kommission dem Plenum des Staatsraths vorgelegt, Dezember 1846, in: *Schubert / Regge*, Gesetzrevision, Bd. 6/I, S. 349 ff.

190 *Berner*, Strafgesetzgebung in Deutschland, S. 235.

191 *Schubert / Regge*, Gesetzrevision, Bd. 6/I, S. 397.

192 Verhandlungen der Kommission des Staatsraths über den revidierten Entwurf des Strafgesetzbuchs, Berlin 1846, in: *Schubert / Regge*, Gesetzrevision, Bd. 6/I, S. 225.

193 Entwurf des Strafgesetzbuchs für die Preußischen Staaten, nebst dem Entwurf des Gesetzes über die Einführung des Strafgesetzbuches und dem Entwurf des Gesetzes über die Kompetenz und das Verfahren in dem Bezirke des Appelationsgerichtshofes zu Köln. Zur Vorlegung an die vereinigten ständischen Ausschüsse bestimmt, Berlin 1847, in: *Schubert / Regge*, Gesetzrevision, Bd. 6/II, S. 735 ff.

194 Der Vereinigte Ständische Ausschuss war durch königliches Patent vom 3. Februar 1847 gebildet worden; vgl. *Berner*, Die Strafgesetzgebung in Deutschland, S. 238.

195 *Berner*, Die Strafgesetzgebung in Deutschland, S. 238.

196 *Berner*, Strafgesetzgebung in Deutschland, S. 238, 239.

Der Tatbestand der Kindestötung des Entwurfs von 1847 blieb in den gutachterlichen Arbeiten der vorbereitenden Abteilung ohne Änderungen[197]. Erst die anschließenden Plenarberatungen des Ausschusses thematisierten das Strafmaß der Kindestötung[198]. Insbesondere ging es um die Frage, ob entgegen des Entwurfs von 1847 die Festlegung eines Mindeststrafmaßes nicht doch angezeigt sei.

Zu Beginn der Beratungen stellte *Regierungskommissar Bischoff* fest, dass der Verzicht auf ein Mindeststrafmaß im Entwurf von 1847 auf einem Versehen beruhe. Den Motiven zu diesem Entwurf sei zu entnehmen, dass man damals eine Mindeststrafe von fünf Jahren für angemessen gehalten habe.

Der Abgeordnete *Graf Renard* forderte im Anschluss an die Ausführungen *Bischoffs*, den Verzicht auf ein Mindeststrafmaß aufrecht zu erhalten oder allenfalls eine Mindeststrafe von einem Jahr Gefängnis festzusetzen. *Graf Renard* begründete seine Forderung mit der bedauernswürdigen Lage der Täterin beziehungsweise mit deren beinahe unzurechnungsfähigen Zustand im Augenblick der Tat. Aus den gleichen Gründen beantragte der Abgeordnete *Dittrich* die Herabsetzung der Höchststrafe der Kindestötung auf zehn Jahre Strafarbeit. *Bischoff* hielt dem entgegen, dass die Kindestötung auch solche Fälle erfasse, die, wenn sie an einem Erwachsenen begangen würden, als Mord zu bestrafen seien. Dieser Umstand mache ein Strafmaß der Kindestötung von mehr als zehn Jahren Strafarbeit erforderlich. Zudem müsse alternativ auch eine Zuchthausstrafe angeordnet werden können. *Justizminister Savigny* hielt der Festsetzung eines geringeren Strafmaßes entgegen, dass die besonderen Tatumstände einer Kindestötung sowie die psychische Ausnahmesituation der Täterin schon bei der Abfassung des Entwurfs hinreichend berücksichtigt worden seien. Wären die eigentümlichen entschuldigenden Gründe der Tat nicht bereits berücksichtigt worden, so würde die Tötung des eigenen Kindes ja zu den allerschwersten Verbrechen gehören, die überhaupt begangen werden könnten. Ein Mindeststrafmaß der Kindestötung von fünf Jahren erscheine in Relation zum Mindeststrafmaß des gewöhnlichen Totschlags von zehn Jahren durchaus angemessen und trage den besonderen Umständen der Tat ausreichend Rechnung.

197 16. Sitzung vom 21. Januar 1848, in: *Bleich*, Verhandlungen des im Jahre 1848 zusammenberufenen Vereinigten Ständischen Ausschusses, Erster Band, S. 117, in: *Schubert*, Kodifikationsgeschichte Strafrecht, Frankfurt am Main 1991.

198 22. Sitzung vom 18. Februar 1848, in: *Bleich*, Verhandlungen des im Jahre 1848 zusammenberufenen Vereinigten Ständischen Ausschusses, Vierter Band, S. 33 ff., in: *Schubert*, Kodifikationsgeschichte Strafrecht, Frankfurt am Main 1991.

Zum Abschluss der Beratungen über den Strafrahmen der Kindestötung wurden im Vereinigten Ständischen Ausschuss folgende Fragen[199] zur Abstimmung gestellt:

1. Stimmt die Versammlung dem § 231 ohne Festsetzung eines Strafminimums bei? Diese Zustimmung wurde ausnahmslos versagt.
2. Soll mit Annahme des § 231 ein Minimum von einem Jahr Gefängnisstrafe beantragt werden? Für einen solchen Antrag fand sich nicht die erforderliche Mehrheit der Abstimmungsberechtigten.
3. Soll im § 231 ein Minimum von fünf Jahren Strafarbeit, so wie 5 Jahren Zuchthausstrafe, festgesetzt werden? Dieser Festsetzung stimmten mehr als zwei Drittel der Versammlung zu.
4. Soll beantragt werden, das Strafmaximum in § 231 auf zehn Jahren zu bestimmen? Diesem Antrag wurde nicht beigestimmt.

9. Entwurf von 1848[200]

Trotz des Beschlusses des Vereinigten Ständischen Ausschusses, das Strafgesetzbuch nicht eher zu erlassen, als der Vereinigte Landtag über eine neue Strafprozessordnung beraten habe, und der sich zuspitzenden politischen Verhältnisse setze *Savigny* im Gesetzrevisionsministerium die redaktionellen Arbeiten am Entwurf fort. Am 19. März 1848 unterzeichnete *Savigny* eine Denkschrift, in der er die Richtlinien für die Schlussredaktion des Entwurfs definierte[201]. Bereits einen Tag später wurde *Savigny* aus seinem Amt als Minister der Gesetzrevision entlassen. Auch *Uhden* verlor sein Amt als Justizminister und wurde durch *Bornemann* ersetzt. Dies stellte das Ende des „Ministeriums für die Gesetzrevision“ dar, dessen Aufgaben von nun an wieder vom Justizverwaltungsministerium wahrgenommen wurden. Wie von *Savigny* gefordert, wurde der Entwurf von 1847 in der Folgezeit unter Berücksichtigung der Anträge und Beschlüsse des Vereinigten Ständischen Ausschusses umgearbeitet[202].

Gemäß den Beschlüssen des Vereinigten Ständischen Ausschusses führten die Überarbeitungen des Entwurfs zu einer Wiedereinführung eines Mindeststrafmaßes der Kindestötung von fünf Jahren Zuchthaus. § 115 Ab. 1 des Entwurfs von 1848 lautete demgemäß wie folgt:

---

199 *Bleich*, Verhandlungen des im Jahre 1848 zusammenberufenen Vereinigten Ständischen Ausschusses, Vierter Band, S. 39 und 40 in: *Schubert*, Kodifikationsgeschichte Strafrecht, Frankfurt am Main 1991.

200 Entwurf des Strafgesetzbuches für die Preußischen Staaten, Berlin 1848 veröffentlicht durch *Banke*, Der erste Entwurf eines deutschen Einheitsstrafrechts, Bd. 2, Der Vorentwurf zum deutschen Einheitsstrafrecht, S. 31.

201 Zunächst sollten alle vom Ausschuss beantragten Änderungen zusammengestellt werden. Zudem wurde beantragt, die so gewonnenen Grundlagen zu einem neuen Entwurf zu verarbeiten. Vgl. *Banke*, Entwurf, Bd. 2, S. 31.

202 *Schubert / Regge*, Gesetzrevision, Bd. 1, S. XLI, XLII.

„Eine Mutter, welche ihr uneheliches Kind, in oder gleich nach der Geburt vorsätzlich tötet, wird wegen Kindesmordes mit Zuchthaus von fünf bis zu zwanzig Jahren bestraft.“

10. Entwurf von 1850[203]

Der Entwurf von 1848 wurde im Justizministerium ein weiteres Mal überarbeitet. Der daraus resultierende Entwurf von 1850 ließ den Tatbestand der Kindestötung in § 166 jedoch unverändert.

Justizminister Simons legte den Entwurf von 1850 am 3. Januar 1851 der Zweiten Kammer vor, die den Entwurf zunächst zur Vorberatung an eine Kommission mit 21 Mitgliedern überwies, in der *Justizrat Bischoff* als Vertreter des Ministeriums mitwirkte. Nachdem der Justizminister den Abänderungsanträgen der Kommission zugestimmt hatte, wurde der entsprechend geänderte Entwurf am 27. März 1851 im Ganzen von der Zweiten Kammer angenommen. Die Annahme des Entwurfs durch die Erste Kammer schloss sich am 12. April 1851 an. Am 14. April 1851 genehmigte auch der König das Gesetz, so dass dieses mit Wirkung zum 1. Juli 1851 in Kraft trat[204].

In den Vorberatungen der Kommission war die Frage aufgeworfen worden, ob die Tatbestandsvoraussetzung „gleich nach der Geburt“ nicht einer konkreten zeitlichen Bestimmung bedürfe. Die Kommission ging jedoch letztlich davon aus, dass diese Konkretisierung nur Gegenstand tatsächlicher Ermittlungen und Fragestellungen sein könne und verzichtete daher auf einen entsprechenden Abänderungsantrag zu § 166 des Entwurfs von 1850[205].

§ 180 Abs. 1 des Preußischen Strafgesetzbuchs von 1851 lautete dementsprechend:

„Eine Mutter, welche ihr uneheliches Kind, in oder gleich nach der Geburt vorsätzlich tötet, wird wegen Kindesmordes mit Zuchthaus von fünf bis zu zwanzig Jahren bestraft.“

11. Fazit

Mit dem Inkrafttreten des Preußischen Strafgesetzbuches fand der Prozess der Wandlung der Kindestötung von einem qualifizierenden zu einem privilegierenden Tötungsdelikt im Jahre 1851 auch in Preußen seine Vollendung, da

---

203 Entwurf des Strafgesetzbuches für die Preußischen Staaten, Berlin 1851, in: *Schubert*, Kodifikationsgeschichte Strafrecht, Frankfurt am Main 1991.

204 *Berner*, Strafgesetzgebung in Deutschland, S. 239, 240.

205 Verhandlungen der Ersten und Zweiten Kammer über die Entwürfe des Strafgesetzbuches für die Preußischen Staaten und des Gesetzes über die Einführung desselben, vom 10. Dezember 1850. Nebst den Kommissionsberichten und sonstigen Aktenstücken. Berlin 1851, 117, in: *Schubert*, Kodifikationsgeschichte Strafrecht, Frankfurt am Main 1991.

nunmehr auch hier das Leben der Täterinnen geschont wurde. Zuvor hatten bereits das Österreichische Strafgesetzbuch von 1803 und das Bayerische Strafgesetzbuch Feuerbachs von 1813 Abstand von der Todesstrafe als adäquater Strafandrohung für Kindestötungen genommen und hatten somit unter den Partikulargesetzgebungen des 19. Jahrhunderts eine Vorreiterrolle eingenommen. Mit einem Abstand von fast vier bzw. fünf Jahrzehnten folgte das Preußische Strafgesetzbuch dem Bayerischen bzw. Österreichischen Vorbild auf den ersten Blick erst sehr spät. Allerdings ist in diesem Zusammenhang zu berücksichtigen, dass es in den jahrzehntelangen, wechselvollen Vorarbeiten zum Strafgesetzbuch gelang, die 98 Einzelparagraphen des Allgemeinen Landrechts für die Preußischen Staaten zur Kindestötung in eine einzige Vorschrift zu überführen und diese entsprechend zu konturieren. Die aufgezeigten Schwankungen der einzelnen Entwürfe im Rahmen der preußischen Gesetzrevisionen vermitteln einen Eindruck davon, welche Schwierigkeiten mit der zufriedenstellenden Fixierung des Delikts der Kindestötung verbunden waren. Diese gelang letztlich aber in so überzeugender Form, dass § 180 des Preußischen Strafgesetzbuches über das Strafgesetz für den Norddeutschen Bund nahezu unverändert Eingang in das Strafgesetzbuch für das Deutsche Reich fand. Den Einzelheiten dieser Entwicklung wird das Folgekapitel gewidmet sein.

ZWEITER TEIL.

ENTWICKLUNG SEIT 1870

Drittes Kapitel.
Reichstrafgesetzbuch

A) Der Entwurf Friedberg[1]

Nachdem es schon zu Zeiten des Deutschen Bundes einige Bemühungen um ein gemeinsames deutsches Strafrecht gegeben hatte, die jedoch jeweils frühzeitig gescheitert waren[2], strebte Preußen nach der siegreichen Beendigung des Krieges mit Österreich die Vereinheitlichung des Rechts an. Der Deutsche Bund war infolge des Krieges aufgelöst und der Norddeutsche Bund unter der Federführung Preußens gegründet worden. Der Reichstag des Norddeutschen Bundes schuf am 20. März 1867 die verfassungsrechtlichen Voraussetzungen für die Vereinheitlichung des Strafrechts, indem er dem Antrag *Laskers* folgte, dem Bund auch die gemeinsame Gesetzgebung über das Strafrecht zu übertragen[3]. Gestützt durch die Verfassung, stellten die Reichstagsabgeordneten *Wagner* und *Planck* am 30. März 1868 im Reichstag den Antrag, „baldthunlichst" Entwürfe für ein gemeinsames Strafrecht, den Strafprozeß und die Gerichtsorganisation zu erarbeiten[4]. Nachdem am 18. April 1868 zunächst der Reichstag und am 5. Juni 1868 auch der Bundesrat diesem Antrag zugestimmt hatten, ersuchte man den Bundeskanzler, den Entwurf eines gemeinsamen Strafgesetzbuches für den Norddeutschen Bund ausarbeiten zu lassen. *Bismarck* beauftragte daraufhin am 17. Juni 1868 Justizminister *Leonhardt* mit diesen Arbeiten. Dieser übertrug die Aufgabe dem vortragenden Rat in seinem Ministerium, *Friedberg*, und ordnete diesem Kreisrichter *Rüdorff* und Gerichtsassessor *Rubo* bei[5]. In insgesamt 139 Sitzungen[6] entstand ein Entwurf, der kein komplett neues Strafgesetzbuch für den Norddeutschen Bund darstellte. Der Entwurf basierte vielmehr auf dem Preußischen Strafgesetzbuch von 1851[7] und lehnte sich stark an dessen Regelungen an.

---

1 Entwurf eines Strafgesetzbuches für den Norddeutschen Bund (Entwurf Friedberg, Juli 1869), in: *Schubert / Vormbaum*, Entstehung des Strafgesetzbuchs, Kommissionsprotokolle und Entwürfe, Bd. 1: 1869, S. 1 ff.

2 Nachweise der verschiedenen Ansätze und jeweiligen Entwürfe bei *Rubo*, Kommentar über das Strafgesetzbuch für das Deutsche Reich, 1879, S. 1–6.

3 *Schubert / Vormbaum*, Entstehung des Strafgesetzbuchs. Bd. 1, S. XIII.

4 *Schubert*, Die Quellen zum Strafgesetzbuch von 1870/71, GA 1982, S. 191 ff., (194).

5 *Schubert / Vormbaum*, Entstehung des Strafgesetzbuchs. Bd. 1, S. XV.

6 *Schubert / Vormbaum*, Entstehung des Strafgesetzbuchs. Bd. 1, S. XV.

7 Das Preußische Strafgesetzbuch beherrschte bereits den weitaus größten Teil des Bundesgebiets als bewährtes, geltendes Recht, da es im Jahre 1855 in Waldeck, 1858 in Oldenburg, 1863 in Lübeck und 1867 in den neuen preußischen Provinzen eingeführt worden war. Zusammen mit Preußen selbst, entfaltete das Gesetz somit bereits für 4/5 des Bundesgebiets Rechtswirkung.

Der Entwurf Friedbergs regelte den Tatbestand der Kindestötung in § 190 Abs. 1[8], welcher zu großen Teilen mit § 180 Abs. 1 des Preußischen Strafgesetzbuches von 1851 übereinstimmt. Lediglich hinsichtlich der Bestrafung des Verbrechens nahm *Friedberg* zwei Veränderungen vor. Er reduzierte den Strafrahmen von fünf bis zwanzig Jahren Zuchthaus auf zwei bis zehn Jahre. Zudem sollte die Kindestötung im Falle des Vorliegens mildernder Umstände mit einer Gefängnisstrafe von zwei bis fünf Jahren Dauer geahndet werden. Die Senkung des Regelstrafrahmens und die Zulassung mildernder Umstände wurde mit der besonderen Natur dieses Verbrechens sowie den mannigfachen dabei denkbaren Fällen geringerer Verschuldung gerechtfertigt[9]. § 190 Abs. 1 des Entwurfs Friedbergs lautete demgemäß wie folgt:

> „Eine Mutter, welche ihr uneheliches Kind in oder gleich nach der Geburt vorsätzlich tödtet, wird wegen Kindesmordes mit Zuchthaus von zwei bis zu zehn Jahren, oder, wenn mildernde Umstände vorhanden sind, mit Gefängniß von zwei bis zu fünf Jahren bestraft."

In § 190 Abs. 2 stellte der Entwurf Friedbergs folgendes klar:

> „Wird die vorsätzliche Tödtung des Kindes von einer anderen Person als der Mutter verübt, oder nimmt eine andere Person an dem Verbrechen des Kindesmordes Theil, so kommen gegen dieselbe die Bestimmungen über Mord und Todtschlag, sowie über die Theilnehmer an diesem Verbrechen zur Anwendung."

Die Anwendung der „ordentlichen Strafe des Mordes gegen die Theilnehmer" sei eine Folge des im § 41[10] ausgesprochenen allgemeinen Grundsatzes, welche „zur Vermeidung von Zweifel" in § 190 Abs. 2 des Entwurfs besonders auszusprechen gewesen sei[11].

B) Reaktionen auf den Entwurf Friedbergs

Der Entwurf Friedbergs wurde im Juli 1869 fertiggestellt und mit der Bitte an Wissenschaft und Praxis veröffentlicht, zahlreiche Kritiken und Beurteilungen verlautbaren zu lassen[12]. In großer Zahl wurden solche in der Folgezeit verfasst und veröffentlicht bzw. beim Justizministerium eingereicht.

---

8 *Schubert / Vormbaum*, Entstehung des Strafgesetzbuchs. Bd. 1, S. 30.

9 Motive zu dem Entwurf eines Strafgesetzbuches für den Norddeutschen Bund, abgedruckt in: *Schubert*, Kodifikationsgeschichte, Bd. 1, S. 277.

10 „Auf die Theilnehmer an einem Verbrechen oder Vergehen, oder an einem strafbaren Versuche ist das Strafgesetz anzuwenden, welches auf den Thäter Anwendung findet."

11 Motive zu dem Entwurf eines Strafgesetzbuches für den Norddeutschen Bund, abgedruckt in: *Schubert*, Kodifikationsgeschichte, Bd. 1, S. 277.

12 *Rubo*, Kommentar über das Strafgesetzbuch für das Deutsche Reich. Berlin 1879, S. 26.

So äußerte sich *Held* kritisch zu der Begrenzung der Privilegierung auf einen Zeitpunkt „gleich nach der Geburt". Diese Begrenzung empfand *Held* als zu hart, da die psychischen Einwirkungen des Geburtsaktes nicht unmittelbar nach der Geburt aufhören würden. Zudem verwies Held darauf, dass die Tötung eines Kindes außerhalb des privilegierten Zeitraums gemäß § 185[13] des Entwurfs Friedbergs als Mord mit der Todesstrafe geahndet werden könne. Vor diesem Hintergrund erscheine die Formulierung „gleich nach der Geburt" als zu unbestimmt, um auf ihrer Grundlage eine Entscheidung über Leben und Tod der Täterin zu treffen[14]. Gleiches gelte für die Formulierung „uneheliches Kind." Auch dieser Ausdruck sei zu unsicher, da nicht geklärt sei, ob das getötete Kind nur in der Ehe geboren sein müsse oder außerhalb der Ehe gezeugt sein dürfe, ob einer Mutter die Privilegierung zustehe, die in der Ehe ein Kind töte, welches noch außerhalb der Ehe mit dem späteren Ehemann gezeugt worden sei oder ob eine Mutter als Mörderin zu verurteilen sei, die ihr in der Ehe geborenes, aber im Ehebruch gezeugtes Kind töte[15].

Häberlin kritisierte die im Entwurf Friedbergs vorgesehene Berücksichtigung mildernder Umstände. Diese könnten nur dann beibehalten werden, wenn die dafür in Betracht kommenden Milderungsgründe im Gesetz näher bezeichnet würden. *Häberlin* verwies darauf, dass die denkbaren Milderungsgründe bereits durch den Tatbestand der Kindestötung selbst, insbesondere durch die mildere Bestrafung und den Verzicht auf eine Unterscheidung zwischen Mord und Totschlag, ausreichend Berücksichtigung gefunden hätten. Da zudem der Regelstrafrahmen im Entwurf Friedbergs in Relation zu § 180 des Preußischen Strafgesetzbuchs von 1851 noch einmal herabgesetzt worden sei, kämen kaum noch Milderungsgründe in Betracht, die die Annahme eines minder schweren Falls und damit eine noch geringere Bestrafung rechtfertigen könnten. Vor diesem Hintergrund sei eine ausdrückliche Aufführung der verbleibenden Milderungsgründe, die ausnahmsweise noch zur Verhängung einer Gefängnisstrafe führen könnten, im Rahmen des Tatbestandes der Kindestötung erforderlich[16].

Der Kieler Strafrechtslehrer *Richard Ed. John* stimmte der vollständigen Übernahme des Tatbestandes der Kindestötung aus dem Preußischen Strafge-

---

13 Wer vorsätzlich und mit Überlegung einen Menschen tötet, begeht einen Mord und wird mit dem Tode bestraft.

14 *Held*, Bemerkungen zu dem Entwurf eines Strafgesetzbuchs für den Norddeutschen Bund. Dresden 1870, S. 55.

15 *Held*, Bemerkungen zum Entwurf eines Strafgesetzbuchs, S. 56.

16 *Häberlin*, Kritische Bemerkungen zu dem Entwurf eines Strafgesetzbuchs für den Norddeutschen Bund, S. 70, 71.

setzbuch in den Entwurf Friedbergs zu. Dies erscheint konsequent, da er eine solche Übernahme in § 140 seines Entwurfs eines Strafgesetzbuches selbst vorgenommen hatte. Im Jahre 1868 hatte *John* in privater Initiative einen eigenen Entwurf nebst Motiven vorgelegt und dabei deutlich zum Ausdruck gebracht, dass auch er das Preußische Strafgesetzbuch als das beste seiner Zeit ansehe, „weil es das kürzeste ist, und das kürzeste konnte es sein, weil es am wenigsten unter allen sich einer schädlichen, mindestens überflüssigen Kasuistik[17]" überlasse. Ebenso wie *Friedberg* reduzierte auch *John* in seinem Entwurf den Regelstrafrahmen der Kindestötung. Jedoch befürwortete er eine Höchststrafe von fünfzehn Jahren Zuchthaus, die er mit der Verurteilungsstatistik Preußens der Jahre 1860 bis 1865 begründete. Diese Verurteilungsstatistik weise aus, dass von 425 Angeklagten 332 Personen verurteilt und 331 Personen mit einer geringeren Strafe als fünfzehn Jahren Zuchthaus belegt worden seien. Für eine Höchststrafe von fünfzehn Jahren Zuchthaus sprach sich *John* auch noch im Jahre 1869 aus, obwohl der Entwurf Friedbergs das Höchststrafmaß inzwischen bereits auf zehn Jahre Zuchthaus reduziert hatte.

C) Bundesratskommission[18]

Bereits vor Fertigstellung des Entwurfs Friedbergs im Juli 1869 hatte der Bundesrat am 3. Juni 1869[19] beschlossen, den Entwurf durch eine Kommission von sieben Juristen[20] bis Ende des Jahres 1869 revidieren zu lassen. Die Kommission trat am 1. Oktober 1869 erstmalig zusammen und absolvierte ihre Aufgabe bis zum 31. Dezember 1869 in insgesamt 43 Sitzungen. Obwohl noch in der Schlusssitzung zahlreiche Änderungen beschlossen wurden, lag die endgültige Fassung des revidierten Entwurfs abends gegen sieben Uhr vor, so dass der Entwurf dem Bundeskanzler auftragsgemäß noch zum Jahreswechsel überreicht werden konnte[21].

Die Kommission beriet in der 17. Sitzung am 1. November 1869 in der 1. Lesung über den Tatbestand der Kindestötung. *Budde* beantragte, „hinter 'vorsätzlich' einzuschalten: 'mit Ueberlegung tödtet, wird wegen Kindesmordes mit Zuchthaus nicht unter fünf Jahren und wenn sie die That ohne Ueber-

---

17 *John*, Entwurf mit Motiven zu einem Strafgesetzbuche für den Norddeutschen Bund, Berlin 1868, S. 12; vgl. *Rentrop*, Untreue und Unterschlagung (§§ 266 und 246 StGB). Reformdiskussion und Gesetzgebung seit dem 19. Jahrhundert. 2007, S. 40.

18 Beratungen der Bundesratskommission, in: *Schubert / Vormbaum*, Entstehung des Strafgesetzbuchs. Bd. 1, S. 63 ff.

19 Protokoll des Bundesrats vom 3. Juni 1869.

20 Mitglieder der Kommission waren aus Preußen *Leonhard*, *Friedberg*, *Bürgers* und *Dorn*, aus Sachsen *v. Schwarze*, aus Mecklenburg-Schwerin *Budde* und aus Bremen *Donandt*.

21 *Schubert / Vormbaum*, Entstehung des Strafgesetzbuchs. Bd. 1, S. XVIII.

legung ausführte, mit Zuchthaus bis zu zehn Jahren bestraft'"[22]. *Budde* wollte also ebenso wie bei der Unterscheidung zwischen Mord und Totschlag die Höhe des Strafmaßes danach ausrichten, ob die Täterin das Kind mit überlegtem Vorsatz tötete oder nicht. Mit dem Antrag, die „Worte 'wenn mildernde Umstände pp' zu streichen. Ebenso im 2. Absatze.", sprach sich *Budde* des weiteren gegen die von *Friedberg* eingeführte Berücksichtigung mildernder Umstände aus[23]. *v. Schwarze* beantragte, „nach 'uneheliches' einzuschalten: 'oder im Ehebruche oder vor Eingehung der Ehe mit einem Anderen als ihrem Ehemanne erzeugtes'"[24]. *v. Schwarze* wollte damit auch Kinder, die solchen Konstellationen entstammten, als taugliche Tatobjekte in den Tatbestand der Kindestötung mit einbeziehen. Mit dem Antrag „Statt, 'oder gleich nach der Geburt' zu sagen: 'der Geburt oder in den ersten vier und zwanzig Stunden nach der Geburt'"[25] beabsichtigte *v. Schwarze* zudem, das Ende des Privilegierungszeitraums genauer zu definieren. *Donandt* beantragte schließlich in Anknüpfung an § 190 des Entwurfs die Aufnahme gänzlich neuer Strafbestimmungen:

> „§ 190a
> Wer an einem unehelichen Kinde in oder gleich nach der Geburt in der Absicht, dasselbe zu tödten, eine dazu geeignete Handlung vorgenommen hat, soll, wenn keine Gewissheit darüber, ob das Kind zur Zeit der Verübung dieser Handlung gelebt, oder nicht gelebt habe, besteht, mit Zuchthaus bis zu drei Jahren bestraft werden.
>
> Ist die Handlung fahrlässig geschehen, so tritt Gefängniß bis zu einem Jahre ein."[26]
>
> „§ 190b
> Mit Gefängniß bis zu zwei Jahren wird bestraft, wer den Leichnam eines neugeborenen Kindes ohne Vorwissen der Behörde beerdigt oder bei Seite schafft."[27]
>
> „§ 190c
> Eine außer der Ehe geschwängerte Frauensperson, welche ihre Niederkunft vorsätzlich dermaßen verheimlicht oder geheim hält, dass dadurch die erforderliche

---

22 Antrag Nr. 257, *Budde*, in: Schubert / Vormbaum, Entstehung des Strafgesetzbuchs. Bd. 1, S. 121.

23 Antrag Nr. 257, *Budde*, in: Schubert / Vormbaum, Entstehung des Strafgesetzbuchs. Bd. 1, S. 121.

24 Antrag Nr. 257, *v. Schwarze*, in: Schubert / Vormbaum, Entstehung des Strafgesetzbuchs. Bd. 1, S. 121.

25 Antrag Nr. 257, *v. Schwarze*, in: Schubert / Vormbaum, Entstehung des Strafgesetzbuchs. Bd. 1, S. 121.

26 Antrag Nr. 241, *Donandt*, in: Schubert / Vormbaum, Entstehung des Strafgesetzbuchs. Bd. 1, S. 212.

27 Antrag Nr. 242, *Donandt*, in: Schubert / Vormbaum, Entstehung des Strafgesetzbuchs. Bd. 1, S. 212.

> Hülfsleistung von Seiten anderer Personen ausgeschlossen wird, soll, wenn es in der Absicht, das Kind zu tödten, geschehen ist, mit Gefängniß bis zu sechs Monaten bestraft werden."[28]

Alle genannten Anträge von *Budde*, *v. Schwarze* und *Donandt* fanden in der Kommission jedoch keine Mehrheit[29], so dass § 190 des Entwurfs Friedbergs lediglich unter Erhöhung des Regelstrafrahmens auf fünfzehn Jahre Zuchthaus[30] angenommen wurde[31].

Der Entwurf der 1. Lesung von November 1869 regelte den Tatbestand der Kindestötung demgemäß in § 210 Abs. 1[32] wie folgt:

> „Eine Mutter, welche ihr uneheliches Kind in oder gleich nach der Geburt vorsätzlich tödtet, wird mit Zuchthaus nicht unter zwei Jahren oder, wenn mildernde Umstände vorhanden sind, mit Gefängniß nicht unter zwei Jahren bestraft."

In der 10. Sitzung der 2. Lesung am 15. Dezember 1869 wurde erneut über die Regelungen zur Kindestötung beraten. *Donandt* stellte den Antrag, Absatz 2 des § 210 des Entwurfs der 1. Lesung zu streichen, da dieser nach der neu beschlossenen Fassung des § 47[33] entbehrlich sei[34]. Dieser Antrag fand die Zustimmung der Kommission[35]. Des weiteren stellte *Donandt* erneut einen Antrag auf Einschaltung eines neuen Straftatbestandes § 210a[36], der mit § 190a

28 Antrag Nr. 243, *Donandt*, in: Schubert / Vormbaum, Entstehung des Strafgesetzbuchs. Bd. 1, S. 212.

29 Sitzungsprotokoll der XVIII. Sitzung, in: *Schubert / Vormbaum*, Entstehung des Strafgesetzbuchs. Bd. 1, S. 121 und 122.

30 Der Entwurf Friedbergs sah einen Regelstrafrahmen von lediglich zwei bis zehn Jahren Zuchthaus vor. Die Erhöhung auf maximal 15 Jahre Zuchthaus ergibt sich aus § 12 Abs. 2 des Entwurfs der 1. Lesung vom November 1869 an: „Der Höchstbetrag der zeitigen Zuchthausstrafe ist fünfzehn Jahre […]", vgl. *Schubert / Vormbaum*, Entstehung des Strafgesetzbuchs. Bd. 1, S. 246.

31 Sitzungsprotokoll der XVIII. Sitzung, in: *Schubert / Vormbaum*, Entstehung des Strafgesetzbuchs. Bd. 1, S. 122.

32 *Schubert / Vormbaum*, Entstehung des Strafgesetzbuchs. Bd. 1, S. 274.

33 § 47 Abs. 1: Wegen Beihülfe wird bestraft, wer dem Thäter zur Begehung des Verbrechens oder Vergehens durch Rath oder That wissenstlich Hülfe geleistet hat. § 47 Abs. 2: Die Strafe des Gehülfen ist nach denjenigen Gesetze festzusetzen, welches auf die Handlung Anwendung findet, zu welcher er wissentlich Hülfe geleistet hat; dieselbe ist jedoch nach den über die Bestrafung des Versuches aufgestellten Grundsätzen zu ermäßigen.

34 Antrag Nr. 627, *Donandt*, in: Schubert / Vormbaum, Entstehung des Strafgesetzbuchs. Bd. 1, S. 403.

35 *Schubert / Vormbaum*, Entstehung des Strafgesetzbuchs. Bd. 1, S. 341.

36 Antrag Nr. 628, *Donandt*, in: Schubert / Vormbaum, Entstehung des Strafgesetzbuchs. Bd. 1, S. 403.

seines Antrags Nr. 241 in der 1. Lesung des Entwurfs übereinstimmte[37]. *Donandt* begründete seinen Antrag dahingehend, dass eine Strafbestimmung umso unbedenklicher scheine, als der Zweifel, ob das Kind gelebt habe, durch die Handlung selbst äußerst verkleinert werde[38]. Diesem Antrag stimmte jedoch keines der Kommissionsmitglieder zu[39].

Der Tatbestand der Kindestötung wurde dann mit dem Wortlaut des § 210 Abs. 1 des Entwurfs der 1. Lesung in § 212 Abs. 1 und 2. des Entwurfs der 2. Lesung vom Dezember 1869 übernommen, während § 210 Abs. 2 des Entwurfs der 1. Lesung ersatzlos entfiel[40]:

> (1) Eine Mutter, welche ihr uneheliches Kind in oder gleich nach der Geburt vorsätzlich tödtet, wird mit Zuchthaus nicht unter zwei Jahren bestraft.
>
> (2) Sind mildernde Umstände vorhanden, so tritt Gefängnißstrafe nicht unter zwei Jahren ein.

D) Reichstagsvorlage[41]

Mit Schreiben vom 1. Januar 1870 übersandte der Bundeskanzler den Entwurf der Bundesratskommission an sämtliche Bundesregierungen und bat diese, die Bevollmächtigten zum Bundesrat für die Abstimmung zu instruieren. Der Entwurf wurde im Plenum am 4. Februar 1870 unter Vorsitz *Bismarcks* erörtert und, abweichend vom üblichen Verfahren, vorläufig angenommen, soweit nicht in der Sitzung selbst Änderungsanträge gestellt worden waren. Diese wurden an den Justizausschuss überwiesen, der dazu am 7. Februar gegenüber dem Plenum Stellung nahm. Das Plenum nahm den Entwurf in seiner Schlusssitzung am 11. Februar 1870 mit lediglich zwei Änderungen an[42].

Die tatbestandliche Ausgestaltung der Kindestötung in der Reichstagsvorlage stimmte mit der Ausgestaltung des Tatbestandes im revidierten Entwurf der Bundesratskommission überein. Allerdings wurde das Mindeststrafmaß der Kindestötung von zwei auf drei Jahre Zuchthaus erhöht. § 212 der Reichstagsvorlage lautete somit wie folgt:

---

37 Vgl. Antrag Nr. 241, *Donandt*, in: Schubert / Vormbaum, Entstehung des Strafgesetzbuchs. Bd. 1, S. 212.

38 *Schubert / Vormbaum*, Entstehung des Strafgesetzbuchs. Bd. 1, S. 403.

39 *Schubert / Vormbaum*, Entstehung des Strafgesetzbuchs. Bd. 1, S. 403.

40 *Schubert / Vormbaum*, Entstehung des Strafgesetzbuchs. Bd. 1, S. 456.

41 Reichstagsvorlage, Entwurf vom 14. Februar 1870, in: *Schubert / Vormbaum*, Entstehung des Strafgesetzbuchs. Bd. 2, S. 45 ff.

42 *Schubert*, Die Quellen zum Strafgesetzbuch von 1870/71, in: GA 1982, S. 191 ff. (196).

(1) Eine Mutter, welche ihr uneheliches Kind in oder gleich nach der Geburt vorsätzlich tödtet, wird mit Zuchthaus nicht unter drei Jahren bestraft.

(2) Sind mildernde Umstände vorhanden, so tritt Gefängnißstrafe nicht unter zwei Jahren ein.

E) Reichsstrafgesetzbuch[43]

Bereits drei Tage nach seiner Annahme durch den Bundesrat wurde der Entwurf am 14. Februar 1870 dem Reichstag vorgelegt, der diesen am 22. Februar in der 1. Lesung behandelte. Um den Entwurf noch in der laufenden Session verabschieden zu können, sah man entgegen einem Antrag *von Schwarze* davon ab, die Vorlage insgesamt an eine Kommission zu überweisen. Lediglich die Abschnitte 8 bis 29 des Besonderen Teils wurden einer Kommission von 21 Mitgliedern[44] zur Vorberatung übertragen, die vom 24. Februar bis 30 März 1870 in insgesamt 20 Sitzungen durchgeführt wurde. Aus Zeitgründen verzichtete man auf eine schriftliche Berichterstattung der Kommission gegenüber dem Reichstag. Lediglich die von der Kommission beschlossenen Änderungen wurden in Aktenstücken vorgelegt und soweit notwendig von den jeweiligen Referenten im Einzelnen erläutert. Parallel zu den Kommissionsberatungen befasste sich das Plenum des Reichstages von Ende Februar bis Anfang April 1870 mit dem Allgemeinen Teil und den §§ 80 bis 145 des Entwurfs[45].

Die Kommissionsberatungen führten zu keinerlei Abänderungen des Tatbestandes der Kindestötung, so dass dieser mit dem Wortlaut der Reichstagsvorlage in § 217 des Reichstrafgesetzbuches übernommen wurde.

Der Reichstag befasste sich am 23. und 24. Mai 1870 in der 3. Lesung mit dem Entwurf zum Strafgesetzbuch. Anschließend wurde der Entwurf als Ganzes zur Abstimmung gestellt und am 25. Mai 1870 mit großer Mehrheit angenommen. Nachdem der Bundesrat die Vorlage noch am gleichen Tag genehmigt hatte und das Gesetz ausgefertigt worden war, konnte das Strafgesetz für

43 Gesetz betreffend die Redaktion des Strafgesetzbuches für den Norddeutschen Bund als Strafgesetzbuch für das Deutsche Reich vom 15. Mai 1871, RGBl. 1871, S. 127 in: *Vormbaum / Welp*, Das Strafgesetzbuch, Bd. 1, 1870 bis 1953, S. 1.

44 Bei den Mitgliedern der Kommission handelte es sich um: von Schwarze, von Bernuth, Hosius, von Kleist, Aegidi, von Luck, Kirchmann, Tobias, von Levetzow, Eysoldt, von Einsiedel, Endemann, Evelt, von Bassewitz, Genast, Meyer, von Brauchitsch, von Hoverbeck, Koch, zur Megede und Wagner, vgl. Rubo, Kommentar, S. 43. Den Vorsitz führte von Schwarze. An den Sitzungen waren auch Friedberg und der Präsident des Reichstags Simson beteiligt, vgl. Schubert, Quellen zum Strafgesetzbuch, GA 1982, S. 196.

45 *Schubert*, Quellen zum Strafgesetzbuch, GA 1982, S. 196.

den Norddeutschen Bund am 31. Mai 1870 verkündet werden[46]. Am 1. Januar 1871 trat das Gesetz schließlich in Kraft. Infolge der Gründung des Deutschen Reiches aufgrund der Novemberverträge mit den süddeutschen Staaten im Januar 1871 wurde nach Vornahme entsprechender redaktioneller Änderungen am 15. Mai 1871 das Strafgesetzbuch für das Deutsche Reich verkündet[47], das in seinem Geltungsbereich größtenteils am 1. Januar 1872 in Kraft trat.

46 BGBl. NdB 1870, S. 195.

47 Gesetz betreffend die Redaktion des Strafgesetzbuchs für den Norddeutschen Bund als Strafgesetzbuch für das Deutsche Reich vom 15. Mai 1871, RGBl. 1871, S. 127, in: *Vormbaum / Welp*, Das Strafgesetzbuch, Bd. 1, 1870 bis 1953, S. 1.

Viertes Kapitel.
Initiativen bis zum Beginn der Strafrechtsreform: Franz von Liszt in der „Vergleichenden Darstellung"

Die tiefgreifenden Veränderungen der sozialen, wirtschaftlichen und politischen Lebensverhältnisse ließen bereits kurz nach Inkrafttreten des Reichsstrafgesetzbuches den Ruf nach weiteren Reformierungen des Strafgesetzbuches laut werden[1]. Zudem ließ die im Jahre 1882 eingeführte Reichskriminalstatistik erkennen, dass die Kriminalität „unter der Herrschaft des Strafgesetzbuchs [...] beträchtlich wuchs"[2]. Trotzdem fokussierte man sich zunächst darauf, die Rechtsvereinheitlichung auf anderen Gebieten voranzutreiben und widmete sich dem Zivilrecht. Erst nach der Jahrhundertwende fand man Zeit, sich wiederum den Reformarbeiten im Strafrecht zuzuwenden. Obwohl der Schulenstreit noch keine Klärung erfahren hatte, berief der Staatssekretär im Reichsjustizamt *Nieberding* am 16. Juli 1902 ein wissenschaftliches Expertenkomitee[3] ein, dem die Aufgabe oblag, eine umfassende rechtsvergleichende Darstellung des Strafrechts anzufertigen, um auf diese Weise wichtige Erkenntnisse in bezug auf eine Reformierung des deutschen Strafrechts zu erlangen. Unter Mitarbeit fast aller Strafrechtslehrer der deutschen Universitäten mündeten die bis 1909 dauernden Arbeiten des Komitees in die Veröffentlichung eines 16-bändigen Werks[4].

In der sog. „Vergleichenden Darstellung[5]" bearbeitete *Franz von Liszt* den Themenkomplex der Verbrechen und Vergehen wider das Leben[6], zu denen die Kindestötung gehörte.

v. Liszt verwies einleitend darauf, dass hinsichtlich der milden Behandlung der Kindestötung, die seit Mitte des 18. Jahrhunderts in fast allen Kulturstaaten der Gegenwart Einzug gehalten habe, tiefgehende Meinungsverschiedenheiten über deren rechtfertigende Gründe beständen[7]. Zwar herrsche Einigkeit darüber, dass „der letzte Grund für die begriffliche Ausscheidung der Kindestö-

---

1 E 1927, Begründung S. 1.

2 E 1927, Begründung S. 1.

3 Zusammensetzung: *v. Birkmeyer*, *Wach* und *Kahl* als Vertreter der klassischen Schule, *v. Liszt*, *v. Lilienthal* und *Seuffert* als Vertreter der soziologischen Schule und *van Calker* und *Frank* als Vertreter der vermittelnden Schule. *Seuffert* verstarb noch vor Zusammentritt des Kommitees am 23. November 1902 und wurde durch *v. Hippel* ersetzt.

4 *Schmidt*, Einführung in die Geschichte der deutschen Strafrechtspflege, 3. Aufl., Göttingen 1965, S. 394, 395.

5 Vergleichende Darstellung des deutschen und ausländischen Strafrechts.

6 *v. Liszt*, in: Vergleichende Darstellung, Bes. Teil, Bd. V, S. 105 ff.

7 *v. Liszt*, in: Vergleichende Darstellung, Bes. Teil, Bd. V, S. 108.

tung aus den übrigen Tötungsfällen in dem eigenartigen Zustand der Gebärenden oder doch der unehelich Gebärenden gelegen[8]" sei. Über die Frage, worauf dieser „eigenartige Zustand" zurückzuführen sei, herrsche jedoch Uneinigkeit. Einerseits werde die Ursache in „dem physiologischen Vorgang des Gebäraktes selbst und in der damit verbundenen Erschütterung des seelischen und körperlichen Gleichgewichts: also in der Annahme einer verminderten Zurechnungsfähigkeit der Mutter"[9] gesehen. Eine solche Annahme müsse folgerichtig zu einer Gleichstellung der ehelich und der unehelich Gebärenden führen, da der physiologische Vorgang der Geburt bei beiden gleich sei. Eine Gleichstellung finde sich dementsprechend auch in einer Reihe von Gesetzgebungen, so unter anderem im französischen Recht, im Strafgesetzbuch der romanischen Schweiz, in Spanien, Italien, den Niederlanden und in englischen Entwürfen. Wenn die Frage der ehelichen oder unehelichen Geburt hinter der Frage der Zurechnungsfähigkeit der Gebärenden zurücktrete, so liege der Gedanke nahe, die Minderung der Zurechnungsfähigkeit als Voraussetzung der milden Behandlung der Täterin in den Tatbestand der Kindestötung selbst aufzunehmen[10]. Hierdurch könne die nicht zu billigende Annahme einer unwiderleglichen Präsumtion vermieden und die Berücksichtigung der Umstände des Einzelfalls ermöglicht werden. Diesen Gesichtspunkt berücksichtige von den geltenden Rechten allerdings nur das schweizerische Recht von 1871, wenngleich der Gesichtspunkt ernste Erwägung verdiene.

Der Grund der milderen Behandlung der Kindestötung könne im Gegensatz zum physiologischen Zustand auch „in dem psychischen Zustand der unehelich Gebärenden gefunden werden, in den auf sie eindringenden Vorstellungen, die unter dem Einfluss des physiologischen Vorganges eine besondere Stärke, vielleicht auch eine besondere Färbung erlangen"[11]. Als mögliche Vorstellung der Gebärenden komme „die Sorge um die materielle Zukunft" in Frage, „die durch den Aufwand für das Kind und vielleicht durch den drohenden Verlust der Stellung gefährdet"[12] erscheine. Zum anderen komme auch „die Furcht" der Gebärenden „vor der mit der Entdeckung verbundenen Schande"[13] in Betracht. Insbesondere der letztgenannte Aspekt, die Annahme der Furcht der Täterin vor Schande, habe besonderen Einfluss dahingehend ausgeübt, dass sich aus diesem Gesichtspunkt heraus in der ersten Hälfte des 19. Jahrhunderts

8 *v. Liszt*, in: Vergleichende Darstellung, Bes. Teil, Bd. V, S. 110.

9 *v. Liszt*, in: Vergleichende Darstellung, Bes. Teil, Bd. V, S. 110.

10 *v. Liszt*, in: Vergleichende Darstellung, Bes. Teil, Bd. V, S. 111.

11 *v. Liszt*, in: Vergleichende Darstellung, Bes. Teil, Bd. V, S. 112.

12 *v. Liszt*, in: Vergleichende Darstellung, Bes. Teil, Bd. V, S. 112.

13 *v. Liszt*, in: Vergleichende Darstellung, Bes. Teil, Bd. V, S. 112.

die mildere Bestrafung des Kindesmordes in der Gesetzgebung durchgesetzt habe. Nach Ansicht *v. Liszts* stand die große Menge der Strafgesetzbücher seiner Zeit auf demselben Standpunkt. Dieses von ihm als „Ehrennotstand" bezeichnete Motiv liege ungleich häufiger bei unehelich Gebärenden als bei ehelich Gebärenden vor. Aus diesem Umstand erkläre sich, dass die Mehrzahl der Gesetzgebungen, neben dem Reichsstrafgesetzbuch beispielsweise auch die skandinavischen und russischen Strafgesetzbücher, die Privilegierung auf die unehelich gebärende Täterin beschränkten. Da der „Ehrennotstand" jedoch auch im Falle einer unehelich Gebärenden entfallen könne, beispielsweise wenn „sie sich der Prostitution ergeben" habe oder „seit Jahren in glücklichem Konkubinat" lebe, müsse der Gesetzgeber den Ehrennotstand zum Tatbestandsmerkmal erheben[14]. Nur so könne er vermeiden, mit „unwiderleglichen Präsumtionen oder richtigen Fiktionen" zu arbeiten. Die Strafgesetzbücher der Niederlande, Spaniens und Portugals sowie deren mittel- und südamerikanischen Tochterrechte beispielsweise, hätten das Motiv des „Ehrennotstandes" im jeweiligen Tatbestand der Kindestötung entsprechend umgesetzt. Die genannten Beispiele zeigten, dass „der Gedanke, den Begriff des Kindesmordes dadurch einzuengen, dass die Voraussetzung für seine geringere Strafwürdigkeit unter die Tatbestandsmerkmale aufgenommen wird, in der modernen Gesetzgebung überaus häufig Verwertung gefunden"[15] habe.

Die Annahme des „Ehrennotstands" als Motiv der Kindestötung führe des weiteren zu der Frage, inwieweit die Strafmilderung auch auf andere Personen als die Mutter des getöteten Kindes auszudehnen ist. Zwar treffe die Furcht vor Schande in erster Linie die Mutter selbst, jedoch seien auch Fallkonstellationen denkbar, in denen Personen, die der Gebärenden nahestehen, aus dem Gedanken der Ehrenrettung zur Tat veranlasst wurden[16]. Es sei daher begreiflich, dass Gesetzgebungen, für die die „causa honoris" bestimmend gewesen sei, die Strafmilderung nicht auf die Mutter selbst beschränkten, sondern auch anderen Personen gewährten. Zu diesen Gesetzgebungen zählten die ganze Gruppe der südromanischen Rechte – Spanien, Portugal, Argentinien, Honduras, Kolumbien, Paraguay, Peru, Italien und Uruguay – , während den übrigen Rechtssystemen die Ausdehnung der Privilegierung über die Mutter hinaus fremd geblieben sei.

Im Anschluss an seine Ausführungen zur rechtsvergleichenden Darstellung der Kindestötung wandte sich *v. Liszt* den legislativen Vorschlägen zu, die aus

---

14 *v. Liszt*, in: Vergleichende Darstellung, Bes. Teil, Bd. V, S. 113.

15 *v. Liszt*, in: Vergleichende Darstellung, Bes. Teil, Bd. V, S. 114.

16 *v. Liszt*, in: Vergleichende Darstellung, Bes. Teil, Bd. V, S. 115.

dem Rechtsvergleich abzuleiten waren[17]. *v. Liszt* stellte zunächst die Frage der Berechtigung einer Sonderbestimmung der Kindestötung, die in der „unzweifelhaften Entwicklungsrichtung der Strafgesetzgebung sämtlicher Kulturstaaten“ liege. Da keine Gründe ersichtlich seien, die eine Abkehr von dieser Entwicklung angezeigt erscheinen ließen, sprach sich *v. Liszt* für eine Beibehaltung einer Sonderbestimmung zur Kindestötung im Strafgesetzbuch aus[18]. Insbesondere das in der älteren Literatur oft angeführte Gegenargument, dass die Gesetzgebungen in der Bestimmung des Umstandes, von dessen Vorliegen sie den Eintritt der Milderung abhängig machten, uneinheitlich erschienen, ließ *v. Liszt* nicht gelten. Die zur Rechtfertigung der Privilegierung angeführten Motive, die physiologische Belastung durch den Geburtsakt einerseits, das Streben nach Ehrenrettung andererseits, schlossen sich nach seiner Ansicht nicht aus, da „gerade durch den Gebärakt [...] die ruhige Überlegung ausgeschlossen [...] und die Furcht vor der mit der Entdeckung verbundenen Schande ins Ungemessene gesteigert“[19] werden könne. *v. Liszt* empfahl dem Gesetzgeber trotzdem, sich argumentativ auf eines der beiden Motive zu konzentrieren. Aufgrund der geschichtlichen Entwicklung sowie des inneren Zusammenhangs der gesetzlichen Bestimmungen müsse diese Konzentration dem Motiv des „Ehrennotstands“ gelten, der „causa honoris“[20]. Die physiologische Erschütterung des seelischen und körperlichen Gleichgewichts der Täterin durch den Geburtsakt sei unter den Begriff der verminderten Zurechnungsfähigkeit zu fassen, von der zu erwarten stehe, dass sie eine eigenständige Aufnahme in den Allgemeinen Teil des künftigen Gesetzbuches finden würde. Im Sinne einer klaren Abgrenzung erscheine es geboten, die verminderte Zurechnungsfähigkeit der Täterin in diesem Fall nicht auch noch in den Tatbestand der Kindestötung aufzunehmen.

Der Begriff des Ehrennotstands hingegen, bei dem es sich um die Furcht vor der Entdeckung der bis dahin verborgen gebliebenen Schwangerschaft und der damit verbundenen Schande handle, gehe über den Begriff der verminderten Zurechnungsfähigkeit hinaus und verdiene eigenständige Berücksichtigung durch den Gesetzgeber. Der Gesetzgeber dürfe das Motiv des Ehrennotstandes jedoch nicht ohne Rückgriff auf die physiologische Belastung der Täterin durch den Geburtsakt betrachten. Die weitgehende Berücksichtigung des Ehrennotstandes bei der Kindestötung habe nur darum Eingang in die Gesetzgebungen gefunden, weil man angenommen habe und auch weiterhin anneh-

---

17 *v. Liszt*, in: Vergleichende Darstellung, Bes. Teil, Bd. V, S. 116 ff.

18 *v. Liszt*, in: Vergleichende Darstellung, Bes. Teil, Bd. V, S. 116.

19 *v. Liszt*, in: Vergleichende Darstellung, Bes. Teil, Bd. V, S. 116.

20 *v. Liszt*, in: Vergleichende Darstellung, Bes. Teil, Bd. V, S. 116.

me, „dass die motivierende Kraft der Vorstellungen, die den Ehrennotstand begründen, unter dem Einfluß der Gebäraktes wesentlich gesteigert werde“[21].

Hinsichtlich der konkreten Ausgestaltung des Tatbestandes der Kindestötung forderte *v. Liszt*, dass darin die Voraussetzungen der milderen Behandlung der Täterin aufgenommen werden müssten. Dies habe zur Folge, dass mit ihrem Grund auch die Milderung selbst entfallen müsse. Der Ehrennotstand sei nicht gegeben, wenn die Schwangerschaft bekannt gewesen sei; er entfalle, wenn die Geburt bekannt werde[22]. Das niederländische Strafgesetzbuch habe die richtige Formulierung gewählt, indem die Gebärende „unter dem Einfluß der Furcht vor Entdeckung der Schwangerschaft“ gehandelt haben müsse, um der Strafmilderung teilhaftig zu werden. Diese Worte müssten auch im zukünftigen Strafgesetz zum Tatbestandsmerkmal gemacht werden[23].

Damit entfalle auch jeder Grund, im Tatbestand zwischen der ehelichen und der unehelichen Mutter als Täterin zu differenzieren, wenngleich nur wenige Fälle denkbar seien, in denen eine eheliche Mutter das privilegierende Motiv des Ehrenschutzes bei Tötung des Kindes aufweise. Die Öffnung des Tatbestandes der Kindestötung für diese wenigen ehelichen Mütter könne in Relation zu der erfreulichen Folge in Kauf genommen werden, dass alle Streitfragen entfielen, die mit der bislang aufrecht erhaltenen Unterscheidung zwischen Ehelichkeit und Unehelichkeit verbunden seien[24].

Des weiteren sprach sich *v. Liszt* gegen die Ausdehnung der Privilegierung auf andere Täter als die Gebärende selbst aus. Er begründete dies wiederum mit dem Verweis darauf, dass das grundlegende Motiv der Furcht vor Schande die Strafmilderung nicht alleine rechtfertige, sondern erst unter dem Einfluß des Gebäraktes zu entsprechend motivierender Kraft erwüchse. Für Täterinnen und Täter, die zwar zum Zwecke der Ehrenrettung handelten, jedoch nicht selbst unter dem physiologischen Einfluss des Geburtsaktes stünden, verbliebe nur

---

21 *v. Liszt*, in: Vergleichende Darstellung, Bes. Teil, Bd. V, S. 117.

22 *v. Liszt*, in: Vergleichende Darstellung, Bes. Teil, Bd. V, S. 117.

23 *v. Liszt*, in: Vergleichende Darstellung, Bes. Teil, Bd. V, S. 118.

24 *v. Liszt* führte als Beispiele die umstrittene Frage der Anwendbarkeit der zivilrechtlichen Vermutung der Ehelichkeit eines Kindes im Strafrecht, die Frage der Anwendbarkeit des § 217 StGB auf die Tötung eines im Ehebruch empfangenen Kindes ohne Anfechtung der Ehelichkeit durch den Ehemann, die Frage der Anwendung von § 1699 BGB auf Kinder aus nichtigen Ehen, die Frage eines vom Ehemann vor Abschluss der Ehe gezeugten Kindes sowie die seiner Ansicht nach höchst umstrittene Frage des möglichen Einflusses eines Irrtums der Mutter über die Ehelichkeit des Kindes auf die Anwendung von § 217 StGB an; vgl. *v. Liszt*, in: Vergleichende Darstellung, Bes. Teil, Bd. V, S. 118, 119.

eine Berücksichtigung des Motivs ihrer Tat innerhalb des Strafrahmens für die gemeine vorsätzliche Tötung[25].

Die Aufnahme des Motivs der Ehrenrettung in den Tatbestand der Kindestötung machte nach Ansicht *v. Liszts* zwar die Frage der Ehelichkeit der Mutter, nicht jedoch die Beibehaltung einer Frist entbehrlich, bis zu deren Ablauf die Tötung des Kindes nach der Geburt vorgenommen werden müsse[26]. Die „causa honoris" rechtfertige die Privilegierung der Kindestötung nur in zeitlichem Zusammenhang mit dem Geburtsvorgang. Ohne den kontinuierlichen Bezug zum Geburtsakt seien Fallkonstellationen denkbar, in denen eine wohlhabende Mutter ihr Kind noch Monate oder Jahre nach dessen verheimlichter Geburt und anderweitiger Unterbringung töte, da dessen drohende Entdeckung ihre Ehre gefährde. Die Privilegierung einer solchen Täterin sei von keinem Strafgesetzbuch der Welt gewollt[27]. Vornehmlich ältere Strafgesetzbücher hätten daher ziffernmäßige Begrenzungen von vierundzwanzig Stunden bis hin zu acht Tagen angeführt. Naheliegende Bedenken gegen diese rein ziffernmäßige und somit willkürliche Abgrenzung habe die Mehrzahl der Strafgesetzbücher, unter ihnen das Reichsstrafgesetzbuch, veranlasst, sich mit der allgemeinen Wendung „in oder gleich nach der Geburt" zu begnügen. Da diese Wendung jedoch von Literatur und Rechtsprechung übereinstimmend dahingehend ausgelegt werde, dass der Zeitraum „gleich nach der Geburt" so lange andauere, wie der eigenartige Zustand der Gebärenden, der den Grund für die Strafmilderung darstelle, sei das Merkmal „brauchbar"[28]. Er empfahl dem Reichsgesetzgeber, sich an der Fassung des niederländischen Strafgesetzbuches zu orientieren, dessen Worte: „Die Mutter, die unter dem Einfluß der Furcht vor Entdeckung ihrer Entbindung ihr Kind bei oder kurz nach der Geburt vorsätzlich tötet" in jeder Hinsicht dem legislativen Grundgedanken entsprächen[29].

Eine Unterscheidung zwischen vorsätzlicher und fahrlässiger Kindestötung hielt *v. Liszt* für entbehrlich, da der mildere Strafrahmen der fahrlässigen Tötung auch für die fahrlässige Kindestötung ausreiche[30]. Zudem genüge ein einheitlicher Strafrahmen, um sämtliche Fälle der vorsätzlichen Kindestötung zu ahnden. Einer Unterscheidung zwischen Kindesmord und Kindestotschlag,

25 *v. Liszt*, in: Vergleichende Darstellung, Bes. Teil, Bd. V, S. 119.

26 *v. Liszt*, in: Vergleichende Darstellung, Bes. Teil, Bd. V, S. 119.

27 *v. Liszt*, in: Vergleichende Darstellung, Bes. Teil, Bd. V, S. 117.

28 *v. Liszt*, in: Vergleichende Darstellung, Bes. Teil, Bd. V, S. 120.

29 *v. Liszt*, in: Vergleichende Darstellung, Bes. Teil, Bd. V, S. 120.

30 *v. Liszt*, in: Vergleichende Darstellung, Bes. Teil, Bd. V, S. 120.

gestützt auf das Merkmal des Vorbedachtes oder der Überlegung, die in den Vorarbeiten zum Preußischen Strafgesetzbuch erörtert und beispielsweise im niederländischen Strafgesetzbuch tatbestandlich umgesetzt worden sei, erteilte *v. Liszt* damit eine Absage[31]. Ebenso sprach er sich gegen eine besondere Hervorhebung der pflichtwidrigen Unterlassung im Tabestand der Kindestötung aus, da diese nach deutscher Rechtsauffassung „dem Tun" ohnehin gleichstehe[32]. Die geringere Intensität der verbrecherischen Gesinnung, die bei einer Begehung durch Unterlassung möglicherweise vorliege, könne bei der Strafzumessung innerhalb des Strafrahmens genügend Berücksichtigung finden.

Hinsichtlich des Strafrahmens der Kindestötung verwies *v. Liszt* darauf, dass es sich bei dem geltenden Mindestmaß von zwei Jahren Gefängnis gegenüber sechs Monaten Gefängnis beim gemeinen Totschlag um einen Redaktionsfehler handele[33]. Dieser müsse dahingehend korrigiert werden, dass das Mindestmaß der Freiheitsstrafe für Kindestötung unter das Mindestmaß der gemeinen vorsätzlichen Tötung herabgesetzt werden oder diesem doch zumindest gleichkommen müsse. Fraglich sei, ob die Anwendung von Zuchthausstrafen im Falle der Kindestötung generell angemessen sei oder ob zumindest das geltende Höchstmaß der Zuchthausstrafe von 15 Jahren zu hoch angesetzt sei. *v. Liszt* nahm Bezug auf die Kriminalstatistiken Frankreichs und Österreichs sowie die Reichskriminalstatistik und führte aus, dass die Zahl der Verurteilungen wegen Kindestötung in den Vorjahren fallende Tendenz aufweisen würde und insbesondere in den „ärmeren Volksklassen" auf dem Lande in engem Zusammenhang mit der Höhe des Getreidepreises stünde. Eine Milderung der Strafdrohung erscheine mithin als unbedenklich, zumal der Schluss auf eine geringe Gemeingefährlichkeit der Täterinnen naheliege[34]. Da auch die deutschen Gerichte die geltenden strengen Strafdrohungen in den vergangenen Jahren kaum in vollem Maße zur Anwendung gebracht hätten, vertrat *v. Liszt* die Ansicht, dass ein Höchstmaß der Freiheitsstrafe von fünf Jahren genüge, während die Androhung der Zuchthausstrafe generell entfallen könne[35].

Die Frage der Berücksichtigung einer Rückfallschärfung klassifizierte *v. Liszt* ebenso wie die Frage der Straffreiheit im Falle des Versuchs als Problemstellung, die nicht im Rahmen eines einzelnen Sondertatbestandes, sondern mit

31 *v. Liszt*, in: Vergleichende Darstellung, Bes. Teil, Bd. V, S. 121.

32 *v. Liszt*, in: Vergleichende Darstellung, Bes. Teil, Bd. V, S. 121.

33 *v. Liszt*, in: Vergleichende Darstellung, Bes. Teil, Bd. V, S. 121.

34 *v. Liszt*, in: Vergleichende Darstellung, Bes. Teil, Bd. V, S. 122.

35 *v. Liszt*, in: Vergleichende Darstellung, Bes. Teil, Bd. V, S. 110.

Geltung für alle Tatbestände des Besonderen Teils im Allgemeinen Teil des Strafgesetzbuches zu behandeln sei[36]. § 50 des Reichsstrafgesetzbuches, auf dessen Grundlage, nach übereinstimmender Ansicht der deutschen Wissenschaft und Rechtsprechung, dritte Personen, die als Täter oder Teilnehmer an einer Kindestötung beteiligt seien, nach den Bestimmungen über gemeine Tötung beurteilt würden, bezeichnete *v. Liszt* als „teils nichtssagende, teils völlig verfehlte" Regelung, die die Revision des Reichsstrafgesetzbuches einer gründlichen Prüfung unterziehen müsse. Nur so könne die Frage, ob der Milderungsgrund der Kindestötung ein persönlicher Milderungsgrund sei, der gegebenenfalls auch von einem anderen Täter als der Mutter in Anspruch genommen werden kann, einer sicheren Lösung zugeführt werden[37].

Abschließend führte *v. Liszt* in bezug auf mögliche Nebendelikte zur Kindestötung aus, dass eine Forderung nach Wiederaufnahme von selbständigen Tatbeständen, der Verheimlichung der Schwangerschaft oder der Entbindung, in das Strafgesetzbuch nicht zu erwarten sei. Allerdings habe sich die Revision des Strafgesetzbuches in Anlehnung an entsprechende Regelungen im finnischen und norwegischen Strafgesetzbuch unter Umständen mit Bestimmungen zu beschäftigen, durch die die Pflichten des Schwängerers und anderer Personen gegen die Schwangere und die Gesellschaft unter Strafschutz gestellt werden würden[38].

---

36 *v. Liszt*, in: Vergleichende Darstellung, Bes. Teil, Bd. V, S. 123.

37 *v. Liszt*, in: Vergleichende Darstellung, Bes. Teil, Bd. V, S. 123, 124.

38 *v. Liszt*, in: Vergleichende Darstellung, Bes. Teil, Bd. V, S. 124, 125.

Fünftes Kapitel.
Der Beginn der Strafrechtsreform

A) Der Vorentwurf (1909)[1]

Noch bevor alle Bände der vergleichenden Darstellung erschienen waren, setzte das Reichsjustizamt am 1. Mai 1906 eine Kommission aus fünf Juristen[2] ein, die den Vorentwurf (VE) eines Strafgesetzbuches erstellen sollten. Die Arbeiten der Kommission, die bis zum 22. April 1909 insgesamt 117 Sitzungen abhielt, mündeten in den „Vorentwurf zu einem Deutschen Strafgesetzbuch" mit einer umfassenden Begründung. Da dieser Entwurf von Anfang an nur zur allgemein-öffentlichen Beurteilung bestimmt war[3] und nicht den gesetzgebenden Körperschaften vorgelegt werden sollte, wurde der Vorentwurf trotz inhaltlicher Bedenken der Referenten des Innen- und Kriegsministeriums veröffentlicht und im Oktober 1910 an die Bundesregierungen mit der Bitte um Stellungnahme versandt[4].

Den Tatbestand der Kindestötung regelte der Vorentwurf in § 216. Dieser entsprach weitgehend § 217 des Reichsstrafgesetzbuches und unterschied sich von diesem lediglich im Strafmaß:

> „§ 216 (Kindestötung):
> Eine Mutter, welche ihr uneheliches Kind in oder gleich nach der Geburt vorsätzlich tötet, wird mit Zuchthaus, bei milderen Umständen mit Gefängnis nicht unter sechs Monaten bestraft."

Die bereits von *v. Liszt* geforderte Herabsetzung des Mindestmaßes der beim vorliegen mildernder Umstände eintretenden Gefängnisstrafe von zwei Jahren auf sechs Monaten wurde damit begründet, dass der Tatbestand, ebenso in Einklang mit einer legislativen Forderung *v. Liszts*, nicht unterscheide, ob die

---

1 Vorentwurf zu einem Deutschen Strafgesetzbuch, 1909 abgedruckt in: *Vormbaum / Rentrop*, Reform des Strafgesetzbuchs, Bd. 1, S. 1 ff.

2 Mitglieder der Kommission waren ausschließlich Richter und Ministerialbeamte: *Lucas* (Leiter der strafrechtlichen Abteilung des preußischen Justizministeriums, zugleich Vorsitzender), *v. Tischendorf* (strafrechtlicher Referent des Reichsjustizamtes), *Schulz* (Strafrechtsreferent im preußischen Justizministerium), *Ditzen* (Kammergericht) und *Meyer* (bayerischer Oberlandesgerichtsrat). Nach dem Ausscheiden von *v. Tischendorf*, *Schulz* und *Ditzen* wurden *Joël* (Regierungsrat im Reichsjustizamt), *Kleine* (Kammergerichtsrat) und *Oelschläger* (Kammergerichtsrat) in die Kommission aufgenommen; vgl. *Vormbaum / Rentrop*, Reform des Strafgesetzbuchs, Bd. 1, S. XIII.

3 *Vormbaum*, Eid, Meineid und Falschaussage. Reformdiskussion und Gesetzgebung seit 1870. Berlin 1990, S. 77.

4 *Vormbaum / Rentrop*, Reform des Strafgesetzbuchs, Bd. 1, S. XIII.

Tat mit oder ohne Überlegung erfolge. Zudem spreche die Vielzahl der Fälle, in denen eine mildere Beurteilung der Tat angezeigt sei, für eine Reduzierung des Mindeststrafmaßes[5].

Der Empfehlung *v. Liszts*, den durch den Geburtsvorgang hervorgerufenen Zustand der Mutter nur im Falle des „Ehrennotstandes" zu berücksichtigen und in Anlehnung an das niederländische Recht dahingehend in den Tatbestand aufzunehmen, dass die Gebärende „unter dem Einfluß der Furcht vor Entdekkung der Schwangerschaft" gehandelt haben müsse, wurde hingegen nicht gefolgt, da es hierfür an zwingenden Gründen fehle[6]. In dem durch den Geburtsvorgang hervorgerufenen Zustand seien neben dem „Ehrennotstand" auch Vorstellungen anderer Art, wie beispielsweise die Furcht vor Nahrungssorgen, die Sorge um die Zukunft des Kindes und die Furcht vor dem Kummer der Eltern geeignet, in der Mutter den Entschluss zur Tat hervorzurufen und diesen Entschluss im milderen Licht erscheinen zu lassen[7]. Auch der von *v. Liszt* geforderten Ausdehnung des Tatbestandes der Kindestötung auf die Tötung ehelicher Kinder trat man entgegen, da sich eine solche Ausdehnung aus „sittlichen wie aus kriminalpolizeilichen Gründen" verbiete[8]. Die Berücksichtigung verheirateter Frauen hingegen, die ein „uneheliches"[9] Kind töteten, verstehe sich ohne nähere Erläuterung von selbst[10].

Wie eingefordert, gingen zum Vorentwurf verschiedene Kritiken und Stellungnahmen ein. Diese beschäftigten sich zum einen mit der Frage der Ausdehnung der Privilegierung auf die eheliche Mutter. *v. Lilienthal* begrüßte die im Vorentwurf vorgenommene Beschränkung auf die uneheliche Mutter. Nur bei dieser ständen die Gründe, die zur Tötung des Kindes Anlass geben könnten[11], in unmittelbarem Zusammenhang mit dem Geburtsvorgang. Eine eheliche Mutter hingegen könne nicht in den Ehrennotstand geraten, so dass die tatveranlassenden Gründe nicht an den Geburtsvorgang geknüpft seien und sich deshalb im Augenblick der Geburt nicht mit besonderer Stärke auswirken könnten. Eine Privilegierung ehelicher Mütter sei vor diesem Hintergrund nicht mit dem allgemeinen Rechtsempfinden vereinbar. Handele die eheliche

5 Begründung zum Vorentwurf von 1909, BT, S. 644.

6 Begründung zum Vorentwurf von 1909, BT, S. 644.

7 Begründung zum Vorentwurf von 1909, BT, S. 644.

8 Begründung zum Vorentwurf von 1909, BT, S. 644.

9 Die Klärung der Frage, ob das getötete Kind „unehelich" war, sei unzweifelhaft nicht nach den vom bürgerlichen Recht aufgestellten Vermutungen zu entscheiden.

10 Begründung zum Vorentwurf von 1909, BT, S. 645.

11 *v. Lilienthal* nannte die Furcht vor Schande, die Nahrungssorgen sowie die Sorgen um das Fortkommen des Kindes.

Mutter beispielsweise aus Gründen der Nahrungsangst, so könne diese als mildernder Umstand im Rahmen des Totschlags Berücksichtigung finden, ohne dass der Tatbestand der Kindestötung auf solche Täterinnen erstreckt werden müsse[12].

Hoche sprach sich im Gegensatz dazu für eine Gleichstellung der ehelichen Mütter mit den unehelichen Müttern im Rahmen der Kindestötung aus. Hoche definierte den Zustand der Mutter während des Geburtsvorgangs anhand von drei Faktoren:

1. der psychischen und nervösen Gesamtdisposition der Mutter,
2. den besonderen, allgemein wirksamen Einflüssen des Geburtsaktes auf die Psyche und der
3. Mitwirkung besonderer erschwerender Momente, speziell sozialer Art.

Hoche führte aus, dass die beiden erstgenannten Faktoren auf jede Gebärende Einfluss nähmen, während der dritte Faktor vorwiegend unehelich Gebärende betreffe. Allerdings sei nicht auszuschließen, dass die besonderen erschwerenden Momente sozialer Art auch ehelich Gebärende beeinflussen könnten, so dass es unbillig erscheine, diese von der Privilegierung des Tatbestandes der Kindestötung auszunehmen. Dies gelte insbesondere in Anbetracht der Tatsache, dass die unehelichen Täterinnen durch eine Ausdehnung des Tatbestandes auf die ehelichen Täterinnen nicht schlechter gestellt würden[13].

Die Kritiken zum Vorentwurf befassten sich des weiteren mit der zeitlichen Befristung der Privilegierung, die in § 216 des Entwurfs in Übereinstimmung mit § 180 des Preußischen Strafgesetzbuches und § 217 des Reichsstrafgesetzbuches mit den Worten „in oder gleich nach der Geburt" umrissen worden war. Während *Wachenfeld* dieser Formulierung beipflichtete[14], äußerten *Unger*[15] und *v. Lilienthal*[16] Bedenken. *Unger* hielt die gewählte Zeitbestimmung für zu dehnbar und wollte sie durch eine genaue Bezifferung ersetzen: „innerhalb 24 Stunden nach der Geburt". *v. Lilienthal* vertrat die Auffassung, dass die im Entwurf gewählte Formulierung nicht das physiologische Moment als den eigentlichen gesetzgeberischen Grund der Privilegierung hervorhebe. *v. Lilienthal*

---

12 *v. Lilienthal*, in: Aschrott / v. Liszt, Reform, Bd. 2, S. 275 bis 277.

13 *Hoche*, in: Bemerkungen zum Vorentwurf des Strafgesetzbuchs, Herausgegeben von der Justiz-Kommission des Deutschen Vereins für Psychiatrie, Jena 1910, S. 86, 87.

14 Zusammenstellung der gutachterlichen Äußerungen über den Vorentwurf zu einem Deutschen Strafgesetzbuch, gefertigt im Reichs-Justizamt, Berlin 1911, S. 321.

15 Zusammenstellung der gutachterlichen Äußerungen über den Vorentwurf zu einem Deutschen Strafgesetzbuch, gefertigt im Reichs-Justizamt, Berlin 1911, S. 321.

16 *v. Lilienthal*, in: Aschrott / v. Liszt, Reform, Bd. 2, S. 275.

empfahl eine Anlehnung der Zeitbestimmung an Art. 67 des schweizerischen Vorentwurfs[17] bzw. an § 291 Ziff. 1 des österreichischen Vorentwurfs[18].

Dem im Vorentwurf vorgesehenen Strafmaß stimmten *Hoche*[19], *Wachenfeld*[20] und die Deutsche Tageszeitung[21] zu. *Strassmann*[22] empfahl unter Hinweis darauf, dass Kindestötungen in der Regel immer von mildernden Umständen begleitet würden, als ordentliche Strafe Gefängnis nicht unter sechs Monaten und nur als Strafe für besonders schwere Fälle Zuchthaus bis zu fünf Jahren anzudrohen.

B) Der Gegenentwurf von 1911[23]

Im Jahre 1911 entwarfen die Professoren *v. Liszt*, *v. Lilienthal*, *Kahl* und *Goldschmidt* einen privaten Gegenentwurf zum Vorentwurf von 1909. Der Gegenentwurf wurde auf Grundlage des Vorentwurfs erstellt, orientierte sich an den Ausführungen der vergleichenden Darstellung *v. Liszts* und fasste die zahlreich geäußerten Kritikpunkte am Vorentwurf in gesetzlicher Form zusammen[24].

Im Gegenentwurf lautete die Bestimmung über die Kindestötung wie folgt:

> „§ 256 (Kindestötung):
> Eine Mutter, die während der Geburt oder unter Einwirkung der durch den Geburtsvorgang hervorgerufenen Störung ihr uneheliches Kind tötet, wird mit Zuchthaus bis zu zehn Jahren bestraft."

Die Konkretisierung der im Vorentwurf verwendeten Formulierung für die Befristung der Privilegierung mit den Worten „in oder gleich nach der Geburt" zu „unter Einwirkung der durch den Geburtsvorgang hervorgerufenen Störung geschehen" wurde dahingehend begründet, dass „diese Änderung den legislativen Grundgedanken für die mildere Bestrafung der Kindestötung durch die

---

17 Art. 67 des schweizerischen Vorentwurfs: „Tötet eine Mutter, die noch unter dem Einfluß des Geburtsvorgangs steht, ihr Kind vorsätzlich […]."

18 § 291 Ziff. 1 des österreichischen Vorentwurfs: „Die Mutter, die während der Geburt oder unter Einwirkung der durch den Geburtsvorgang hervorgerufenen Störung ihr Kind tötet […]."

19 *Hoche*, in: Bemerkungen zum Vorentwurf des Strafgesetzbuchs, Herausgegeben von der Justiz-Kommission des Deutschen Vereins für Psychiatrie, Jena 1910, S. 87.

20 Zusammenstellung der gutachterlichen Äußerungen über den Vorentwurf zu einem Deutschen Strafgesetzbuch, gefertigt im Reichs-Justizamt, Berlin 1911, S. 321.

21 Ausgabe vom 2. Dezember 1909.

22 Zusammenstellung der gutachterlichen Äußerungen über den Vorentwurf zu einem Deutschen Strafgesetzbuch, gefertigt im Reichs-Justizamt, Berlin 1911, S. 321.

23 Gegenentwurf zum Vorentwurf eines deutschen Strafgesetzbuchs, 1911, abgedruckt in: *Vormbaum / Rentrop*, Reform des Strafgesetzbuchs, Bd. 1, S. 63 ff.

24 *Vormbaum / Rentrop*, Reform des Strafgesetzbuchs, Bd. 1, XIV.

Betonung des physiologischen Moments scharf zum Ausdruck bringen“ sollte[25]. Man schloss sich mit dieser Formulierung der Forderung *v. Lilienthals* an und orientierte sich an den entsprechenden Formulierungen im schweizerischen und österreichischen Vorentwurf[26]. Zudem setzte man das Höchsstrafmaß auf zehn Jahre Zuchthaus fest und gab die im Vorentwurf vorgesehene Berücksichtigung mildernder Umstände wieder auf.

C) Der Kommissionsentwurf von 1913

Am 17. Juni 1911 beantragte Reichskanzler *v. Bethmann-Hollweg* beim Kaiser die Genehmigung zur Einsetzung einer Kommission[27], die die amtliche Reformarbeit unter Einbeziehung des Vorentwurfs von 1909 und der diesbezüglich geäußerten Kritiken fortführen sollte. Unter dem Vorsitz des preußischen Ministerialdirektors *Lucas*, später des Strafrechtslehrers *Kahl*, beriet die insgesamt 18-köpfige Kommission zwischen November 1911 und Ende September 1913 über die Reform des Strafgesetzbuches[28]. Die Mitglieder der Kommission[29], abgesehen von den Professoren *Frank*, *Kahl* und *v. Hippel* weitgehend Praktiker, erarbeiteten in zwei Lesungen den Kommissionsentwurf 1913.

1. Lesung

Die Kommission führte die 1. Lesung in 207 Sitzungen vom 4. November 1911 bis zum 29. Januar 1913 durch[30]. Zu den Beratungen wurde auch der Gegenentwurf von 1911 herangezogen. Die Ergebnisse der Sitzungen mündeten in den Entwurfstext nach der 1. Lesung[31], der jedoch unveröffentlicht blieb. Stellungnahmen zu diesem Entwurf waren somit nicht möglich.

---

25 Begründung zum Gegenentwurf von 1911, S. 248.

26 Vgl. oben FN 17 und 18.

27 *Schubert*, Protokolle 1911–1913, Bd. 1, S. XIX; *Große-Vehne*, Tötung auf Verlangen, S. 64.

28 BA-Berlin: R 3001/5811 Bl. 243/2.

29 Vgl. *Schubert*, Protokolle, Bd. 1, S. XIX: Der Kommission gehörten an:

für das Reich: *v. Tischendorf*, *Joël*, *Ebermayer* (Reichsgerichtsrat); für Preußen: *Lucas* (Kommissionsvorsitzender), *Schulz*, *Cormann*, *Lindenberg* (Kammergerichtsrat), *Kleine* (Kammergerichtsrat) und *Friedmann* (Rechtsanwalt); für Bayern: *Meyer*; für Sachsen: *v. Feilitsch*; für Württemberg: *v. Rupp*; für Baden: *Duffner*; für Hessen: *Rüster*; für Elsaß-Lothringen: *Pfersdorff*; für Hamburg: *Niemeyer*. Insoweit waren alle größeren im Justizausschuß des Bundesrates vertretenen Staaten sowie die Anwaltschaft vertreten. Die Rechtslehre wurde repräsentiert durch die Professoren *Kahl*, *Frank* und *v. Hippel*.

30 *Schubert*, Protokolle 1911–1913, Bd. 1, S. XX.

31 Entwurf eines Strafgesetzbuches (1913 I), Beschlüsse der 1. Lesung der Strafrechtskommission, in: *Vormbaum / Rentrop*, Reform des Strafgesetzbuchs, Bd. 1, S. 127 ff.

Die Kommission befasste sich am 17. Juni 1912 in der 1. Lesung mit der Kindestötung in der Fassung des § 217 des Reichsstrafgesetzbuches. Es lag zunächst ein Antrag des Kommissionsmitglieds *Ebermayer* vor, die Worte „in oder gleich nach" zu ersetzen durch „bei oder kurz nach"[32]. *Ebermayer* nahm zur Begründung seines Antrags bezug auf den Gegenentwurf, nach dem wegen Kindestötung bestraft werden solle „eine Mutter, die während der Geburt oder unter Einwirkung der durch den Geburtsvorgang hervorgerufenen Störungen ihr uneheliches Kind tötet". Dieser Vorschlag durfte nach Ansicht *Ebermayers* nicht übernommen werden, da er in weiterer Konsequenz dazu führe, dass die eheliche Mutter der unehelichen Mutter im Tatbestand der Kindestötung gleichzustellen sei[33]. Dies folge daraus, dass die im Vorschlag des Gegenentwurfs unter Bezug genommenen Störungen auf der psychischen und nervösen Gesamtdisposition der Mutter oder den besonderen Auswirkungen des Geburtsvorgangs auf die Psyche beruhten. Diese betreffen die ehelichen Mütter in gleichem Maße wie die unehelichen Mütter, so dass der Vorschlag des Gegenentwurfs einen Verzicht auf das Tatbestandsmerkmal der Unehelichkeit der Mutter zur Folge haben müsse. Der Gegenentwurf berücksichtige nicht, dass im Falle der unehelichen Mutter zu den Einwirkungen der durch den Geburtsakt hervorgerufenen Störungen noch andere Momente wie beispielsweise der Ehrennotstand oder soziale Not hinzutreten. Zwar seien Gründe denkbar, die trotzdem eine Ausweitung der Privilegierung auf eheliche Mütter rechtfertigen könnten, jedoch würden die Bedenken dagegen überwiegen[34]. Dem Gegenentwurf sei allerdings insoweit zuzustimmen, als dass die Beschränkung der Privilegierung auf eine Tötung „in oder gleich nach der Geburt" zu eng sei. Es sei erforderlich, dass der Tatbestand auch Fälle erfasse, in denen das Kind zwar nicht „gleich", aber doch „kurz" nach der Geburt getötet werde.

Der Antrag fand in der Kommission letztlich keine Zustimmung, so dass *Ebermayer* diesen wieder zurückzog[35]. Die Kommission vertrat die Auffassung, dass die Privilegierung des Delikts an enge Grenzen gebunden bleiben müsse und die von *Ebermayer* gewählte Formulierung „kurz nach der Geburt" zu unbestimmt sei. Es sei nicht zu empfehlen, den in der Praxis geläufigen Begriff der Tötung „gleich nach der Geburt" für ein unsicheres neues Kriterium „zu opfern"[36].

---

32 *Schubert*, Protokolle 1911–1913, Bd. 3, S. 16.

33 *Schubert*, Protokolle 1911–1913, Bd. 3, S. 17.

34 *Schubert*, Protokolle 1911–1913, Bd. 3, S. 17.

35 *Schubert*, Protokolle 1911–1913, Bd. 3, S. 17.

36 *Schubert*, Protokolle 1911–1913, Bd. 3, S. 17.

Hinsichtlich des Strafrahmens der Kindestötung hatte die Kommission über zwei Anträge zu entscheiden. *v. Hippel* stellte zur Abstimmung, als Grundstrafe Gefängnis von sechs Monaten bis zu fünf Jahren festzusetzen und Zuchthaus bis zu zehn Jahren nur in besonders schweren Fällen anzudrohen[37]. Er begründete seinen Antrag dahingehend, dass in den Jahren 1902 bis 1910 in 92 Prozent aller abgeurteilten Fälle von Kindestötung nur auf Gefängnisstrafen erkannt worden sei. Verurteilungen zu Gefängnis stellten somit in der Praxis bereits die regelmäßige Strafe dar. Dieser Entwicklung widerspräche es, im Tatbestand weiterhin an Zuchthaus als Grundstrafe festzuhalten. *v. Hippel* vertrat darüber hinaus die Ansicht, dass die Zuchthausstrafe als Grundstrafe nicht zu rechtfertigen sei, da die Kindestötung in Relation zu Mord und Totschlag ein wesentlich milderes Delikt sei, dessen geringerer Unrechtsgehalt auch bei der Wahl der Strafart Niederschlag finden müsse[38]. Die Kommission lehnte den Antrag *v. Hippels* mit 13 gegen 3 Stimmen ab[39]. Die Antragsgegner vertraten die Auffassung, dass die Androhung von Gefängnis der tatsächlichen Schwere des Delikts nicht gerecht werde, da der Tatbestand der Kindestötung auch Fälle von überlegter Tötung umfassen könne. Auch generalpräventive Gründe sprechen gegen eine derart weitgehende Milderung der Strafe, die bereits in den Regelungen des Vorentwurfs erheblich abgeschwächt worden sei. Es könne der Eindruck entstehen, dass das Menschenleben im künftigen Strafgesetzbuch geringer gewertet werde als bisher. Zu beachten sei auch, dass das im Antrag geforderte Strafmaß das Delikt der Kindestötung zu einem Vergehen mache, was die Verminderung der schwurgerichtlichen Zuständigkeit zur Folge habe[40]. *Ebermayer* stellte hinsichtlich des Strafrahmens den Antrag, die Zuchthausstrafe im Höchstmaß auf zehn Jahre zu begrenzen, da dies dem praktischen Bedürfnis vollauf genüge. Diesem Antrag wurde mit zehn gegen sechs Stimmen stattgegeben[41], so dass § 261 des Entwurfs nach der 1. Lesung wie folgt lautete:

> „§ 261 (Kindestötung):
> Eine Mutter, die ihr uneheliches Kind in oder gleich nach der Geburt vorsätzlich tötet, wird mit Zuchthausstrafe bis zu zehn Jahren, bei mildernden Umständen mit Gefängnis nicht unter sechs Monaten bestraft."

---

37 *Schubert*, Protokolle 1911–1913, Bd. 3, S. 18.

38 *Schubert*, Protokolle 1911–1913, Bd. 3, S. 18.

39 *Schubert*, Protokolle 1911–1913, Bd. 3, S. 18.

40 *Schubert*, Protokolle 1911–1913, Bd. 3, S. 18.

41 *Schubert*, Protokolle 1911–1913, Bd. 3, S. 18.

2. Lesung

Die 2. Lesung der Strafrechtskommission schloss sich in der Zeit vom 10. Februar bis zum 10. September 1913 unter dem Vorsitz *Kahls* an[42]. In 69 Sitzungen wurde der Entwurf der Kommission ein weiteres Mal beraten.

Der Tatbestand der Kindestötung blieb im Verlauf der 2. Lesung unverändert. Mit dem Wortlaut des Entwurfs nach der 1. Lesung ging der Tatbestand als § 282 in den am 27. September 1913 verabschiedeten Kommissionsentwurf von 1913[43] ein.

Der Ausbruch des Ersten Weltkriegs verhinderte die Fertigstellung der Motive und der erläuternden Denkschrift zum Entwurf, so dass dieser nicht sofort veröffentlicht werden konnte. Nach der Fortsetzung der durch den Krieg zum Erliegen gekommenen Reformarbeiten konnte der Entwurf in seiner ursprünglichen Form nicht mehr veröffentlicht werden. Der Entwurf von 1913 wurde daher erst im Jahre 1920 zusammen mit dem überarbeiteten Entwurf von 1919 veröffentlicht[44].

D) Der Kommissionsentwurf von 1919[45]

Noch vor Beendigung des Ersten Weltkrieges, zu einem Zeitpunkt, als die Kriegslage günstiger erschien, wurden die Reformarbeiten im April 1918 durch eine fünfköpfige Kommission wieder aufgenommen[46]. Die Arbeiten dieser Kommission erfolgten vom 15. April 1918 bis zum 21. November 1919 in 110 Sitzungen und mündeten in einen umfassenden Entwurf zu einem Strafgesetzbuch, der Anfang 1920 zusammen mit dem Kommissionsentwurf von 1913 veröffentlicht wurde[47]. Auch der Entwurf von 1919 war nicht als Regierungsvorlage gedacht, sondern sollte sich lediglich der öffentlichen Kritik stellen[48].

Der Tatbestand der Kindestötung wurde in § 285 des Entwurfs geregelt und lautete wie folgt:

---

42 *Schubert*, Protokolle 1911–1913, Bd. 1, S. XX. Der bisherige Vorsitzende Lucas war aus Altersgründen aus der Kommission ausgeschieden.

43 Entwurf eines Strafgesetzbuches (1913 I), Beschlüsse in der 1. Lesung der Strafrechtskommission, in: *Vormbaum / Rentrop*, Reform des Strafgesetzbuchs , Bd. 1, S. 273 ff.

44 *Schubert*, Protokolle 1911–1913, Bd. 1, S. XX.

45 Entwurf zu einem Deutschen Strafgesetzbuch (1919), in: *Vormbaum / Rentrop*, Reform des Strafgesetzbuchs, Bd. 1, S. 347 ff.

46 Die Kommission setzte sich zusammen aus *Joël* (Direktor im Reichsjustizamt), *Ebermayer* (Senatspräsident am Reichsgericht), *Cormann* (OLG-Präsident), *Bumke* (Geheimer Oberregierungsrat) und *Krause* (Staatssekretär des Reichsjustizamtes), weitere Mitarbeiter: Amtsrichter *Dr. Schäfer* und *Kiesow*.

47 *Schmidt*, Strafrechtspflege, S. 397, 398.

48 BA-Berlin: R 3001/5969, Bl. 2 ff..; *Große-Vehne*, Tötung auf Verlangen, S. 69.

„§ 285 (Kindestötung):
Eine Mutter, die ihr uneheliches Kind in oder gleich nach der Geburt tötet, wird mit Zuchthaus bis zu zehn Jahren bestraft."

Es wurden somit die Tatbestandsvoraussetzungen und der Regelstrafrahmen des § 282 des Kommissionsentwurfs von 1913 übernommen. Der Umstand, dass Angst vor Schande und Sorge um die eigene und des Kindes Zukunft, die zu den mit dem Geburtsakt ohnedies verbundenen schweren Erregungen hinzutreten, die Tat in besonders mildem Licht erscheinen ließen, rechtfertige es, dass die Strafe niedriger sei als beim gewöhnlichen Totschlag. Es müsse allerdings bei Zuchthaus verbleiben, da eine Verurteilung zu Gefängnis als Grundstrafe mit der Tatsache unvereinbar sei, dass es sich bei der Kindestötung um die vorsätzliche Vernichtung eines Menschenlebens handele. Auch aus Gründen der Generalprävention erscheine die Ansetzung von Gefängnis als Grundstrafe nicht angemessen. Die Berücksichtigung der in dem Tatbestand liegenden Milderungsgründe komme jedoch in der Reduzierung des Mindestmaßes der Regelstrafe von drei Jahren auf ein Jahr sowie der Reduzierung des Höchststrafmaßes von fünfzehn auf zehn Jahren im Vergleich zum geltenden Recht[49] zum Ausdruck. Hinsichtlich der im Tatbestand vorgenommenen Streichung der Möglichkeit, bei mildernden Umständen eine Gefängnisstrafe von nicht unter sechs Monaten zu verhängen, verwies die Kommission auf die allgemeinen Regelungen des Entwurfs in den §§ 113 und 114. Der Entwurf sah gemäß § 113 in Verbindung mit § 114 Abs. 1, 5. Alternative vor, die Grundstrafe eines Verbrechens im Falle des Vorliegens mildernder Umstände von Zuchthaus bis zu zehn Jahren auf Gefängnis nicht unter drei Monaten zu ermäßigen. Die Streichung der Berücksichtigung mildernder Umstände im Tatbestand führte somit im Ergebnis zu einer Reduzierung des diesbezüglichen Strafrahmens. Ergänzend verwies die Kommission darauf, dass das milde Strafmaß gemäß § 111 in Verbindung mit § 18 Abs. 2 des Entwurfs weiter reduziert werden könne, wenn das Gericht auf eine zur Zeit der Tat in hohem Grade verminderte Zurechnungsfähigkeit der Täterin erkenne.

49 § 217 RStGB.

Sechstes Kapitel. Weimarer Republik

A) Der Entwurf Radbruch (1922)[1]

Nachdem der Kieler Strafrechtsprofessor *Gustav Radbruch* am 26. Oktober 1921 im Kabinett *Wirth* das Amt des Reichsjustizministers übernommen hatte, kamen die Arbeiten der Strafrechtsreform im April 1922 wieder in Gang. Vom 8. April 1922 bis 15. Juni 1922 erarbeiteten *Radbruch* und seine Mitarbeiter *Bumke, Kiesow* und *L. Schäfer* im Zusammenwirken mit dem Strafrechtsreferenten des österreichischen Bundesministeriums der Justiz *Ferdinand Kadečka*[2] auf der Grundlage des Entwurfs von 1919 den Entwurf von 1922. Der Entwurf ging aufgrund des maßgeblichen Einflusses seiner Person auch als sogenannter „Radbruchscher Entwurf" in die Strafrechtsgeschichte ein[3]. Am 13. September 1922 übersandte *Radbruch* den fertigen „Entwurf eines allgemeinen Deutschen Strafgesetzbuches" als Vorlage an das Kabinett[4].

Der Tatbestand der Kindestötung lautete in § 222 des Entwurfs wie folgt:

> „Eine Mutter, die ihr Kind in oder gleich nach der Geburt tötet, wird mit Gefängnis bestraft.
>
> In besonders schweren Fällen ist die Strafe strenges Gefängnis bis zu zehn Jahren."

Mit dem vom Entwurf des Jahres 1919 abweichenden Verzicht auf die Beschränkung der Privilegierung auf die Tötung unehelicher Kinder entsprach *Radbruch* einem österreichischen Vorschlag. In der Begründung zu § 285 ihres Gegenvorschlages hatten die Österreicher ausgeführt, dass die Furcht vor Schande nicht den einzigen Privilegierungsgrund bilde und unter Umständen

---

1 Entwurf eines Allgemeinen Deutschen Strafgesetzbuches (1922), in: *Schubert / Regge*, Quellen Weimarer Republik, Bd. 1, S. 145 ff.

2 Im Rahmen der geplanten Rechtsangleichung des deutschen und österreichischen Strafrechts hatte *Kadečka* zunächst einen Gegenentwurf zum Allgemeinen Teil des deutschen Entwurfs von 1919, später auch zum Besonderen Teil ausgearbeitet und seit 1921 sukzessive nach Berlin gesandt. Im Sommer 1922 schließlich fanden Beratungen zwischen *Kadečka* und *Radbruch* in Berlin statt, vgl. *Schubert / Regge*, Quellen Weimarer Republik, Bd. 1, S. XI.

3 *Schubert / Regge*, Quellen Weimarer Republik, Bd. 1, S. X–XI.

4 *Schubert / Regge*, Quellen Weimarer Republik, Bd. 1, S. XI.

auch für die eheliche Mutter ähnliche Milderungsgründe sprechen könnten wie für die uneheliche[5].

Daneben enthielt der Entwurf zwei wesentliche Veränderungen hinsichtlich des Strafmaßes. Indem *Radbruch* die Kindestötung im Regelfall nur noch mit Gefängnisstrafe ahndete, die gemäß § 31 der 2. Alternative des Entwurfs eine Woche bis fünf Jahre betragen konnte, nahm er im Vergleich zum Regelstrafrahmen des Entwurfs von 1919[6] eine drastische Strafmilderung vor. Zudem führte er erstmalig den besonders schweren Fall der Kindestötung ein, der nicht mit Zuchthaus, sondern mit strengem Gefängnis bis zu zehn Jahren bestraft werden sollte. Der Ersatz der Zuchthausstrafe durch die Strafe des „strengen Gefängnisses" war eine Folge der generellen Abschaffung der Zuchthausstrafe im gesamten Entwurf. *Radbruch* war der Auffassung, dass der einzige Unterschied zwischen Zuchthaus und Gefängnis in der Vergangenheit in der Ehrenrührigkeit der Zuchthausstrafe bestanden habe. Alle Bemühungen, weitere durchgreifende Unterschiede zwischen dem Vollzug der Zuchthaus- und Gefängnisstrafe herauszuarbeiten, seien vergeblich geblieben. Somit sei die Zuchthausstrafe seit jeher lediglich eine längere und strengere Gefängnisstrafe gewesen, die nun auch als eine solche bezeichnet werden müsse[7].

B) Der Entwurf von 1924/25 (Reichstagsvorlage)[8]

Bedingt durch die fortschreitenden politischen Entwicklungen, wie den „Ruhreinbruch" im Januar 1923, die Inflation oder den Regierungswechsel vom Kabinett *Wirth* zum Kabinett *Stresemann*, schaffte es *Radbruch* weder in seiner ersten noch in seiner kurzzeitigen zweiten Amtszeit als Justizminister[9], seinen Entwurf im Kabinett durchzusetzen[10]. Erst der Nachfolger *Emmingers*, *Joël*, der als Staatssekretär von April 1924 bis Anfang 1925 das Reichsjustizministerium verwaltete, veranlasste schließlich eine Überarbeitung des Entwurfs von 1922, die zu deutlichen Änderungen insbesondere des Strafsystems führten. Der überarbeitete Entwurf wurde am 12. November 1924 vom Kabi-

5 BA-Berlin: R 3001/5915, 1/44a Reform des Strafrechts, Österreichische Vorschläge, Bd. 1. Dez. 1921–Juli 1922.

6 1 Jahr bis zu 10 Jahren Zuchthaus.

7 *Radbruch*, Entwurf eines Allgemeinen Deutschen Strafgesetzbuches (1922), Bemerkungen, S. 54.

8 Entwurf eines Allgemeinen Deutschen Strafgesetzbuches (1925), in: *Schubert / Regge*, Quellen Weimarer Republik, Bd. 1, S. 145 ff.

9 Von August bis November 1923 im Kabinett Stresemann. Nachfolger wurde Emminger.

10 *Vormbaum / Rentrop*, Reform des Strafgesetzbuchs, Bd. 1, S. XIX.

nett verabschiedet. Dabei verzichtete man auf eine vorhergehende Debatte, da man davon ausging, dass die Beratungen im Reichstag noch Gelegenheit böten, zu Einzelfragen Stellung zu nehmen. Am 17. November 1924 legte *Joël* das Werk als „Amtlicher Entwurf eines allgemeinen deutschen Strafgesetzbuch nebst Begründung“ dem Reichsrat zur Beschlussfassung vor. Nach über 20jähriger Reformarbeit erschien damit der erste amtliche, von der Regierung getragene Strafgesetzentwurf, der 1925 auch in einer Buchausgabe veröffentlicht wurde[11].

Der Tatbestand der Kindestötung des Radbruchschen Entwurfs von 1922 wurde ohne jegliche Veränderung in § 225 der Reichstagsvorlage übernommen. Damit blieb es insbesondere bei der Ausdehnung der Privilegierung auf die eheliche Mutter als Täterin. Begründet wurde dies damit, dass die Rechtfertigung der alleinigen Privilegierung der unehelichen Mutter in § 217 des geltenden Reichsstrafgesetzbuches zu eng gefasst worden sei[12]. § 217 RStGB habe die Erwägung zu Grunde gelegen, dass die Tat einer unehelichen Mutter in besonderem Maße zu entschuldigen sei, da diese die Schande fürchte. Diese Erwägung berücksichtige nicht in ausreichendem Maße, dass der Geburtsvorgang das Seelenleben einer jeden Frau auf das tiefste erschüttere und dass sowohl die eheliche als auch die uneheliche Mutter in ihrer seelischen Widerstandskraft durch den Geburtsvorgang geschwächt werde und trüben Vorstellungen in diesem Zustand besonders zugänglich sei. Je nach Lage der wirtschaftlichen Verhältnisse könne die eheliche Mutter in gleicher Weise wie die uneheliche Mutter von dem Gedanken überwältigt werden, das Kind nicht ernähren zu können, so dass es besser sei, das Kind durch die Vernichtung des kaum begonnenen Lebens vor Not und Elend zu bewahren[13].

Von der von *Radbruch* für den gesamten Entwurf vorgesehenen Ersetzung der „Zuchthausstrafe“ durch „strenges Gefängnis“ wurde in der Reichstagsvorlage grundsätzlich abgesehen[14]. Folglich wurde die Kindestötung in besonders schweren Fällen wieder mit bis zu zehn Jahren Zuchthaus geahndet.

C) Radbruch über die Reichstagsvorlage von 1924/25

In der von *Aschrott* und *Kohlrausch* herausgegebenen „Kritischen Besprechung des Amtlichen Entwurfs“ setzte sich Radbruch nochmals mit dem

---

11 *Vormbaum / Rentrop*, Reform des Strafgesetzbuchs, Bd. 1, S. XX.

12 E 1925, Begründung S. 117.

13 E 1925, Begründung S. 117.

14 *Schubert / Regge*, Quellen Weimarer Republik, Bd. 1, S. XVII.

Tatbestand der Kindestötung auseinander[15]. Er vertrat nach wie vor die Auffassung, dass der Aufgabe der Beschränkung des Tatbestandes der Kindestötung auf uneheliche Mütter zuzustimmen sei. Der entscheidende Gesichtspunkt für die mildere Bestrafung der Kindestötung sei die hochgradig verminderte Zurechnungsfähigkeit der Gebärenden, die im Rahmen der nach § 17 Abs. 2[16] gemilderten Strafe nicht in ausreichendem Maße berücksichtigt werden könnte. Der Zustand der Mutter durch die Geburt sei geeignet, allen Motiven zur Kindestötung eine überwertige Bedeutung zu geben. Somit müsse nicht nur der Ehrennotstand einer unehelichen Mutter, sondern auch der mögliche wirtschaftliche Notstand einer ehelichen Mutter Berücksichtigung finden und in die Privilegierung einbezogen werden[17]. Zudem stelle die Kindestötung einen Übergangstatbestand zwischen der Tötung einer Leibesfrucht und der gemeinen Tötung dar, deren Abgrenzung ansonsten kaum erkennbar sei. Diese Übergangs- bzw. Abgrenzungsfunktion der Kindestötung rechtfertige deren milde Bestrafung unabhängig von der Frage, ob es sich um eine eheliche oder um eine uneheliche Täterin handele[18].

Radbruch wies des weiteren kritisch auf die fehlende Versuchsstrafbarkeit der Kindestötung hin, die sich auch in besonders schweren Fällen aus § 10 Abs. 3 des Entwurfs ergebe[19]. Diese „Unstimmigkeit" könne dazu führen, dass eine lediglich versuchte Kindestötung unter Umständen als vollendete schwere Körperverletzung gemäß § 234 Abs. 2 des Entwurfs[20] beurteilt werden müsse und somit strenger zu bestrafen sei, als wenn es zur Vollendung der Kindestötung kommen würde. *Radbruch* empfahl daher, die Aufnahme der Strafbarkeit

15 *Radbruch*, in: Aschrott / Kohlrausch, Reform des Strafrechts, S. 307.

16 § 17 des Entwurfs: Zurechnungsunfähigkeit und verminderte Zurechnungsfähigkeit als Folge gewisser Geisteszustände.

17 *Radbruch*, in: Aschrott / Kohlrausch, Reform des Strafrechts, S. 307.

18 *Radbruch*, in: Aschrott / Kohlrausch, Reform des Strafrechts, S. 307.

19 § 10 Abs. 3: „Ob eine Tat Verbrechen oder Vergehen ist, richtet sich nach der ordentlichen Strafe ohne Rücksicht auf die Schärfungen und Milderungen, die der Allgemeine Teil vorsieht." Die Androhung von Zuchthaus in § 225 Abs. 2 des Entwurfs war somit hinsichtlich der Bestimmung der Kindestötung als Verbrechen oder Vergehen unbeachtlich. Da § 225 Abs. 1 als ordentliche Strafe Gefängnis vorsah, galt die Kindestötung gemäß § 10 Abs. 2 als Vergehen, dessen Versuch gemäß § 223 Abs. 3 nur strafbar gewesen wäre, wenn das Gesetz ihn ausdrücklich mit Strafe bedroht hätte.

20 § 234 Abs. 2: „Die gleiche Strafe (scil.: Zuchthaus bis zu fünf Jahren) tritt ein, wenn der Verletzte in Lebensgefahr gerät, verstümmelt, dauernd und auffallend entstellt wird, im Gebrauch seines Körpers oder seiner Leibeskräfte längere Zeit bedeutend beeinträchtigt wird oder in eine gefährliche oder langdauernde Krankheit verfällt (§ 15)."

des Versuchs sowie der Möglichkeit des Absehens von Strafe in Versuchsfällen in den Tatbestand der Kindestötung in Erwägung zu ziehen[21].

D) Der Entwurf von 1927 (Reichstagsvorlage)[22]

Nachdem die Reichstagsvorlage von 1924/25 an die Vereinigten Ausschüsse VII, VIII und V[23] des Reichsrates überwiesen worden war, vergingen fast zwei Jahre[24], bis die Detailberatungen unter dem Vorsitz *Bumkes*[25] im Oktober 1926 beginnen konnten. Zuvor waren im Reichsjustizministerium Änderungsvorschläge aufgestellt worden, die den Meinungsverschiedenheiten unter den Ländern und den Wünschen der Reichsministerien und *Kadečkas* als Vertreter Österreichs Rechnung tragen sollten. Zu diesem Zweck wurden die von den Ländern gewünschten Änderungen zunächst zwischen *Bumke*, *Schäfer*, *Mannsfeld* und *Ehard* als den Vertretern Preußens, Sachsens und Bayerns erörtert. Die in diesem „kleinen Kreis" gefassten Beschlüsse wurden den Österreichern mitgeteilt und Mitte 1926 in Berlin mit *Kadečka* besprochen[26]. Diesen Beratungen lagen hinsichtlich der Kindestötung folgende Anträge der Länder zugrunde:

Es wurde die Frage thematisiert, ob der Tatbestand der Kindestötung entgegen seiner Klassifizierung als Vergehen[27] im Entwurf 1924/25 wieder als Verbrechen ausgestaltet werden sollte. Württemberg beantragte in diesem Zusammenhang, in Absatz 1 des § 225 statt „Gefängnis" „Zuchthaus" anzudrohen und Absatz 2 des Tatbestandes ersatzlos zu streichen[28]. Man vertrat die Ansicht, dass die Abschwächung der Strafandrohung in § 225 des Entwurfs

---

21 *Radbruch*, in: Aschrott / Kohlrausch, Reform des Strafrechts, S. 307.

22 Entwurf eines allgemeinen Deutschen Strafgesetzbuchs (1927), in: *Vormbaum / Rentrop*, Reform des Strafgesetzbuchs, Bd. 1, S. 125 ff.

23 Ausschüsse für Rechtspflege, innere Verwaltung, Haushalts- und Rechnungswesen. Vgl. *Schubert / Regge*, Quellen Weimarer Republik, Bd. 2, S. XII.

24 Die amtliche Begründung des Entwurfs 1924/25 konnte erst Mitte des Jahres 1925 an die Länder verteilt werden. Zudem gingen vor allem die Anträge Preußens erst spät (1. Juni 1926) beim Reichsjustizministerium ein, vgl. *Schubert / Regge*, Quellen Weimarer Republik, Bd. 1, S. XII.

25 *Bumke* war seit 1920 Ministerialdirektor im Auswärtigen Amt und von 1929–1945 Präsident des Reichsgerichts, vgl. Biographie Bumkes in: *Schubert / Regge*, Quellen Weimarer Republik, Bd. 1, S. XXV.

26 *Schubert / Regge*, Quellen Weimarer Republik, Bd. 1, S. XXV.

27 Vgl. oben FN 19.

28 Anträge Württembergs vom 7. Juli 1926 in der Zusammenstellung der Anträge des Reichs und der Länder, abgedruckt in: *Schubert / Regge*, Quellen Weimarer Republik, Bd. 2, S. 216.

1924/25 in Relation zum geltenden Recht zu weit gefasst worden sei. Selbst die Erweiterung der Privilegierung auf eheliche Mütter erscheine bedenklich. Jedoch könne diese bei antragsgemäßer Verschärfung des Strafmaßes aufrechterhalten werden, die zur Einreihung der Tat unter die Verbrechen führe[29]. Baden[30] und Oldenburg[31] beantragten ebenso, in Absatz 1 die Strafandrohung von „Gefängnis" durch die Androhung von „Zuchthaus" zu ersetzen und sahen vor, einen Strafrahmen „von bis zu fünf Jahren" einzuführen. Bayern wollte den Strafrahmen einer regelmäßigen Zuchthausstrafe sogar auf bis zu zehn Jahre erweitern[32]. Zur Begründung führte man aus, dass sich in § 225 „die Neigung des Entwurfs zu übergroßer Milde" besonders äußere. Es sei äußerst bedenklich für die öffentliche Moral, wenn Kindestötung zu einem Vergehen gestempelt und im Regelfall nur mit Gefängnis bestraft würde, zumal der Entwurf diesen privilegierten Fall der Tötung wesentlich dadurch erweitere, dass auch die eheliche Mutter die mildere Bestrafung erfahren solle. Die gewichtigen Bedenken hiergegen könnten zurückgestellt werden, wenn für den Regelfall Zuchthaus angedroht würde und nur bei Annahme mildernder Umstände auf Gefängnisstrafe nicht unter drei Monaten erkannt werden könne[33]. Hinsichtlich der Möglichkeit der Berücksichtigung mildernder Umstände lehnte sich Bayern somit an die entsprechende Bestimmung des geltenden Rechts in § 217 Abs. 2 des RStGB an.

Die Anträge zum Entwurf von 1924/25 nahmen in Ergänzung der Frage der Qualifizierung der Kindestötung als Verbrechen auch bezug auf die bereits von *Radbruch* aufgeworfene Frage, ob die Strafbarkeit des Versuchs im Tatbestand der Kindestötung ausdrücklich ausgewiesen werden solle, wenn es bei der Ausgestaltung des Delikts als Vergehen verbliebe. Sachsen[34] beantragte die Strafbarkeit des Versuchs der Kindestötung unter Verweis auf den Wider-

---

29 BA-Berlin: R 3001/21792, Nr. 5839, Blatt 48, 49.

30 Anträge und Bemerkungen Badens vom 2. Februar 1926 in der Zusammenstellung der Anträge des Reichs und der Länder, abgedruckt in: *Schubert / Regge*, Quellen Weimarer Republik, Bd. 2, S. 216.

31 Weitere Anträge und Bemerkungen Oldenburgs vom 8. Juli 1926 in der Zusammenstellung der Anträge des Reichs und der Länder, abgedruckt in: *Schubert / Regge*, Quellen Weimarer Republik, Bd. 2, S. 216.

32 Anträge und Bemerkungen Bayerns vom 19. Februar 1926 in der Zusammenstellung der Anträge des Reichs und der Länder, abgedruckt in: *Schubert / Regge*, Quellen Weimarer Republik, Bd. 2, S. 216.

33 Zusammenstellung der Anträge des Reichs und der Länder, abgedruckt in: *Schubert / Regge*, Quellen Weimarer Republik, Bd. 2, S. 297.

34 Anträge und Bemerkungen Sachsens vom 1. Mai 1926 in der Zusammenstellung der Anträge des Reichs und der Länder, abgedruckt in: *Schubert / Regge*, Quellen Weimarer Republik, Bd. 2, S. 216.

spruch des Entwurfs von 1924/25, den Versuch im Falle des Tötungsdelikts straflos zu lassen, ihn aber im Fall der Abtreibung gemäß § 228 Abs. 3[35] des Entwurfs unter Strafe zu stellen[36]. Ergänzend verwies man auf die bereits von *Radbruch* erläuterte Problematik[37], dass eine lediglich versuchte Kindestötung unter Umständen als „Schwere Körperverletzung" gemäß § 234 Abs. 2 des Entwurfs oder als „Absichtliche schwere Körperverletzung" gemäß § 236 Abs. 1 des Entwurfs strenger zu bestrafen sei, als wenn die Kindestötung zur Vollendung gelangt sei[38]. Braunschweig[39] forderte die Strafbarkeit des Versuchs der Kindestötung unter Bezugnahme auf das geltende Recht. § 217 RStGB drohe als ordentliche Strafe Zuchthaus an, so sich die Tat als Verbrechen darstelle. In Anlehnung daran erscheine es angemessen, auch die Strafbarkeit des Versuchs für den regelmäßigen Fall des § 225 Abs. 1 auszusprechen[40]. Auch Mecklenburg-Schwerin[41] und Thüringen[42] sprachen sich dafür aus, den Versuch der Kindestötung für strafbar zu erklären. Bayern[43] und Oldenburg[44] beantragten dies für den Fall, dass ihre Anträge bezüglich der Ausgestaltung der Kindestötung als Verbrechen abgelehnt würden.

35 § 228 Abs. 3 des Entwurfs von 1924/25: „Der Versuch ist strafbar. In besonders leichten Fällen kann das Gericht, auch wenn die Voraussetzungen des § 23 Abs. 4 nicht vorliegen, von Strafe absehen."

36 Zusammenstellung der Anträge des Reichs und der Länder, abgedruckt in: *Schubert / Regge*, Quellen Weimarer Republik, Bd. 2, S. 315.

37 Vgl. FN 21.

38 Zusammenstellung der Anträge des Reichs und der Länder, abgedruckt in: *Schubert / Regge*, Quellen Weimarer Republik, Bd. 2, S. 315.

39 Anträge und Bemerkungen Braunschweigs vom 28. Juli 1926 in der Zusammenstellung der Anträge des Reichs und der Länder, abgedruckt in: *Schubert / Regge*, Quellen Weimarer Republik, Bd. 2, S. 216.

40 BA-Berlin: R 3001/21792, Nr. 5839, Blatt 27.

41 Anträge und Bemerkungen Mecklenburg-Schwerins vom 18. Januar 1926 in der Zusammenstellung der Anträge des Reichs und der Länder, abgedruckt in: *Schubert / Regge*, Quellen Weimarer Republik, Bd. 2, S. 216.

42 Anträge und Bemerkungen Thüringens vom 22. April 1926 in der Zusammenstellung der Anträge des Reichs und der Länder, abgedruckt in: *Schubert / Regge*, Quellen Weimarer Republik, Bd. 2, S. 216.

43 Weitere Anträge Bayerns vom 25. August 1926 in der Zusammenstellung der Anträge des Reichs und der Länder, abgedruckt in: *Schubert / Regge*, Quellen Weimarer Republik, Bd. 2, S. 216.

44 Weitere Anträge und Bemerkungen Oldenburgs vom 8. Juli 1926 in der Zusammenstellung der Anträge des Reichs und der Länder, abgedruckt in: *Schubert / Regge*, Quellen Weimarer Republik, Bd. 2, S. 216.

Auch die Reichsregierung sprach sich in ihrem Antrag vom 10. November 1926[45] dafür aus, die Strafbarkeit des Versuchs der Kindestötung gemäß den Anträgen Mecklenburgs, Thüringens, Sachsens, Braunschweigs sowie den Eventualanträgen Oldenburgs und Bayerns wiederherzustellen. In den genannten Anträgen sei mit Recht darauf hingewiesen worden, dass die im Entwurf vorgesehene Straflosigkeit des Versuchs der Kindestötung schwerlich der gebotenen Achtung vor dem menschlichen Leben als dem höchsten strafrechtlich zu schützenden Gut entspräche, auch mit der Strafbarkeit des Versuchs der Abtreibung gemäß § 228 Abs. 3 des Entwurfs nicht vereinbar sei und zu der Streitfrage führen müsse, ob die versuchte Kindestötung als Körperverletzung und daher unter Umständen strenger als die vollendete Kindestötung zu bestrafen sei. Der Vorschlag bewege sich zudem in die Richtung der Anträge Badens, Bayerns, Württembergs und Oldenburgs, die die Kindestötung wieder zum Verbrechen machen wollten.

Der Reichsrat setzte sich in den Beratungen vom 15. bis 19. November 1926 in erster Lesung mit dem Tatbestand der Kindestötung auseinander. Hierbei stand die Frage im Mittelpunkt, ob die Kindestötung als Verbrechen ausgestaltet werden solle. Während der Berichterstatter des Reichsrates, Oberlandesgerichtspräsident *Dr. Mansfeld*, den entsprechenden Anträgen der „süddeutschen Staaten" widersprach, forderte *Dürr*, dass die Tat als Verbrechen im Gesetz gekennzeichnet werden müsse, da dies auch der Volksmeinung entspreche[46]. Der Antrag *Dürrs* wurde gegen 4 Stimmen Süddeutschlands und Oldenburgs abgelehnt[47], so dass § 225 des Entwurfs von 1924/25 gemäß den Beschlüssen der ersten Reichsratlesung wie folgt lautete[48]:

> „Eine Mutter, die ihr Kind in oder gleich nach der Geburt tötet, wird mit Gefängnis bestraft.
>
> Der Versuch ist strafbar.
>
> In besonders schweren Fällen ist die Strafe Zuchthaus bis zu zehn Jahren."

Am 4. März 1927 wurde die Frage der Ausgestaltung der Kindestötung zum Verbrechen anlässlich der Besprechung mit den Leitern der Landesjustizver-

45 Anträge und Bemerkungen der Reichsregierung vom 10. November 1926, in: *Schubert / Regge*, Quellen Weimarer Republik, Bd. 2, S. 400.

46 Niederschrift über die Beratungen vom 15. bis 19. November 1926 (1. Lesung, Besonderer Teil, I. Hälfte), abgedruckt in: *Schubert / Regge*, Quellen Weimarer Republik, Bd. 2, S. 40.

47 Niederschrift über die Beratungen vom 15. bis 19. November 1926 (1. Lesung, Besonderer Teil, I. Hälfte), abgedruckt in: *Schubert / Regge*, Quellen Weimarer Republik, Bd. 2, S. 40.

48 BA-Berlin: R 3001/21792, Nr. 5840, Blatt 59.

waltungen über politisch bedeutsame Fragen des Entwurfs erneut erörtert[49]. *Gürtner* führte als Vertreter der bayrischen Landesjustizverwaltung zu dem entsprechenden Antrag Bayerns aus, dass die Strafen für Delikte wie die Kindestötung allgemein weiter sinken würden, wenn es bei der von der Reichsregierung vorgeschlagenen Ausgestaltung der Kindestötung als Vergehen bliebe. Dies sei eine Minderbewertung des Menschenlebens, wie sie leider schon bei der Beurteilung der Abtreibung in weitem Umfang zutage getreten sei[50]. *Beyerle* bat als Vertreter Württembergs ebenfalls darum, § 225 des Entwurfs zum Verbrechen auszugestalten. Das Strafgesetzbuch sei ein Katalog von Werturteilen, so dass die Kindestötung ein Verbrechen bleiben müsse[51]. *v. Finckh* trat als Vertreter Oldenburgs den Ausführungen *Beyerles* bei[52]. Reichsjustizminister *Hergt* gab zu bedenken, dass die Mutter, die ihre Kinder austrage, bei Annahme des bayerischen Vorschlags strenger bestraft werden würde als diejenige, die ihre Frucht abtreibe, obwohl die Tat beider doch die gleiche Regelung erfahren müsse. *Hergt* vertrat die Ansicht, dass es unmöglich sei, im Reichstag eine Bestimmung zur Annahme zu bringen, nach der die Kindestötung ein Verbrechen darstelle. Vielmehr werde der Reichstag eine zu strenge Regelung im Falle der Kindestötung wieder beseitigen. *Hergt* regte daher an, den bayerischen Wünschen gegebenenfalls dadurch entgegenzukommen, dass man in § 225 eine Mindeststrafe festsetze[53]. *Nöldeke* trat als Vertreter Hamburgs den Ausführungen des Reichsjustizministers bei. Man müsse der Volksanschauung Rechnung tragen, die in den Urteilen der Schwurgerichte zum Ausdruck komme, bei denen in 90 % aller Fälle der Angeklagten mildernde Umstände zugebilligt würden[54]. *Trunk* schloss sich als Vertreter Badens hingegen der Argumentation *Beyerles* an. Werde das Delikt nicht als Verbrechen ausgestaltet, so müsse zumindest eine Mindeststrafe festgelegt werden, die jedoch wegen § 72[55] des Entwurfs nur von bedingtem Wert sei[56].

---

49 Niederschrift über die Besprechung mit den Leitern der Landesjustizverwaltungen über politisch bedeutsame Fragen des Entwurfs eines Allgemeinen Deutschen Strafgesetzbuchs am 4. März 1927, abgedruckt in: *Schubert / Regge*, Quellen Weimarer Republik, Bd. 2, S. 66 ff.

50 *Schubert / Regge*, Quellen Weimarer Republik, Bd. 2, S. 77.

51 *Schubert / Regge*, Quellen Weimarer Republik, Bd. 2, S. 77.

52 *Schubert / Regge*, Quellen Weimarer Republik, Bd. 2, S. 77.

53 *Schubert / Regge*, Quellen Weimarer Republik, Bd. 2, S. 77.

54 *Schubert / Regge*, Quellen Weimarer Republik, Bd. 2, S. 77.

55 § 72 des Entwurfs von 1924/25: „Kommt eine der Vorschriften zur Anwendung, nach denen die ordentliche Strafe gemildert werden kann oder muss, so tritt an die Stelle von Todesstrafe lebenslanges Zuchthaus oder Zuchthaus nicht unter drei Jahren, an die Stelle von lebenslangem Zuchthaus nicht unter drei Jahren. Ist eine zeitige Freiheitsstrafe angedroht, so darf höchstens auf die Hälfte des angedrohten Höchstmaßes er-

v. Finckh widersprach den Ausführungen *Nöldekes*, da man bedenken müsse, dass bisher nur die uneheliche Mutter wegen Kindestötung verurteilt werde. Es sei zu überlegen, ob man nicht auch weiterhin zwischen ehelichen und unehelichen Müttern unterscheide[57]. Reichsjustizminister *Hergt* regte diesbezüglich an, in der Begründung gegebenenfalls zu sagen, dass die Tötung eines Kindes durch die eheliche Mutter den Tatbestand des besonders schweren Falles erfülle[58]. *Marquordt* schloss sich als Vertreter Braunschweigs dem bayerischen Antrag an, die Kindestötung als Verbrechen zu qualifizieren. Allerdings sei zu beachten, dass die bisherige Zuchthausstrafe zu hoch gewesen sei[59]. *Huber* stimmte als Vertreter Preußens den Beschlüssen der ersten Reichsratslesung zu. Nach Ansicht *Hubers* sollte man lediglich noch eine Mindeststrafe in die Bestimmung einführen[60]. *Hustaedt* als Vertreter Mecklenburg-Strelitzs und *Müller* als Vertreter Anhalts traten den Ausführungen *Nöldekes* bei[61]. *Müller* bat in diesem Zusammenhang, ergänzend zu berücksichtigen, dass die Psyche der Frau bei der Geburt ganz außerordentlichen Einflüssen unterworfen sei[62].

Die sich in der Zeit vom 28. bis 30. März und am 5. April 1927 anschließende 2. Lesung des Entwurfs 1924/25 in den Beratungen der Vereinigten Reichsratsausschüsse und die am 5. und 13. April abgehaltenen Plenarberatungen des Reichsrates brachten hinsichtlich der Tatbestandsvoraussetzungen der Kindestötung keine Änderungen mehr mit sich. Allerdings wurde ausdrücklich ein Mindeststrafmaß von sechs Monaten Gefängnis festgesetzt. Ansonsten wurde der Tatbestand mit dem Wortlaut der Beschlüsse der Reichsratsausschüsse nach 1. Lesung in § 252 des Entwurfs von 1927[63] übernommen:

---

kannt werden. Ist ein erhöhtes Mindestmaß angedroht, so kann auf das gesetzliche Mindestmaß herabgegangen werden. An Stelle von zeitigem Zuchthaus kann auf Gefängnis nicht unter drei Monaten erkannt werden.
Bei Vergehen kann das Gericht statt der Freiheitsstrafe auf Geldstrafe erkennen, wenn der Strafzweck durch eine Geldstrafe erreicht werden kann."

56 *Schubert / Regge*, Quellen Weimarer Republik, Bd. 2, S. 77.

57 *Schubert / Regge*, Quellen Weimarer Republik, Bd. 2, S. 77.

58 *Schubert / Regge*, Quellen Weimarer Republik, Bd. 2, S. 77.

59 *Schubert / Regge*, Quellen Weimarer Republik, Bd. 2, S. 77.

60 *Schubert / Regge*, Quellen Weimarer Republik, Bd. 2, S. 77.

61 *Schubert / Regge*, Quellen Weimarer Republik, Bd. 2, S. 77.

62 *Schubert / Regge*, Quellen Weimarer Republik, Bd. 2, S. 77.

63 Entwurf eines Allgemeinen Deutschen Strafgesetzbuches (Reichstagsvorlage vom 14. Mai 1927), in: *Schubert / Regge*, Quellen Weimarer Republik, Bd. 1, S. 437 ff. (S. 463).

„§ 252 (Kindestötung):
Eine Mutter, die ihr Kind in oder gleich nach der Geburt tötet, wird mit Gefängnis nicht unter sechs Monaten bestraft.

Der Versuch ist strafbar.

In besonders schweren Fällen ist die Strafe Zuchthaus bis zu zehn Jahren."

In der Begründung des Entwurfs verwies man ausdrücklich darauf, dass die Strafvorschrift nicht mehr ein Verbrechen, sondern ein Vergehen sei, da der Entwurf für die Regel Gefängnis nicht unter sechs Monaten vorsehe und nur für besonders schwere Fälle Zuchthaus bis zu zehn Jahren androhe. Die Strafbarkeit des Versuchs sei mit Rücksicht auf die gebotene Achtung vor dem menschlichen Leben beibehalten worden. Im übrigen übernahm man die Begründung des Entwurfs 1924/25 zum Tatbestand der Kindestötung wortgenau.

E) Die Reichstagsberatungen zum Entwurf von 1927

Nachdem der Entwurf von 1927 am 14. Mai 1927 durch den Reichsjustizminister *Hergt* in den Reichstag eingebracht worden war, wurde er dort nach nur zweitägiger Debatte im Plenum an den neuen Strafrechtsausschuss[64] unter dem Vorsitz *Wilhelm Kahls* überwiesen. Nach seiner konstituierenden Sitzung am 6. Juli 1927 begann der Ausschuss am 21. September 1927 mit den Detailberatungen, die bis zum 2. März 1928 andauerten. Das Reichsgesetz zur Fortführung der Strafrechtsreform vom 31. März 1928[65] ermöglichte es, die bereits erzielten Beratungsergebnisse unter Verzicht auf ein erneutes Einbringen des Entwurfs auf die neue Legislaturperiode des Reichstags zu übertragen, nachdem dieser ebenfalls am 31. März 1928 aufgelöst worden war[66]. Auf diese Weise konnte ein vorzeitiges Scheitern des Reformvorhabens abgewendet werden. Auch der neue Reichstag überwies den Entwurf von 1927 an den Strafrechtsausschuss, der sich unter dem erneuten Vorsitz *Kahls* somit weiter mit den Vorschlägen zur Reform befassen konnte[67]. Die erste Lesung des Entwurfs fand in 127 Sitzungen zwischen dem 12. Juli 1928 und dem 21. Februar 1930 statt[68].

64 32. Ausschuss.

65 Das Gesetz war auf die Initiative *Kahls* zurückzuführen und wurde mit verfassungsändernder Mehrheit beschlossen, vgl. *Schmidt*, Strafrechtspflege, S. 407.

66 *Schubert / Regge*, Quellen Weimarer Republik, Bd. 3, S. XIV, XV.

67 *Große-Vehne*, Tötung auf Verlangen, S. 79.

68 *Schmidt*, Strafrechtspflege, S. 407.

Der Strafrechtsausschuss beriet in seiner 66. Sitzung am 17. Mai 1929 über den Tatbestand der Kindestötung[69]. Diesbezüglich lagen zu Beginn der Sitzung drei Anträge vor. Der erste Antrag[70] forderte, Absatz 3 des § 252[71] des Entwurfs zu streichen und durch folgenden Absatz zu ersetzen:

> „Hat die Mutter die Tat unter dem Druck einer wirtschaftlichen Notlage ausgeführt, so ist die Täterin straffrei."

Ein weiterer Antrag[72] lautete dahingehend, den Tatbestand der Kindestötung in § 252 wie folgt zu fassen:

> „Eine uneheliche Mutter, die ihr Kind in oder gleich nach der Geburt tötet, wird mit Zuchthaus bis zu zehn Jahren bestraft.
>
> Der Versuch ist strafbar.
>
> In besonders leichten Fällen kann die Strafe bis auf einen Monat Gefängnis herabgesetzt werden."

Zu diesem Antrag wurde im Verlauf der Beratungen ein Änderungsantrag[73] dahingehend gestellt, in Absatz 1 statt der Formulierung „Eine uneheliche Mutter, die ihr Kind" die Formulierung „Eine Mutter, die ihr uneheliches Kind" zu setzen. Zudem wurde beantragt, Absatz 2[74] des § 252 zu streichen.

Der dritte Antrag[75], der zu Beginn der Sitzung vorlag, hatte zum Ziel, dem ersten Absatz des § 252 folgende Fassung zu geben:

---

69 Protokoll der 66. Sitzung des 21. Ausschusses am 17. Mai 1929, abgedruckt in: *Schubert / Regge*, Quellen Weimarer Republik, Bd. 3.2, S. 669 ff.

70 Antrag Nr. 242, Ziffer 8 von *Alexander*, *Schumann* und *Maslowski*, vgl. Protokoll der 66. Sitzung des 21. Ausschusses am 17. Mai 1929, abgedruckt in: *Schubert / Regge*, Quellen Weimarer Republik, Bd. 3.2, S. 669.

71 § 252 Abs. 3 der Reichstagsvorlage: „In besonders schweren Fällen ist die Strafe Zuchthaus bis zu zehn Jahren."

72 Antrag Nr. 257 von *Bell*, *Wegmann*, *Schetter*, *Emminger* und *Weber* vgl. Protokoll der 66. Sitzung des 21. Ausschusses am 17. Mai 1929, abgedruckt in: *Schubert / Regge*, Quellen Weimarer Republik, Bd. 3.2, S. 669.

73 Antragstellung durch *Bell* als Reaktion auf die Frage *Strathmanns*, ob der im Vergleich zu Antrag Nr. 257 divergierende Wortlaut des Antrags Nr. 263a aus rechtlichen Erwägungen bewusst gewählt worden sei. Während sich das Tatbestandsmerkmal die Unehelichkeit in Antrag Nr. 257 auf die Mutter bezog, bezog es sich im Antrag Nr. 263a auf das getötete Kind. Die Frage *Strathmanns* wurde von den Antragstellern verneint. Vgl. Protokoll der 66. Sitzung des 21. Ausschusses am 17. Mai 1929, abgedruckt in: *Schubert / Regge*, Quellen Weimarer Republik, Bd. 3.2, S. 670.

74 § 252 Abs. 2 des Entwurfs von 1927: „Der Versuch ist strafbar."

75 Antrag Nr. 263a von *Strathmann*, vgl. Protokoll der 66. Sitzung des 21. Ausschusses am 17. Mai 1929, abgedruckt in: *Schubert / Regge*, Quellen Weimarer Republik, Bd. 3.2, S. 669.

„Eine Mutter, die ihr uneheliches Kind in oder gleich nach der Geburt tötet, wird mit Zuchthaus bis zu fünf Jahren bestraft."

Für den Fall der Annahme dieses Antrags wurde ergänzend beantragt, § 252 Abs. 2[76] des Entwurfs von 1927 zu streichen[77].

Im weiteren Verlauf der Beratungen wurde noch ein weiterer Antrag dahingehend gestellt, § 252 Abs. 3[78] des Entwurfs ersatzlos zu streichen[79].

Die Beratungen wurden mit einer kurzen Einführung des Berichterstatters *Rosenfeld* (SPD) eingeleitet, der die im Entwurf vorgesehene Ausdehnung der Privilegierung auf Mütter ehelicher Kinder begrüßte, die in Absatz 3 vorgesehene Strafandrohung für besonders schwere Fälle jedoch für überflüssig hielt[80].

Mitberichterstatter *Strathmann* (DNV) führte zunächst aus, dass sich der Entwurf auch hinsichtlich dessen, dass die Kindestötung im Regelfall nicht als Verbrechen, sondern als Vergehen behandelt werde, wesentlich vom geltenden Recht unterscheide[81]. *Strathmann* sprach sich sodann gegen die Erweiterung der Privilegierung auf die Tötung ehelicher Kinder aus, da diese im höchsten Grade zweifelhaft erscheine. *Strathmann* begründete seine Haltung damit, dass selbst die Gründe, die eine mildere Behandlung der Mutter eines unehelichen Kindes rechtfertigten, nicht mehr in gleichem Maße anerkannt werden könnten wie zu früheren Zeiten. So bestehe der Ehrennotstand aufgrund des bedauerlicherweise weniger strengen Volksempfindens nicht mehr in der früheren Stärke. Und auch der wirtschaftliche Notstand habe vielfach infolge des planmäßigen und umfassenden Ausbaus des Fürsorgesystems nicht mehr die frühere Bedeutung. Gleichwohl habe die Privilegierung unehelicher Mütter weiterhin ihre Berechtigung. Der Ehrennotstand scheide jedoch für Mütter ehelich geborener Kinder grundsätzlich aus. Töte eine eheliche Mutter ihr Kind wegen eines sozialen oder wirtschaftlichen Notstandes, so stelle dies eine jedem gesunden Rechtsempfinden widersprechende ungewöhnliche Unnatür-

---

76 Vgl. FN 72.

77 Vgl. Protokoll der 66. Sitzung des 21. Ausschusses am 17. Mai 1929, abgedruckt in: *Schubert / Regge*, Quellen Weimarer Republik, Bd. 3.2, S. 669.

78 Vgl. FN 70.

79 Antrag Nr. 265 von *Rosenfeld*, *Moses*, *Agnes* und *Pfülf*, vgl. Protokoll der 66. Sitzung des 21. Ausschusses am 17. Mai 1929, abgedruckt in: *Schubert / Regge*, Quellen Weimarer Republik, Bd. 3.2, S. 673.

80 Vgl. Protokoll der 66. Sitzung des 21. Ausschusses am 17. Mai 1929, abgedruckt in: *Schubert / Regge*, Quellen Weimarer Republik, Bd. 3.2, S. 669.

81 Vgl. Protokoll der 66. Sitzung des 21. Ausschusses am 17. Mai 1929, abgedruckt in: *Schubert / Regge*, Quellen Weimarer Republik, Bd. 3.2, S. 669.

lichkeit dar, die nur aus einer vorübergehenden Unzurechnungsfähigkeit erklärt werden könne und somit ohnehin straffrei bleibe. *Strathmann* führte aus, dass alles vermieden werden müsse, was die Achtung und das Pflichtbewusstsein gegenüber dem neuen Leben weiter unterhöhle und den individualistisch-egoistischen Auffassungen Vorschub leiste, die Ehe als eine der Grundlagen der menschlichen Gesellschaft in Frage zu stellen. Vor diesem Hintergrund sei die Erweiterung der Privilegierung der Kindestötung auf ehelich geborene Kinder abzulehnen. Allerdings sprach sich *Strathmann* gemäß seinem Antrag[82] für die Privilegierung der Tötung unehelicher Kinder durch eheliche Mütter aus. Abzulehnen sei hingegen die Qualifizierung der Kindestötung als Vergehen, da die im Entwurf vorgesehene Milderung der Regelstrafe auf Gefängnis von mindestens sechs Monaten im Vergleich zu anderen verwandten Bestimmungen, wie zum Beispiel der Aufforderung zur Tötung in § 249 des Entwurfs, die mit Zuchthaus bis zu fünf Jahren bestraft werde, außerordentlich weitreichend sei und befremdlich stimme. Die Hochschätzung des Lebens dürfe nicht vor dem unschuldigen, hilflosen und wehrlosen Kinde haltmachen. Die Höhe des Strafmaßes der Kindestötung machte *Strathmann* von der letztendlichen Ausgestaltung der Tatbestandsvoraussetzungen abhängig. Bleibe es bei der im Entwurf vorgesehenen Erweiterung der Privilegierung auf eheliche Mütter, so sei dem Antrag zuzustimmen, die Regelstrafe auf Zuchthaus von bis zu 10 Jahren festzusetzen. Werde die Privilegierung hingegen auf die Geburt unehelicher Kinder beschränkt, so könne man sich mit einer Strafandrohung von bis zu fünf Jahren Zuchthaus begnügen, da es sich in solchen Fällen meist um einen Akt der Verzweiflung handele. Zuchthaus von bis zu zehn Jahren könne dann, wie vom Entwurf vorgesehen, besonders schweren Fällen vorbehalten bleiben. Der beantragten Hervorhebung besonders leichter Fälle erteilte *Strathmann* eine Absage, da unter Einwirkung des § 73[83] des Entwurfs ohnehin die Möglichkeit gegeben sei, in leichten Fällen auf eine Gefängnisstrafe von drei Monaten herabzugehen. Abschließend führte *Strathmann* aus, in Fällen der Tötung „regelwidrig gebildeter Kinder oder Steißgeburten" sei eine Härte darin zu erblicken, wenn unter allen Umständen auf eine Gefängnisstrafe von drei Monaten erkannt werden solle. *Strathmann* erläuterte, dass er damit nicht Fälle „beliebiger körperlicher Mängel", sondern Fälle meine, bei denen es sich „mehr um

---

82 Antrag Nr. 263a von *Strathmann*, vgl. Protokoll der 66. Sitzung des 21. Ausschusses am 17. Mai 1929, abgedruckt in: *Schubert* / *Regge*, Quellen Weimarer Republik, Bd. 3.2, S. 669.

83 § 73 Satz 4 des Entwurfs: „An Stelle von zeitigem Zuchthaus kann auf Gefängnis nicht unter drei Monaten, an Stelle zeitiger Einschließung bei Verbrechen auf Einschließung nicht unter drei Monaten erkannt werden."

Missgeburten" handele. Aufgrund der Seltenheit ihres Vorkommens könne man solche Fälle im Gesetz unberücksichtigt lassen und ihre Erledigung dem Gnadenwege vorbehalten[84].

Im Fortgang der Beratungen führte *Bell* aus, dass er eine derartig weitreichende Reform des geltenden § 217 RStGB, wie sie in § 252 des Entwurfs vorgesehen sei, nicht für erforderlich erachte[85]. Sehe man von den psychischen und physischen Einwirkungen der Geburt auf die Täterin ab, so sei die Tötung des eigenen Kindes zu den „schrecklichsten und naturwidrigsten" Verbrechen zu zählen. Es sei die Frage zu stellen, welche Umstände die privilegierte Bestrafung eines solchen Verbrechens rechtfertigen könnten. Im Verlauf seiner jahrzehntelangen kriminalistischen Tätigkeit sei er, *Bell*, mit keinem einzigen Fall konfrontiert worden, in dem allein die physischen und psychischen Vorgänge vor oder während der Geburt zur Tötung eines ehelichen Kindes durch die Mutter geführt hätten. Solche Tötungen seien nur bei unehelichen Geburten zu verzeichnen, die neben den physischen und psychischen Belastungen auch noch mit besonders starkem seelischen Druck verbunden sind. Dieser zusätzliche Druck erwachse aus den familiären, gesellschaftlichen und sozialen Nachteilen der unehelichen Geburt. Da diese Nachteile bei der ehelichen Geburt entfielen, bestehe kein Bedürfnis nach Erweiterung der Privilegierung der Kindestötung auf eheliche Mütter. Zwar sei denkbar, dass die psychischen und physischen Belastungen auch im Falle einer ehelichen Geburt so stark sein könnten, dass es zur Tötung des Kindes komme, jedoch blieben diese Fälle wegen Bewusstseinsstörung der Täterin straflos oder würden wegen mildernder Umstände lediglich denkbar gelinde bestraft. *Bell* führte des weiteren aus, dass die „Umwandlung" der Kindestötung von einem Verbrechen in ein Vergehen in höchstem Grade bedenklich sei. Der allgemeine Satz, dass bei mildernden Umständen auf eine erheblich geringere Strafe erkannt werde, reiche aus, um Milderungsgründe dort zur Geltung kommen zu lassen, wo sie angebracht sind. Die im Entwurf vorgesehene Ausdehnung der Privilegierung auf eheliche Mütter führe zudem zu Konsequenzen, die vom Standpunkt der sittlichen Gesetzgebung und der staatlichen Ordnung nicht zu verantworten sind. So könne eine eheliche Mutter in den Genuss einer Strafmilderung gelangen, die ihr Kind aus sittlich verwerflichen Motiven töte, ohne von der Geburt psychisch und physisch entscheidend beeinträchtigt und von wirt-

84 Vgl. Protokoll der 66. Sitzung des 21. Ausschusses am 17. Mai 1929, abgedruckt in: *Schubert / Regge*, Quellen Weimarer Republik, Bd. 3.2, S. 669, 670.

85 Vgl. Protokoll der 66. Sitzung des 21. Ausschusses am 17. Mai 1929, abgedruckt in: *Schubert / Regge*, Quellen Weimarer Republik, Bd. 3.2, S. 670.

schaftlichen oder sozialen Sorgen beeinflusst zu sein[86]. Auch wenn solche Fälle in der Praxis nur selten vorkämen, so dürften diese nicht vom Gesetzgeber privilegiert werden, da dies kriminalrechtlich unverantwortlich sei[87].

Alexander (KP) widersprach den Anträgen auf Bestrafung der Kindestötung mit Zuchthaus und wandte sich zudem gegen die beantragte Wiedereinführung der Unterscheidung zwischen ehelichen und unehelichen Müttern[88]. Die Kindestötung sei eine der schrecklichsten Taten und werde durch die große Verelendung im Kapitalismus hervorgerufen, jedoch mache erst der Kapitalismus selbst die Tat zum Verbrechen, indem er sie mit Zuchthaus ahnde. Die „Unnatur" der Kindestötung entspringe der „Unnatur" der wirtschaftlichen und sozialen Verhältnisse. Daher erscheine das von *Bell* angeführte Beispiel der „mondänen Dame" abwegig, die im Falle einer von ihr begangenen Kindestötung in ausreichendem Maße mit Gefängnis bestraft werden könne. Die Rechtfertigung der Privilegierung unehelicher Mütter mit dem Verweis auf deren Ehrennotstand stelle die unberechtigte Anerkennung eines Makels der unehelichen Mutter und eines Vorurteils gegen die uneheliche Geburt dar. Makel und Vorurteil sollten vielmehr durch eine gesetzliche Gleichstellung der unehelichen und ehelichen Mütter beseitigt werden. Oft sei der Druck der wirtschaftlichen Notlage der Betroffenen jedoch so stark, dass eine Art wirtschaftlicher Notstand anerkannt werden müsse, der in leichten Fällen die völlige Straflosigkeit zur Folge haben müsse. Dies komme im Antrag seiner Fraktion entsprechend zum Ausdruck. In diesem Zusammenhang widersprach *Alexander* der Behauptung *Strathmanns*, dass der wirtschaftliche Notstand infolge des Bestehens der Fürsorgestellen nicht mehr so groß sei wie zu früheren Zeiten. *Alexander* verwies auf die täglichen Zeitungsnotizen, nach denen eheliche und uneheliche Mütter vergeblich um Aufnahme in Krankenhäuser baten. Zudem weise die Statistik aus, dass nur wenige Mütter mit ihren Kindern der Fürsorge der Fürsorgestellen teilhaftig würden[89].

Ministerialdirektor *Schäfer* stimmte als Vertreter des Reichsjustizministeriums *Bell* dahingehend zu, dass die Abgrenzung des Tatbestandes gegenüber eheli-

86 Bell nannte als Beispiele eine mondäne Frau, die aus brutaler Frivolität ihr eheliches Kind tötet, um sich die Unbequemlichkeiten des Aufziehens zu ersparen und eine in Ehescheidung lebende Frau, die aus Hass gegen ihren Mann dessen Kind gleich nach der Geburt das Leben nimmt.

87 Vgl. Protokoll der 66. Sitzung des 21. Ausschusses am 17. Mai 1929, abgedruckt in: *Schubert / Regge*, Quellen Weimarer Republik, Bd. 3.2, S. 670, 671.

88 Vgl. Protokoll der 66. Sitzung des 21. Ausschusses am 17. Mai 1929, abgedruckt in: *Schubert / Regge*, Quellen Weimarer Republik, Bd. 3.2, S. 671.

89 Vgl. Protokoll der 66. Sitzung des 21. Ausschusses am 17. Mai 1929, abgedruckt in: *Schubert / Regge*, Quellen Weimarer Republik, Bd. 3.2, S. 671.

chen Müttern keine übermäßige praktische Bedeutung habe, da die Tötung eines ehelichen Kindes durch die Mutter in der Praxis äußerst selten sei[90]. Dennoch sprechen gewichtige Gründe dafür, eheliche Geburten im Sinne der Reichstagsvorlage einzubeziehen. So knüpfe der Tatbestand der Kindestötung im Grunde an die physischen und psychischen Beeinträchtigungen der Gebärenden durch den Geburtsvorgang an, die diese als vermindert zurechnungsfähig und nicht voll verantwortlich erscheinen ließen. Zu den physischen Beeinträchtigungen trete insbesondere bei unehelichen Müttern die Furcht vor Schande hinzu. Jedoch könne diese Furcht nicht allein ausschlaggebend sein, da der Gesetzgeber andernfalls auch noch in der Zeit nach der Geburt einen Unterschied zwischen der Tötung ehelicher und unehelicher Kinder machen müsse. Zudem ständen auch eheliche Mütter oftmals unter einem erheblichen psychischen Druck, wie beispielsweise dem Druck schwerster wirtschaftlicher Sorgen und des Wohnungselends bei den ärmeren Volksklassen oder der Furcht vor Vererbung schwerer Krankheiten oder körperlicher Gebrechen in der Familie. *Schäfer* führte aus, dass die Gleichstellung der ehelichen und unehelichen Mütter in bezug auf die Kindestötung bereits in den Strafgesetzgebungen Frankreichs, Österreichs, der romanischen Schweiz, Spaniens, Italiens und der Niederlande umgesetzt worden sei und in den Entwürfen der Schweiz von 1918, Italiens von 1927, der Tschechoslowakei von 1926 und Dänemarks von 1924 vorgesehen sei. Hinsichtlich des Strafmaßes der Kindestötung verwies *Schäfer* darauf, dass das geltende Recht die Kindestötung zwar als Verbrechen behandle, die Gerichte jedoch von den möglichen hohen Strafen nur selten Gebrauch machten. So habe der Prozentanteil der Zuchthausstrafen bei Verurteilungen wegen Kindestötungen in den Jahren 1909 bis 1927 in der Spitze 6,7 %, im Jahresdurchschnitt jeweils unter 5 % und im Jahre 1927 lediglich 0,8 % betragen. Die Regierung ziehe aus diesen statistischen Werten den Schluss, dass Fälle von Kindestötung in der gerichtlichen Praxis den Charakter eines Vergehens hätten und nur in seltenen Ausnahmefällen zuchthauswürdig seien. Dementsprechend sehe der Regierungsentwurf von 1927 als Regelstrafe nur Gefängnis vor und beschränke die Möglichkeit der Verhängung von Zuchthausstrafe auf besonders schwere Fälle[91].

Die Abgeordnete *Pfülf* (SPD) begrüßte die in der Regierungsvorlage zum Ausdruck kommende Strafmilderung der Kindestötung und kritisierte die

---

90 Vgl. Protokoll der 66. Sitzung des 21. Ausschusses am 17. Mai 1929, abgedruckt in: *Schubert / Regge*, Quellen Weimarer Republik, Bd. 3.2, S. 671.

91 Vgl. Protokoll der 66. Sitzung des 21. Ausschusses am 17. Mai 1929, abgedruckt in: *Schubert / Regge*, Quellen Weimarer Republik, Bd. 3.2, S. 671, 672.

entgegenstehenden Anträge auf Androhung hoher Zuchthausstrafen[92]. Diese Anträge riefen Erinnerungen an das „Gretchen im Faust“ und an Zeiten wach, in denen die Todesstrafe für die Kindesmörderin im deutschen Rechtsbewusstsein noch eine Selbstverständlichkeit gewesen sei. Von einer solchen Rechtsauffassung sei man längst mit Schaudern abgerückt. Wenn eine Frau, die ihr Kind neun Monate lang getragen habe und dessen Leben in sich gefühlt habe, das Kind bei der Geburt töte, so müssten ganz ungeheure äußere oder innere Verhältnisse vorliegen. So sei es beispielsweise fast als Wunder zu bezeichnen, wenn eine Frau, die ihr Kind im herrschenden Wohnungselend zur Welt bringen müsse, im Augenblick der Geburt nicht unter schwersten psychischen Störungen leide. Dies gelte sowohl für uneheliche als auch für eheliche Mütter. Die im Falle unehelicher Mütter hinzutretenden besonderen Erschwerungen könnten durch die gesellschaftliche Gleichstellung unehelicher mit ehelichen Müttern, mithin durch die Aufgabe gesellschaftlicher Vorurteile gegen uneheliche Mütter beseitigt werden. Die Anträge auf Androhung von Zuchthausstrafen für die Tötung unehelicher Kinder würden diese Vorurteile hingegen weiter stabilisieren. Der Behauptung *Bells*, dass Fälle von Kindestötung bei ehelichen Müttern in der kriminalistischen Praxis nicht anzutreffen seien, trat *Pfülf* mit dem Hinweis darauf entgegen, dass die statistische Erfassung solcher Fälle außerordentlich schwierig sei. So komme das Delikt der Kindestötung bei unehelichen Müttern, die bei fremden Menschen leben, leichter an die Oberfläche als bei ehelichen Müttern, die den Schutz der Familiengemeinschaft genießen. *Pfülf* sprach sich für die Beibehaltung des § 252 in der Fassung der Reichstagsvorlage aus, allerdings unter Streichung des Absatzes 3 hinsichtlich der Zuchthausstrafe in besonders schweren Fällen. Ein zuchthauswürdiges Delikt könne in keinem denkbaren Fall der Kindestötung angenommen werden, da Mütter, die ihr Kind neun Monate lang getragen hätten, dieses auch gebären und am Leben erhalten wollten, wenn die Umwelt ihnen dazu nur die Möglichkeit gebe oder wenn sie sich nicht vorübergehend in geistiger Störung befänden[93].

Zapf (DV) sprach sich angesichts der Tatsache, dass die eheliche und uneheliche Mutter im Augenblick der Geburt sich in der gleichen psychischen Verfassung befinde und unter den gleichen schweren Belastungen der Intelligenz und des Willens stehe, für eine gleichmäßige strafgesetzliche Behandlung der

92 Vgl. Protokoll der 66. Sitzung des 21. Ausschusses am 17. Mai 1929, abgedruckt in: *Schubert / Regge*, Quellen Weimarer Republik, Bd. 3.2, S. 672.

93 Vgl. Protokoll der 66. Sitzung des 21. Ausschusses am 17. Mai 1929, abgedruckt in: *Schubert / Regge*, Quellen Weimarer Republik, Bd. 3.2, S. 672.

ehelichen und unehelichen Mütter im Falle der Kindestötung aus[94]. *Zapf* führte aus, dass eine Mutter der Natur im Moment der Geburt viel näher rücke, so dass ihr „Triebleben" mehr zur Geltung komme. Man müsse sich fragen, ob die Handlungen und Entschlüsse, die einem solchen Triebleben entspringen, in manchen Fällen nicht von der Natur gewollt und somit weiser seien als manche menschliche Tat, die mit großer Intelligenz und Sorgfalt ausgeklügelt sei. Wenn die befürchtete Schande und größere materielle Sorgen eine uneheliche Mutter dazu bringen könnten, ihr Kind zu töten, so müsse ein zumindest vergleichbarer oder sogar noch schwererer psychischer Druck auf ehelichen Müttern lasten, die sich zu dem „ungeheuerlichen Schritt" der Kindestötung entschlössen[95]. Eine Differenzierung zwischen ehelichen und unehelichen Müttern erschien *Zapf* in diesem Zusammenhang undurchführbar[96].

Schuldt (DDP) warf die Frage auf, ob Männer für den Tatbestand der Kindestötung überhaupt die notwendige Objektivität aufbringen könnten[97]. Frauen seien für die Beurteilung dieser Vorgänge viel berufener. Jede Frau, die ihr Kind töte, erleide eine seelische Erschütterung für ihr ganzes Leben, werde nie mehr Freude empfinden und stehe dauernd unter dem Gefühl der eigenen Lebensunwürdigkeit. Angesichts dieser ohnehin eintretenden schwerwiegenden Folgen erscheine jede Milde in der strafrechtlichen Beurteilung der Tat gerechtfertigt, ohne dass dabei eine Unterscheidung zwischen unehelichen und ehelichen Müttern in Frage kommen könne[98].

Maslowski (KP) führte aus, dass die von *Bell* genannten Fälle ehelicher Mütter, die ihr Kind aus sittlich verwerflichen Motiven töteten, ohne von der Geburt psychischen und physischen entscheidend beeinträchtigt und von wirtschaftlichen oder sozialen Sorgen beeinflusst zu sein, der rein „juristischen Konstruk-

---

94 Vgl. Protokoll der 66. Sitzung des 21. Ausschusses am 17. Mai 1929, abgedruckt in: *Schubert / Regge*, Quellen Weimarer Republik, Bd. 3.2, S. 672.

95 *Zapf* verwies beispielsweise auf eine „kranke" Frau, die gegen ihren Willen von ihrem Mann geschwängert werde, auf eine Frau, die einige Monate nach der Empfängnis von ihrem Mann verlassen werde oder die im Verlauf der Schwangerschaft, nach dem zwischenzeitlich eingetretenen Tode ihres Mannes, die Entdeckung mache, dass der Erzeuger ihres Kindes an einer schweren Krankheit gelitten habe sowie auf eine Frau, die an sich selbst eine sie im Moment der Geburt seelisch schwer belastende Entdeckung mache.

96 Vgl. Protokoll der 66. Sitzung des 21. Ausschusses am 17. Mai 1929, abgedruckt in: *Schubert / Regge*, Quellen Weimarer Republik, Bd. 3.2, S. 672, 673.

97 Vgl. Protokoll der 66. Sitzung des 21. Ausschusses am 17. Mai 1929, abgedruckt in: *Schubert / Regge*, Quellen Weimarer Republik, Bd. 3.2, S. 673.

98 Vgl. Protokoll der 66. Sitzung des 21. Ausschusses am 17. Mai 1929, abgedruckt in: *Schubert / Regge*, Quellen Weimarer Republik, Bd. 3.2, S. 673.

tion“ der Notwendigkeit von Zuchthausstrafen dienten[99]. Tatsächlich seien Fälle von Kindestötungen, die rein sittlich verwerflich motiviert seien, nicht existent. Die Kindestötung sei in fast allen Fällen durch Not und Verzweiflung begründet. *Maslowski* kritisierte in diesem Zusammenhang die von *Schäfer* angeführte Verurteilungsstatistik der Jahre 1909 bis 1927 dahingehend, dass diese keinerlei Angaben zur sozialen Herkunft der Mütter enthalte. Er behauptete, dass Mütter, die sich der Kindestötung schuldig gemacht hätten, durchweg Dienstmädchen oder Frauen in schwerster sozialer Lage seien, die von ihren Männern verlassen und vielleicht auch gezwungen seien, ohne ärztliche Hilfe zu gebären. Derartige Umstände müssten geradezu zu einer momentanen Unzurechnungsfähigkeit der betreffenden Frauen bei der Geburt führen, so dass sie juristisch nicht verantwortlich zu machen seien. Dies müsse völlige Straffreiheit oder aber die geringste zulässige Bestrafung nach sich ziehen[100].

Der Abgeordnete *Weber* (Z) vertrat die Auffassung, dass ein auf lange Sicht beschlossenes Strafgesetzbuch eine gewisse Systematik enthalten müsse, ohne sich auf die sozialen und wirtschaftlichen Verhältnisse einer Zeit zu beschränken. Das Strafgesetzbuch müsse zur Straftat des Mordes und der Tötung eines Menschenlebens grundsätzlich Stellung nehmen[101]. Dies folge aus den seltenen, aber doch existenten Fällen von Kindestötungen durch eheliche Mütter, die nicht auf wirtschaftlichen Schwierigkeiten beruhten, sondern aus „verbrecherischen Gründen“ erfolgten. Um eine mögliche Geringschätzung des Lebens zu vermeiden, müsse der Tatbestand der Kindestötung zum Ausdruck bringen, dass schon das Kind unter dem Mutterherzen und auch das gerade geborene Kind ein vollwertiges Leben sei, für das das Wort „Du sollst nicht töten“ Geltung habe. Die Kindestötung müsse daher als ein Verbrechen gewertet werden, bei dem nur in besonderen Fällen mildernde Umstände zu berücksichtigen seien. In diesem Zusammenhang widersprach *Weber* der gelegentlich vertretenen Meinung, dass sich eine Frau während der Geburt in einem Zustand geistiger Minderwertigkeit befände. Man könne diesbezüglich allenfalls von einem besonders gearteten physischen und psychischen Zustand sprechen. *Weber* sprach sich gegen eine gleichmäßige Behandlung der Kindestötung bei ehelichen und unehelichen Müttern aus, da die uneheliche

99 Vgl. Protokoll der 66. Sitzung des 21. Ausschusses am 17. Mai 1929, abgedruckt in: *Schubert / Regge* Quellen Weimarer Republik, Bd. 3.2, S. 673.

100 Vgl. Protokoll der 66. Sitzung des 21. Ausschusses am 17. Mai 1929, abgedruckt in: *Schubert / Regge*, Quellen Weimarer Republik, Bd. 3.2, S. 673.

101 Vgl. Protokoll der 66. Sitzung des 21. Ausschusses am 17. Mai 1929, abgedruckt in: *Schubert / Regge*, Quellen Weimarer Republik, Bd. 3.2, S. 673.

Mutter trotz der Bestrebungen des Mutterschutzes und der Fürsorgeeinrichtungen durchweg schwerer belastet sei, als die eheliche Mutter. Die von *Schäfer* vorgelegte Statistik beweise, dass die sozialen und wirtschaftlichen Verhältnisse in den meisten Fällen zu einer milderen Beurteilung berechtigt hätten[102].

Im Gegensatz zu dem Abgeordneten *Weber* sprach sich *Moses* (SPD) für eine durchschlagende Berücksichtigung der sozialen Verhältnisse bei der Modernisierung des Strafgesetzbuches aus[103]. Unter Berufung auf seine dreißigjährige ärztliche Praxis vertrat *Moses* die Auffassung, dass es keinen einzigen Fall gebe, in dem eine eheliche oder uneheliche Mutter in klarer verbrecherischer Absicht ihr Kind während der Geburt töte. Auch bei der „normalen" Geburt spielten pathologische Zustände physischer und psychischer Natur eine große Rolle, so dass man von einem physischen und psychischen Trauma sprechen könne. Zwar sei die medizinische Versorgung bei Geburten verbessert worden, jedoch seien die gesamten sozialen und wirtschaftlichen Verhältnisse sowie die Wohnungsverhältnisse vielfach so furchtbar, dass man im Zusammenhang mit den schweren pathologischen Erscheinungen von einem Zustande verminderter Zurechnungsfähigkeit sprechen könne. *Moses* trat daher für eine Annahme des Tatbestandes der Kindestötung in der Form der Reichstagsvorlage unter Streichung des Absatzes 3 ein[104].

Jörissen (WP) schloss sich der Auffassung an, die Tötung allgemein als Verbrechen zu werten und plädierte für eine weitgehende Anwendung mildernder Umstände bei unehelichen Müttern[105]. Zwar könne eine wirtschaftliche und soziale Notlage in sehr vielen Fällen von vornherein bejaht werden, jedoch müsse eine Prüfung des Einzelfalls dahingehend möglich sein, ob sich der einzelne eine soziale und wirtschaftliche Notlage nicht nur aus Gründen der Bequemlichkeit zurechtlege. Bei der Beurteilung der ganzen Frage müsse man vom Standpunkt der christlich gläubigen Bevölkerung aus vor allem auch die Seele des neugeborenen Kindes mit berücksichtigen[106].

---

102 Vgl. Protokoll der 66. Sitzung des 21. Ausschusses am 17. Mai 1929, abgedruckt in: *Schubert / Regge*, Quellen Weimarer Republik, Bd. 3.2, S. 673.

103 Vgl. Protokoll der 66. Sitzung des 21. Ausschusses am 17. Mai 1929, abgedruckt in: *Schubert / Regge*, Quellen Weimarer Republik, Bd. 3.2, S. 673.

104 Vgl. Protokoll der 66. Sitzung des 21. Ausschusses am 17. Mai 1929, abgedruckt in: *Schubert / Regge*, Quellen Weimarer Republik, Bd. 3.2, S. 674.

105 Vgl. Protokoll der 66. Sitzung des 21. Ausschusses am 17. Mai 1929, abgedruckt in: *Schubert / Regge*, Quellen Weimarer Republik, Bd. 3.2, S. 674.

106 Vgl. Protokoll der 66. Sitzung des 21. Ausschusses am 17. Mai 1929, abgedruckt in: *Schubert / Regge*, Quellen Weimarer Republik, Bd. 3.2, S. 674.

Als Reaktion auf die sich mehrenden Stimmen, die eine Gleichstellung der ehelichen Mutter mit der unehelichen Mutter ablehnten, verwies Ministerialdirektor *Schäfer* darauf, dass gerade grundsätzliche Erwägungen die Regierung dazu veranlasst hätten, die eheliche Mutter in § 252 des Entwurfs mit einzubeziehen[107]. Die Privilegierung des Tatbestandes der Kindestötung geschehe in Auswirkung des Schuldprinzips und, wie bereits erläutert, in Anerkennung der Tatsache, dass sich die eheliche Mutter in ähnlicher Weise wie die uneheliche Mutter infolge der besonders gearteten physischen und psychischen Verhältnisse während des Geburtsaktes gewissermaßen in einem Zustande verminderter Zurechnungsfähigkeit befinde. Zudem lägen insbesondere bei den „verlassenen" Müttern, die besonders zahlreich in den unteren Volksschichten zu finden seien, die sozialen und wirtschaftlichen Verhältnisse häufig ähnlich wie bei den unehelichen Müttern, so dass auch aus diesem Grund eine Einbeziehung der ehelichen Mütter in die Privilegierung der Kindestötung zu befürworten sei. Hingegen sei die beantragte Streichung des Absatzes 3 des § 252 des Entwurfs von 1927 abzulehnen, da die Statistik in jedem Jahr zuchthauswürdige Fälle von Kindestötung ausweise und damit das praktisches Bedürfnis für die Heraushebung der besonders schweren Fälle belege. Hinsichtlich des Strafmaßes bat *Schäfer* zu berücksichtigen, dass die Regelstrafe der Kindestötung bereits im Reichsrat eine Schärfung auf Gefängnis nicht unter sechs Monaten erfahren habe. Die ursprüngliche Regierungsvorlage habe als Normalstrafe lediglich Gefängnis nicht unter einer Woche vorgesehen[108].

Zum Ende der Beratungen ergriff auch *Strathmann* nochmals das Wort und erwiderte auf den Vortrag *Moses*, dass auch nach geltendem Recht die Anwendung mildernder Umstände nach § 73 des Strafgesetzbuches möglich sei, so dass eine Mindeststrafe von drei Monaten gestattet sei[109]. Bei Verneinung der Zurechnungsfähigkeit trete zudem gemäß § 13 völlige Straffreiheit ein. Die von *Schäfer* vorgelegten Statistikwerte könnten nicht als Rechtfertigung des Regierungsentwurfs dienen. Vielmehr dokumentierten diese, dass schon das geltende Strafsystem sich in der weitaus überwiegenden Mehrzahl der Fälle mit einer Gefängnisstrafe begnügt habe, deren Mindestmaß mit der Reichstagsvorlage noch weiter herabgesetzt worden sei. *Strathmann* bemerkte, dass die Debatte die schwere Besorgnis nicht habe zerstreuen können, dass die von

107 Vgl. Protokoll der 66. Sitzung des 21. Ausschusses am 17. Mai 1929, abgedruckt in: *Schubert / Regge*, Quellen Weimarer Republik, Bd. 3.2, S. 674.

108 Vgl. Protokoll der 66. Sitzung des 21. Ausschusses am 17. Mai 1929, abgedruckt in: *Schubert / Regge*, Quellen Weimarer Republik, Bd. 3.2, S. 674.

109 Vgl. Protokoll der 66. Sitzung des 21. Ausschusses am 17. Mai 1929, abgedruckt in: *Schubert / Regge*, Quellen Weimarer Republik, Bd. 3.2, S. 674.

der Regierung vorgeschlagene Regelung zu einer schweren Gefährdung gewisser sittlicher Grundanschauungen führe, die für den Fortbestand der menschlichen Gemeinschaft unerlässlich erschienen[110].

Die nach dem Schluss der Aussprache durchgeführte Abstimmung über die zu § 252 der Reichstagsvorlage gestellten Anträge führte zu dessen unveränderter Annahme in 1. Lesung[111].

F) Der Entwurf Kahl

Die IV. Legislaturperiode des Reichstages endete am 18. Juli 1930 vorzeitig durch dessen Auflösung. Bereits am 8. April 1930 war Kahl in der 128. Sitzung des Reichstags mit dem Vorschlag gescheitert, ein Gesetz zur Fortführung der Reform zu erlassen[112]. Dieses hätte eine Bestimmung enthalten sollen, nach der

> „für den Fall, dass der Reichstag in seiner laufenden Wahlperiode, gleichgültig aus welcher Ursache, über die einzelnen Gesetze der Strafrechtsreform noch nicht endgültig Beschluß gefasst [habe...] diese Entwürfe ohne erneute Einbringung in dem jeweiligen Zustand der Beschlussfassung der Reichstage der folgenden Wahlperiode unterliegen [sollten]."[113]

Auch das Zustandekommen eines einfachen Überleitungsgesetzes, vergleichbar mit dem Gesetz vom 31. März 1928, scheiterte, so dass nicht wie zuvor nahtlos an die Reformarbeiten des Strafrechtsausschusses angeknüpft werden konnte[114]. Dennoch führte *Kahl* die Strafrechtsreform auch in der sich anschließenden V. Legislaturperiode des Reichstages fort und brachte am 6. Dezember 1930 einen Entwurf auf Grundlage der Ergebnisse der vorangegangenen Beratungen in den Reichstag ein (Entwurf eines Allgemeinen Deut-

---

110 Vgl. Protokoll der 66. Sitzung des 21. Ausschusses am 17. Mai 1929, abgedruckt in: *Schubert / Regge*, Quellen Weimarer Republik, Bd. 3.2, S. 674.

111 Antrag Nr. 257 in der von *Bell* mündlich beantragten Fassung wurde mit 15 gegen 9 Stimmen abgelehnt. Auch Antrag Nr. 263 Ziffer 1 von *Strathmann* wurde mit 15 gegen 10 Stimmen abgelehnt. Der Eventualantrag Nr. 263 Ziffer 2 wurde durch diese Abstimmung für erledigt erklärt. Absatz 3 des § 252 der Regierungsvorlage wurde entgegen dem Antrag Nr. 242 Ziffer 8a von *Alexander*, *Schumann* und *Maslowski* mit 13 gegen 12 Stimmen angenommen. Antrag Nr. 242 Ziffer 8b, ebenso eingebracht von *Alexander*, *Schumann* und *Maslowski*, wurde abgelehnt. § 252 der Regierungsvorlage wurde schließlich mit 15 Stimmen angenommen, vgl. Protokoll der 66. Sitzung des 21. Ausschusses am 17. Mai 1929, abgedruckt in: *Schubert / Regge*, Quellen Weimarer Republik, Bd. 3.2, S. 674.

112 *Vormbaum / Rentrop*, Reform des Strafgesetzbuchs , Bd. 1, S. XXIII.

113 *Vormbaum / Rentrop*, Reform des Strafgesetzbuchs , Bd. 1, S. XXIII.

114 *Vormbaum / Rentrop*, Reform des Strafgesetzbuchs , Bd. 1, S. XXIII.

schen Strafgesetzbuchs von 1930 oder Entwurf *Kahl*)[115]. Der Reichstag überwies die Vorlage an den 18. Ausschuss, der sich am 11. Dezember 1930 unter dem erneuten Vorsitz *Kahls* konstituierte und vom 20. Januar 1931 bis zum 18. März 1932 tagte[116]. Der Ausschuss wies parteipolitisch ein starkes linkes Übergewicht auf, nachdem die Mitglieder von DNVP und NSDAP den Beratungen seit der 12. Sitzung ferngeblieben waren[117]. Zuvor hatten die Abgeordneten der NSDAP jegliche konstruktive Mitarbeit verweigert und größtenteils politische Propaganda betrieben[118]. *Kahl* gelang es trotz dieser Widrigkeiten, die 2. Lesung des Entwurfs fast zum Ende zu bringen, bevor er am 14. Mai 1932 starb. Nach Auflösung des V. Reichstages am 4. Juni 1932 nahm der VI. Reichstag die Reformbemühungen nicht mehr auf[119].

Der Ausschuss begann in der 26. Sitzung am 26. Januar 1932 mit den Beratungen des 17. Abschnitts (Tötung) des Entwurfs. Da man sich nicht über die Frage der Beibehaltung oder Abschaffung der Androhung der Todesstrafe im Tatbestand des Mordes einigen konnte, wurden die Beratungen ohne Ergebnis abgebrochen[120]. Zu Beginn der 27. Sitzung am 27. Januar 1932 stellte man die Fortsetzung der Beratungen zum 17. Abschnitt vorläufig zurück[121], ohne diese in der Folgezeit nochmals aufzunehmen.

---

115 *Vormbaum / Rentrop*, Reform des Strafgesetzbuchs , Bd. 1, S. XXIII.

116 *Schubert / Regge*, Quellen Weimarer Republik, Bd. 1, S. XXI.

117 *Schubert / Regge*, Quellen Weimarer Republik, Bd. 3.1, S. XV.

118 *Vormbaum / Rentrop*, Reform des Strafgesetzbuchs, Bd. 1, S. XXIV.

119 *Schubert / Regge*, Quellen Weimarer Republik, Bd. 3.1, S. XV.

120 Vgl. Protokoll der 26. Sitzung des 18. Ausschusses am 26. Januar 1932, abgedruckt in: *Schubert / Regge*, Quellen Weimarer Republik, Bd. 3.4, S. 237.

121 Vgl. Protokoll der 27. Sitzung des 18. Ausschusses am 27. Januar 1932, abgedruckt in: *Schubert / Regge*, Quellen Weimarer Republik, Bd. 3.4, S. 238.

Siebentes Kapitel. Zeit des Nationalsozialismus

A) Denkschrift des preußischen Justizministers Kerrl von 1933[1]

Nach der Regierungsübernahme am 30. Januar 1933 durch die Nationalsozialistische Deutsche Arbeiterpartei (NSDAP) und die Deutschnationale Volkspartei (DNVP) sowie der Ernennung Hitlers zum Reichskanzler enthielten sich die Nationalsozialisten zunächst der übergreifenden Erörterung strafrechtlicher Probleme, da sie über kein fertiges nationalsozialistisches Strafrechtsprogramm verfügten[2]. 1933 veröffentlichte der preußische Justizminister *Kerrl* eine Denkschrift mit dem Titel „Nationalsozialistisches Strafrecht". Diese Denkschrift sollte keinen fertigen nationalsozialistischen Entwurf eines Strafgesetzbuches darstellen, sondern sollte das „Gerippe" eines solchen skizzieren und Vorarbeiten dazu leisten[3]. *Kerrl* verfolgte den Ansatz, dass das künftige Strafrecht im Gegensatz zum bisherigen individualistisch und materialistisch geprägten Strafrecht nicht den Schutz des Einzelnen, sondern die Volksgemeinschaft in den Mittelpunkt rücken müsse. Der Einzelne sei nicht mehr als „bedingungsloses Individuum, sondern als bluthaft unlöslich verbundener Bestandteil der Gesamtheit" zu verstehen[4]. Indem *Kerrl* bei der Beurteilung der Vollendung einer Straftat nach der Fassung der Tatbestände in erster Linie auf das „Unternehmen" der strafbaren Handlung abstellte, wodurch im Ergebnis die Unterscheidung zwischen Versuch und Vollendung entfiel, verfolgte er zudem den Gedanken eines „Willensstrafrechts"[5].

Die Denkschrift sah vor, den Tatbestand der Kindestötung aus dem Abschnitt „Schutz der Einzelperson" (2. Kapitel „Angriff auf Leib und Leben", 1. Titel „Tötung") in den Abschnitt „Der Schutz der Familie" (3. Kapitel „Angriffe auf das Kind", 1. Titel „Kindestötung und Abtreibung") zu versetzen. *Hardt* und *Vollmer* führten als Bearbeiter dieses Abschnitts aus, dass die Vernichtung jungen Lebens einheitlich geregelt werden könne, da sie sich als Angriff auf das Erbgut darstelle, das in der Familie oder doch in dem Verhältnis zwischen

---

1 Nationalsozialistisches Strafrecht. Denkschrift des Preußischen Justizministers, Berlin 1933.

2 *Marxen*, Der Kampf gegen das liberale Strafrecht: eine Studie zum Antiliberalismus in der Strafrechtswissenschaft der zwanziger und dreißiger Jahre. Berlin 1975, S. 102.

3 *Kerrl* in: Nationalsozialistisches Strafrecht. Denkschrift des Preußischen Justizministeriums. Berlin 1933, S. 12.

4 *Kerrl* in: Nationalsozialistisches Strafrecht, S. 7, 19.

5 *Vormbaum / Rentrop*, Reform des Strafgesetzbuchs, Bd. 1, S. XXVI.

Mutter und Kind fortentwickelt werde[6]. Die mildere Bestrafung der Kindestötung könne grundsätzlich beibehalten werden, jedoch sei sie in Abänderung des § 252 des Entwurfs von 1927 nicht auf die eheliche Mutter auszudehnen. *Hardt* und *Vollmer* begründeten dies damit, dass die bei der unehelichen Mutter vorhandenen besonderen seelischen Milderungsgründe[7] bei der ehelichen Mutter fehlten[8].

B) Der Referentenentwurf von 1933[9]

Das Reichsjustizministerium erarbeitete im Sommer 1933 einen Referentenentwurf, der am 25. September 1933 als Entwurf eines Allgemeinen Strafgesetzbuches den Landesjustizverwaltungen zugeleitet wurde[10]. Dieser Entwurf basierte auf der lediglich zum Teil umgearbeiteten Reichstagsvorlage von 1927 und wies daher weitgehende inhaltliche und formale Parallelen auf[11]. Der Referentenentwurf sollte einer im Auftrage Hitlers durch Reichsjustizminister *Gürtner* einberufenen „amtlichen Kommission zur Beratung der Strafrechtserneuerung" als Diskussionsgrundlage dienen[12]. Zum Arbeitsmaterial dieser Kommission zählt auch, wenngleich sekundär, die Denkschrift *Kerrls*[13].

Der Referentenentwurf übernahm den Tatbestand der Kindestötung in § 252 unverändert in der im Entwurf von 1927 gewählten Form:

> „Eine Mutter, die ihr Kind in oder gleich nach der Geburt tötet, wird mit Gefängnis nicht unter sechs Monaten bestraft.
>
> Der Versuch ist strafbar.
>
> In besonders schweren Fällen ist die Strafe Zuchthaus bis zu zehn Jahren."

C) Beratungen der Strafrechtskommission

Die Strafrechtskommission[14] nahm am 3. November 1933 unter der Leitung *Gürtners* ihre Beratungen auf. Der Tatbestand der Kindestötung wurde in erster Lesung in der

---

6 *Hardt / Vollmer* in: Nationalsozialistisches Strafrecht, S. 65.

7 Als seelische Milderungsgründe der unehelichen Mutter wurden Unterhaltssorgen und die Furcht vor Ächtung genannt.

8 *Hardt / Vollmer* in: Nationalsozialistisches Strafrecht, S. 65.

9 Abgedruckt in: *Schubert / Regge*, Quellen NS-Zeit, Bd. 1.1, S. 1 ff.

10 *Schubert /Regge*, Quellen NS-Zeit, Bd. 1.1 S. XV.

11 *Vormbaum / Rentrop*, Reform des Strafgesetzbuchs, Bd. 1, S. XXV.

12 *Vormbaum / Rentrop*, Reform des Strafgesetzbuchs, Bd. 1, S. XXVI.

13 *Vormbaum / Rentrop*, Reform des Strafgesetzbuchs, Bd. 1, S. XXVI.

14 Mitglieder der Kommission waren *Gürtner* als Vorsitzender, die Justizminister von Preußen und Bayern *Kerrl* und *Frank* als stellvertretende Vorsitzende, zwei Staatssekretäre (*Freisler* und *Schlegelberger*), fünf Vertreter der Praxis (u.a. *Reimer* und *Klee*) und als Vertreter der Hochschulen u.a. *Kohlrausch*, *Nagler*, *Dahm*, *Graf Gleispach*,

20. Sitzung am 16. April 1934 sowie in der 21. Sitzung am 17. April 1934 erörtert. Die Beratungen zur Kindestötung stellten keinen eigenständigen Tagesordnungspunkt dar, sondern waren in die allgemeine Frage der Ausgestaltung der Tötungsdelikte eingebettet.

Die Kommission erörterte bezüglich der Kindestötung in erster Linie die Frage, ob diese als privilegierter Tatbestand überhaupt beibehalten werden sollte.

Graf Gleispach führte im Rahmen seines die Beratungen einleitenden Referates über die Tötungsdelikte zunächst aus, dass der „Kindesmord" als ein besonders milde zu behandelnder Fall der Tötung fast ausnahmslos in der strafrechtlichen Literatur und Gesetzgebung zu finden sei[15]. Allerdings bestehe keine Einigkeit darüber, warum die Kindestötung wesentlich milder bestraft werden solle als andere Tötungen. *Gleispach* selbst ging davon aus, dass sowohl die Eigenschaft des angegriffenen Objekts als auch der außerordentliche Zustand, in welchem sich die Gebärende befinde, maßgebend seien. Allerdings sei für die weitgehende Herabsetzung der Strafe auch eine außerordentliche Lage der Mutter erforderlich. Die verminderte Zurechnungsfähigkeit, die nach Annahmen von Psychiatern nicht bei jeder Gebärenden und auch nur ausnahmsweise hochgradig vorliege, könne auch ohne eigenständigen Tatbestand der Kindestötung mildernd berücksichtigt werden, da sie ein vorübergehender Zustand sei. Auch der Umstand, dass es sich bei dem Tatobjekt um ein Neugeborenes handele, worin „manche Momente" liegen könnten, die die Strafwürdigkeit der Mutter herabsetzten, berechtigte nach Ansicht *Gleispachs* noch nicht, einen besonderen Strafrahmen zur Kindestötung aufzustellen. Eine weitergehende Privilegierung sei erst dann gerechtfertigt, wenn neben die verminderte Zurechnungsfähigkeit der Mutter und den Gründen, die „in dem Neugeborenen selbst gelegen" seien, noch eine besondere Notlage trete. Als eine solche besondere Notlage seien sowohl die seelische Notlage aus Furcht vor Schande als auch eine wirtschaftliche Notlage zu verstehen, die beispielsweise durch die bevorstehende Entlassung bei Entdeckung der Niederkunft eintreten könne. *Gleispach* empfahl in Fällen, die die genannten Voraussetzungen erfüllten, zu einer weitgehenden Milderung der Strafe zu schreiten, um schwerste Strafen mit Sicherheit auszuschließen. Während der Kindesmord allgemein mit einer leichten Strafmilderung versehen werden sollte, wollte

---

Mezger. Die drei letztgenannten Strafrechtswissenschaftler hatten bereits vor ihrer Aufnahme in die Kommission durch Veröffentlichungen bzw. öffentliche Äußerungen ein deutliches Bekenntnis zum Kampf gegen das liberale Strafrecht und für die nationalsozialistischen Vorstellungen abgegeben, vgl. *Marxen*, Kampf gegen das liberale Strafrecht, S. 93.

15 Vgl. Protokoll der 20. Sitzung der Strafrechtskommission am 16. April 1934, abgedruckt in: *Schubert / Regge*, Quellen NS-Zeit, Bd. 2.1, S. 504.

Gleispach die maßgebende Milderung erst dann eintreten lassen, wenn die Mutter in sittlicher oder wirtschaftlicher Notlage gehandelt habe. Die Privilegierung sollte sich nach Ansicht *Gleispachs* auch auf die eheliche Mutter erstrecken, da auch auf diese die von ihm genannten drei Gründe für eine mildere strafrechtliche Behandlung zutreffen könnten. So könne der Vater bereits verstorben sein, wenn das Kind zur Welt komme, die Frau könne ein nicht von ihrem Mann gezeugtes Kind zur Welt bringen oder die eheliche Mutter könne von ihrem Gatten verlassen und infolgedessen in Not sein. In diesen Fällen seien die Motive, die die eheliche Mutter zur Tötung ihres Kindes drängten, fast dieselben wie bei der unehelichen Mutter. Zwar seien Fälle von Kindestötungen durch eheliche Frauen selten, jedoch sei dies kein Grund, die Strafmilderung der verheirateten Frau durch das Gesetz zu verweigern[16].

Mezger schloss sich dem Vorschlag *Gleispachs* an, den Tatbestand des Kindesmordes besonders zu regeln[17]. Es handele sich bei der Kindestötung systematisch um einen allgemein charakterisierten Fall von vorübergehend verminderter Zurechnungsfähigkeit. Es empfehle sich im Allgemeinen, solche „historisch gewordenen besonderen Fälle“ wie die Kindestötung nicht einfach „in den großen Topf der allgemeinen Milderungsgründe“ zu werfen. Zu erwägen sei allerdings, ob nicht dieser generelle Grund einer verminderten Zurechnungsfähigkeit wieder generell aufgewogen werde durch die betonte größere Schutzbedürftigkeit des Kindes, gerade auch in den Fällen unehelicher Geburt. *Mezger* bezeichnete dies als eine konkrete Wertungsfrage ohne „allzu tiefgreifende grundsätzliche Bedeutung“[18].

Nagler kritisierte den von *Gleispach* skizzierten Strafrahmen der Kindestötung dahingehend, dass sich dieser nicht allein auf die verminderte Zurechnungsfähigkeit der Mutter stütze[19]. Es bestehe in der Kommission Einigkeit darüber, dass der Kindesmord tatbestandsmäßig dadurch privilegiert sei, dass sich aus den physiologischen Vorgängen eine besondere Schwächung der psychischen Kräfte der Täterin ergebe. Dies allein sei der entscheidende Faktor, da der Ehrennotstand bei der Beurteilung des Kindesmordes wesentlich zurückgetre-

---

16 Vgl. Protokoll der 20. Sitzung der Strafrechtskommission am 16. April 1934, abgedruckt in: *Schubert / Regge*, Quellen NS-Zeit, Bd. 2.1, S. 504.

17 Vgl. Protokoll der 20. Sitzung der Strafrechtskommission am 16. April 1934, abgedruckt in: *Schubert / Regge*, Quellen NS-Zeit, Bd. 2.1, S. 513.

18 Vgl. Protokoll der 20. Sitzung der Strafrechtskommission am 16. April 1934, abgedruckt in: *Schubert / Regge*, Quellen NS-Zeit, Bd. 2.1, S. 513.

19 Vgl. Protokoll der 20. Sitzung der Strafrechtskommission am 16. April 1934, abgedruckt in: *Schubert / Regge*, Quellen NS-Zeit, Bd. 2.1, S. 524.

ten sei. *Nagler* forderte, einen besonderen Strafrahmen der Kindestötung zu schaffen, der allein unter Bezugnahme auf die verminderte Zurechnungsfähigkeit gerechtfertigt werden könne[20].

Freisler wandte sich im Gegensatz zu *Gleispach*, *Mezger* und *Nagler* entschieden gegen die Beibehaltung privilegierter Tatbestände im Allgemeinen und der Kindestötung im Besonderen, da er diese für „gefährlich" hielt[21]. Das Kind sei die Zukunft des Volkes und stehe „unter dem Schutz des jetzt lebenden, in der Vollkraft seines Lebens befindlichen Geschlechts." Das Kind einer unehelichen Mutter schwebe in einer besonderen Gefahr und dürfe deshalb nicht weniger geschützt werden als andere Kinder. Daraus ergebe sich, dass es nicht berechtigt sei, die Tötung eines Kindes wegen der besonderen Umstände in der Person der unehelichen Mutter besonders zu behandeln. Wenn der Schutz des unehelichen Kindes ebenso stark sein müsse wie der Schutz des ehelichen Kindes, so ergebe sich „ohne weiteres", dass eine besondere gesetzliche Regelung nicht in Frage kommen könne. *Freisler* räumte ein, dass im einzelnen Fall der besondere Zustand der Mutter innerhalb des gesetzlichen, ja sehr weiten Strafrahmens des Totschlags seine Berücksichtigung finden müsse. So könnten mildere Fälle öfter vorkommen, wenn die Mutter unehelich sei, und weniger oft vorkommen, wenn sie ehelich sei. Dies sei aber etwas, was innerhalb des Strafrahmens des Totschlags vom Richter anhand des einzelnen Falles zu beurteilen sei. Der Richter solle einen Hinweis dahingehend bekommen, dass er sich in Fällen von Kindestötungen auf das Minimum des Strafmaßes zubewegen soll. *Freisler* führte aus, dass es ihm aufs höchste gefährlich und nicht wünschenswert erscheine, generell und überhaupt gesetzlich den Schutz des Kindes, sei es auch unmittelbar nach der Geburt, gegenüber dem Schutz anderer Menschen zu verringern[22].

Klee schloss sich *Freisler* an und sprach sich dafür aus, die Kindestötung als privilegierten Tatbestand fallen zu lassen[23]. Er begründete dies unter Verweis auf die historische Entwicklung der Kindestötung, nach der die Tat zunächst besonders schwer bestraft worden sei. In einer Periode, die in der Aufklärungszeit eingesetzt habe und mit der Novelle zum Code Pènal fortgesetzt

20 Vgl. Protokoll der 20. Sitzung der Strafrechtskommission am 16. April 1934, abgedruckt in: *Schubert / Regge*, Quellen NS-Zeit, Bd. 2.1, S. 524.

21 Vgl. Protokoll der 20. Sitzung der Strafrechtskommission am 16. April 1934, abgedruckt in: *Schubert / Regge*, Quellen NS-Zeit, Bd. 2.1, S. 506.

22 Vgl. Protokoll der 20. Sitzung der Strafrechtskommission am 16. April 1934, abgedruckt in: *Schubert / Regge*, Quellen NS-Zeit, Bd. 2.1, S. 507.

23 Vgl. Protokoll der 20. Sitzung der Strafrechtskommission am 16. April 1934, abgedruckt in: *Schubert / Regge*, Quellen NS-Zeit, Bd. 2.1, S. 512.

worden sei, sei dann der Gemütszustand der Mutter als strafmildernd berücksichtigt worden. Nun sei es jedoch nicht mehr notwendig, einen besonderen Tatbestand der Kindestötung aufzustellen, zumal dem Richter die Möglichkeit gegeben sei, bei Tötung auf Gefängnis zu erkennen. Die Kindestötung alternativ als besonderen Tatbestand beizubehalten und nur mit Gefängnis zu ahnden, empfehle sich nicht, da es „nicht wenige rohe, zuchthauswürdige Fälle von Kindestötung" gebe. Eine besondere Privilegierung der Kindesmörderin sei auch vom Standpunkt des Schutzes des Nachwuchses nicht gerechtfertigt[24].

Auch *Dahm* folgte *Freisler* in der Beurteilung der Kindestötung[25]. *Klee* habe bereits auf „die eigenartige Geschichte der Kindestötung, auf den seltsamen Bruch in der geschichtlichen Entwicklung dieses Verbrechens" hingewiesen. Die milder bestrafte Kindestötung sei ein Produkt der Aufklärung. Allerdings habe man damals weniger an den physiologischen Zustand der Mutter gedacht, als an den Ehrennotstand, in dem sich gerade die uneheliche Mutter befinde. Man habe damals das uneheliche Kind „entdeckt", um das sich eine „gewisse Romantik" entwickelt habe. Dieser Romantik verdanke die Privilegierung der Kindestötung ihre Entstehung. Nun sei dieser Privilegierung aber der Boden entzogen[26].

Möbius führte aus, dass die Medizinalverwaltung sehr damit einverstanden sein könne, wenn die Kindestötung aus dem Strafgesetzbuch herausgenommen und nicht besonders betont werde, da es sehr schwierig sei, den Einzelfall zu konstruieren[27]. Allerdings gab *Möbius* zu bedenken, dass eine Frau durch den natürlichen Zustand der Geburt, der im Volksinteresse außerordentlich erwünscht sei, in einen Zustand der akuten verminderten Zurechnungsfähigkeit versetzt werden könne. Werde dieser jedoch nicht berücksichtigt, so sei dies außerordentlich bedenklich. Trotzdem sprach sich *Möbius* in Einklang mit *Freisler*, *Klee* und *Dahm* dafür aus, die Kindestötung als privilegierten Tatbestand entfallen zu lassen, da dies „medizinisch kein Unglück" sei. Der Wegfall der Privilegierung sei vielmehr aus „erbbiologischen, völkischen und sonstigen Gesichtspunkten" sehr erwünscht. Die Menschen sollten sich daran gewöhnen, in einem Kind „etwas so Heiliges" zu sehen, dass sie die Kindestötung genau-

---

24 Vgl. Protokoll der 20. Sitzung der Strafrechtskommission am 16. April 1934, abgedruckt in: *Schubert / Regge*, Quellen NS-Zeit, Bd. 2.1, S. 512.

25 Vgl. Protokoll der 20. Sitzung der Strafrechtskommission am 16. April 1934, abgedruckt in: *Schubert / Regge*, Quellen NS-Zeit, Bd. 2.1, S. 514.

26 Vgl. Protokoll der 20. Sitzung der Strafrechtskommission am 16. April 1934, abgedruckt in: *Schubert / Regge*, Quellen NS-Zeit, Bd. 2.1, S. 514.

27 Vgl. Protokoll der 20. Sitzung der Strafrechtskommission am 16. April 1934, abgedruckt in: *Schubert / Regge*, Quellen NS-Zeit, Bd. 2.1, S. 519.

so beurteilten wie jede andere Tötung, es sei denn, dass „ganz besondere" Verhältnisse vorlägen[28].

Schließlich erklärten auch *Grau*[29] und *Kohlrausch*[30], dass es einer Sonderregelung der Kindestötung im neuen Strafgesetzbuch nicht bedürfe. Während sich *Grau* der Argumentation *Klees* dahingehend anschloss, dass die Zulassung der Gefängnisstrafe beim Totschlag genügend Möglichkeiten schaffe, auch milde Fälle dieser Art ohne weiteres zu erfassen[31], verwies *Kohlrausch* darauf, dass der verminderten Zurechnungsfähigkeit gemäß § 15a Abs. 3[32] genügend Rechnung getragen werden könne[33].

Im Rahmen der Beratungen der Strafrechtskommission zur Abtreibung in der 21. Sitzung am 17. April 1934 griff *Gleispach* den Tatbestand der Kindestötung nochmals auf und warf die Frage auf, welche Bedeutung dem Verhalten des Erzeugers des Kindes zuzumessen sei[34]. *Gleispach* führte aus, dass er es für sinnvoll erachte, wenn man den Kindesmord in eingeschränktem Sinne in das neue Strafgesetzbuch einbringe. Einer der Gründe für eine mildere Behandlung der Kindesmutter könne auch darin liegen, dass der Erzeuger des Kindes die ihm obliegende Pflicht nicht erfülle. Solange die Gesetzgebung diese Pflichtverletzung des Schwängerers straflos lasse, sei die weitgehende Kompensation, die in der geringeren Strafe der Kindesmörderin zu sehen sei, durchaus richtig. *Gleispach* führte weiter aus, den bestehenden Rechtszustand damit jedoch nicht aufrecht erhalten zu wollen. Vielmehr solle der Mann, der die Geschwängerte verlässt, einer Strafandrohung unterworfen werden. *Gleispach*

---

28 Vgl. Protokoll der 20. Sitzung der Strafrechtskommission am 16. April 1934, abgedruckt in: *Schubert / Regge*, Quellen NS-Zeit, Bd. 2.1, S. 519.

29 Vgl. Protokoll der 20. Sitzung der Strafrechtskommission am 16. April 1934, abgedruckt in: *Schubert / Regge*, Quellen NS-Zeit, Bd. 2.1, S. 522.

30 Vgl. Protokoll der 20. Sitzung der Strafrechtskommission am 16. April 1934, abgedruckt in: *Schubert / Regge*, Quellen NS-Zeit, Bd. 2.1, S. 529.

31 Vgl. Protokoll der 20. Sitzung der Strafrechtskommission am 16. April 1934, abgedruckt in: *Schubert / Regge*, Quellen NS-Zeit, Bd. 2.1, S. 522.

32 *Kohlrausch* bezog sich auf § 15a Abs. 3 des Entwurfs eines Allgemeinen Deutschen Strafgesetzbuchs von 1934, in dem die Bestimmungen des Allgemeinen Teils auf Grundlage der Vorschläge der Unterkommissionen der Strafrechtskommission zusammengestellt worden waren, vgl. *Schubert / Regge*, Quellen NS-Zeit, Bd. 1.1 S. 83 ff. § 15a Abs. 3 lautete wie folgt: „Wenn die verminderte Zurechnungsfähigkeit auf einem bloß vorübergehenden Zustand beruht oder wenn es sich um einen Taubstummen handelt, kann die Strafe gemildert werden."

33 Vgl. Protokoll der 20. Sitzung der Strafrechtskommission am 16. April 1934, abgedruckt in: *Schubert / Regge*, Quellen NS-Zeit, Bd. 2.1, S. 529.

34 Vgl. Protokoll der 21. Sitzung der Strafrechtskommission am 17. April 1934, abgedruckt in: *Schubert / Regge*, Quellen NS-Zeit, Bd. 2.1, S. 541.

begründete seine Forderung damit, dass die Hauptschuld in vielen Fällen des Kindesmordes darin zu sehen sei, dass sich der Erzeuger des Kindes von dem Mädchen abwende. Das Mädchen gerate sodann in eine wirtschaftliche Notlage, die sich materiell und häufig auch psychisch auswirke und das Mädchen zur Tötung des Kindes veranlasse. Leiter und Leiterinnen von Mutterberatungsstellen und Schwangerschaftshilfestellen hätten *Gleispach* bestätigt, dass Mädchen ihren Entschluss zur Tötung ihres Kindes oftmals änderten und zu durchaus „braven" Müttern würden, wenn sie sich rechtzeitig an die genannten Stellen wendeten. Geschehe dies nicht, so liege die Schuld beim Manne. Zwar sei es durchaus richtig, dass die Frau im Gegensatz zum kämpfenden Manne die Last der Schwangerschaft zu tragen habe, aber die Fürsorge des Schwängerers für die Geschwängerte und das Kind sei doch auch eine Grundpflicht des gesunden deutschen Volks- und Familienlebens, die gerade in einem nationalsozialistischen Strafgesetzbuch besonders unterstrichen werden sollte[35].

Freisler widersprach *Gleispach* vehement, da dessen Argumentation keine Durchschlagskraft zugesprochen werden könne[36]. Zwar sei es richtig, dass der außereheliche Erzeuger vielfach mitschuldig sei, weil er die geschwängerte Frau im Stich lasse. Jedoch sei eine Entschuldigung mit dem Wortlaut: „Ich tue meine Pflicht nicht, weil ein anderer seine Pflicht auch nicht getan hat!" nicht zu akzeptieren. Wenn man diesem Argument Bedeutung zumesse, so wachse die Bedeutung des Gegenarguments *Freislers*, dass ein Kind dort, wo es besonders gefährdet ist, eines besonderen Schutzes bedürfe. Wenn die Gefährdung des Kindes noch dadurch vergrößert werde, dass die Mutter mit dem Gedanken der Tötung spiele und sich dann noch darauf berufen könne, dass der Vater diesem Kinde gegenüber seine Pflicht nicht tue, dann müsse der Schutz des Kindes erst recht verschärft werden. *Freisler* führte aus, dass eine Bestrafung des Vaters durchaus möglich sei und auch dem sittlichen Empfinden der Mehrheit des Volkes entspräche. Insbesondere das Landvolk halte es für selbstverständlich, den ehelichen Akt „vorwegzunehmen", sehe es aber als nicht sehr ehrenhaft an, wenn „der Bursche das Mädel dann im Stiche" lasse. Allerdings sei eine Bestrafung des Vaters, die „naturgemäß" nicht sehr wesentlich ausfallen würde, nicht geeignet, den notwendigen Schutz des Kindes gegenüber der Mutter oder den Ausfall an Schutz zu ersetzen, der mit dem Vorschlag Gleispachs herbeigeführt werde, die Mutter leichter zu bestrafen. Eine milde Bestrafung des Vaters würde die verlassene Mutter in keinem Fall

---

35 Vgl. Protokoll der 21. Sitzung der Strafrechtskommission am 17. April 1934, abgedruckt in: *Schubert / Regge*, Quellen NS-Zeit, Bd. 2.1, S. 542.

36 Vgl. Protokoll der 21. Sitzung der Strafrechtskommission am 17. April 1934, abgedruckt in: *Schubert / Regge*, Quellen NS-Zeit, Bd. 2.1, S. 543.

davon abhalten, ihr Kind zu töten. Zudem könne die Bestrafung des Vaters auch nicht zur Begründung der milden Bestrafung der Mutter herangezogen werden. *Freisler* vertrat die Ansicht, dass die Kommission einen verfehlten Weg gehen würde, wenn sie von dem abweichen würde, was in der vorangegangenen 20. Sitzung allgemeines Ergebnis der Aussprache gewesen sei, „nämlich die Kindestötung nicht aus dem normalen Rahmen des Totschlags herausfallen zu lassen“[37].

Auch *Klee* widersprach den Ausführungen *Gleispachs* und schloss sich wiederum dem Vorschlag *Freislers* an, die Kindestötung nicht als besonderen Tatbestand hervorzuheben[38]. Es sei nicht richtig, dass Kindestötungen überwiegend geschähen, weil der Erzeuger sich nicht um das Kind kümmere. Die Erfahrungen in der Praxis zeigten, dass der Grund überwiegend in der Furcht vor Schande sowie der Furcht der Tochter vor der Verstoßung durch die Eltern zu suchen sei. Eine Bestrafung des die Mutter verlassenden Erzeugers würde an diesen Motiven nichts ändern[39].

Dem Verlauf und den Ergebnissen der Beratungen der Kommission entsprechend, enthielt der Entwurf eines Allgemeinen Deutschen Strafgesetzbuches von 1933/34[40] schließlich keinen eigenständigen Tatbestand der Kindestötung[41].

Die Ergebnisse erster Lesung wurden in dem „Bericht über die Arbeit der amtlichen Strafrechtskommission“[42] der Öffentlichkeit zugänglich gemacht und entsprechend erläutert. Bezüglich des Wegfalls des „Hilfstatbestandes“ der Kindestötung im neuen Gesetz führte *Gleispach* aus, dass der Tatbestand im

---

37 Vgl. Protokoll der 21. Sitzung der Strafrechtskommission am 17. April 1934, abgedruckt in: *Schubert / Regge*, Quellen NS-Zeit, Bd. 2.1, S. 544.

38 Vgl. Protokoll der 21. Sitzung der Strafrechtskommission am 17. April 1934, abgedruckt in: *Schubert / Regge*, Quellen NS-Zeit, Bd. 2.1, S. 548.

39 Vgl. Protokoll der 21. Sitzung der Strafrechtskommission am 17. April 1934, abgedruckt in: *Schubert / Regge*, Quellen NS-Zeit, Bd. 2.1, S. 548.

40 Entwurf eines Deutschen Strafgesetzbuchs (Entwurf der amtlichen Strafrechtskommission, 1. Lesung 1933/34), abgedruckt in: *Schubert / Regge*, Quellen NS-Zeit, Bd. 1.1, S. 103 ff.

41 Auch der Vorschlag der Unterkommission XII vom 19. April 1934 orientierte sich an den Beratungsergebnissen der Kommission in erster Lesung und sah den Wegfall des Tatbestandes der Kindestötung vor.

42 *Gürtner* (Hrsg.), Das kommende deutsche Strafrecht, Bericht über die Arbeit der amtlichen Strafrechtskommission (1. und 2. Auflage): Kommentator des Abschnitts „Tötung“ war Graf von Gleispach. Die jeweiligen Ausführungen geben den Stand der Beratungen wieder, sind jedoch nicht frei von persönlichen Wertungen des jeweiligen Kommentators.

geltenden Recht dazu diene, die selbst bei Totschlag noch mit fünf Jahren Zuchthaus bestimmte Untergrenze zu senken und bei mildernden Umständen ein Herabgehen auf zwei Jahre zu ermöglichen[43]. Derlei bedürfe es bei der neuen Regelung der vorsätzlichen Tötung[44] nicht mehr. Zudem sei die besonders milde Behandlung der Kindestötung im geltenden Recht nicht ganz ohne Widerspruch geblieben. Zwar seien die Verfechter der Privilegierung in der großen Mehrheit gewesen, jedoch seien diese sich nicht über die Gründe einig gewesen, die für die weitgehende Milde sprechen sollten. Diese Erscheinung habe sich auch im Ausland gezeigt, was zu denken gebe. Bis in das Zeitalter der Aufklärung habe man in der Tötung des Neugeborenen einen erschwerten Fall der Tötung gesehen. In der Tat lägen in dem hohen Wert des Kindes für die Volksgemeinschaft, in seiner völligen Hilflosigkeit und in der völligen Verleugnung der Mutterpflichten durch die Kindesmörderin so gewichtige Gründe für einen starken Schutz des Neugeborenen und eine nachdrückliche Verurteilung der Täterin, dass das „Strafgesetzbuch des neuen Reiches" nicht gerade diesen Fall als einen milde zu behandelnden Fall hervorheben könne. Es dürfe nicht der Anschein erweckt werden, dass das Leben des Neugeborenen von minderem Wert sei oder der Typus der Kindesmörderin im Lichte „Gounodscher Verklärung Margarethens" gesehen werde. Dieser Standpunkt schließe nicht aus, bei der Strafzumessung im Einzelfall gegebenenfalls zu berücksichtigen, dass sich die Einwirkungen des Geburtsvorganges auf die Psyche der Täterin vorübergehend bis in den Zustand verminderter Zurechnungsfähigkeit steigern könnten oder die Täterin, vom Erzeuger des Kindes verlassen, von schwerer Notlage oder Schande bedroht sein könne. Der Strafrahmen des Totschlags biete ausreichend Möglichkeit dafür, in solchen Fällen mit der Strafe herabzugehen, gleichzeitig aber auch den hohen Wert des angegriffenen Rechtsgutes zu wahren. Die Ablehnung eines Sondertatbestandes der Kindestötung könne zudem darauf gestützt werden, dass verminderte Zurechnungsfähigkeit selbst in Verbindung mit den Beweggründen von Not und Schande nicht gerade nur bei der Kindestötung vorkomme und dass vom Standpunkt einer „richtigen Moral" gerade bei der Kindesmörderin der Beweggrund der Schande nur in beschränktem Umfang anerkannt werden könne. Viele Kindestötungen würden unterbleiben, wenn der Erzeuger des Kindes seine Pflichten gegenüber Mutter und Kind erfüllte. Diese Erkenntnis solle nicht zu besonders weitgehender Milde gegenüber der Kindesmörderin, son-

43 *Gleispach*, in: Gürtner, Das kommende deutsche Strafrecht (1. Auflage), S. 259.

44 § 274 Abs. 3 des Entwurfs 1. Lesung 1933/34: „In allen übrigen Fällen wird der Täter als Totschläger mit Zuchthaus oder mit Gefängnis nicht unter sechs Monaten bestraft." Vgl. *Schubert* / *Regge*, Quellen NS-Zeit, Bd. 1.1, S. 133.

dern dazu führen, das Pflichtbewusstsein der Erzeuger von Kindern durch Erziehung und auch durch eine neue, gegen das Verlassen Schwangerer gerichtete Strafdrohung zu stärken[45].

Die Einführung eines Tatbestandes des Verlassens Schwangerer erörterte die Kommission auf Antrag *Gleispachs*[46] in ihrer 44. Sitzung am 17. September 1934. *Gleispach* beabsichtigte, den Tatbestand an die Kindestötung anzuschließen, da die Verletzung der „natürlichen Pflichten" mit Strafe bedroht werden sollte, um das Leben des Kindes zu schützen[47]. Der Kommission erschien es jedoch richtiger, den Tatbestand[48] systematisch dem Vierten Titel „Angriffe auf Ehe und Familie" des Entwurfs 1933/34 zuzuordnen, da der Tatbestand dem „Schutz der Mutterschaft" diene[49]. Man war der Auffassung, dass die Vorschrift eine der elementarsten sittlichen Pflichten mit dem angemessenen strafrechtlichen Schutz ausstatte und damit dem Sühnebedürfnis des „gesunden Volksempfindens" Rechnung trage. Zugleich lege der Tatbestand Zeugnis ab von dem „Streben des Entwurfs nach Vertiefung und Verinnerlichung des Strafrechts"[50].

Aufgrund des Wegfalls des Tatbestandes der Kindestötung im Entwurf 1933/34 (1. Lesung) fand dieser auch im Rahmen der Beratungen in zweiter Lesung keine Berücksichtigung mehr.

D) Die nachfolgenden Entwürfe[51]

Die nachfolgenden Entwürfe brachten zur Kindestötung keine Veränderungen mehr. An dem bereits im Entwurf von 1933/34 beschlossenen Wegfall des Tatbestandes wurde auch in den späteren Entwürfen der nationalsozialistischen

---

45 *Gleispach*, in: Gürtner, Das kommende deutsche Strafrecht (1. Auflage) S. 260.

46 Antrag Nr. 76 vom 5. August 1934, abgedruckt in: *Schubert / Regge*, Quellen NS-Zeit, Bd. 2.2, S. 780.

47 Vgl. Protokoll der 44. Sitzung der Strafrechtskommission am 17. September 1934, abgedruckt in: *Schubert / Regge*, Quellen NS-Zeit, Bd. 2.2, S. 474.

48 § 68 (Verlassen Schwangerer) des Entwurfs 1933/34: „Wer gewissenlos einer von ihm geschwängerten Frau Hilfe oder Beistand versagt, deren sie infolge der Schwangerschaft oder der Niederkunft bedarf, und dadurch eine unmittelbar schwere Gefahr für Mutter oder Kind herbeiführt, wird mit Gefängnis bestraft." Vgl. *Schubert / Regge*, Quellen NS-Zeiz, Bd. 1.1, S. 111. Mit kleinen redaktionellen Überarbeitungen wurde der Tatbestand später auch in § 197 des Entwurfs von 1936 übernommen. Vgl. *Schubert / Regge*, Quellen NS-Zeit, Bd. 1.1, S. 435.

49 *Lorenz*, in: Gürtner, Das kommende deutsche Strafrecht (1. Auflage), S. 112.

50 Begründung zum Entwurf von 1936, abgedruckt in: *Schubert / Regge*, Quellen NS-Zeit, 1.2, S. 141.

51 Übersicht über die einzelnen Entwürfe bei *Schubert*, Quellen NS-Zeit, Bd. 1.1, S. XV–XVII.

Zeit festgehalten, so dass die Kindestötung gemäß den Vorschriften zu Mord und Totschlag behandelt werden sollte.

Hitler ließ Reichsjustizminister *Gürtner* am 18. Dezember 1939 mitteilen, dass die Verabschiedung des Deutschen Strafgesetzbuches im Wege der ordentlichen Gesetzgebung erfolgen müsse und er zudem Zweifel habe, ob der Zeitpunkt für das neue Strafgesetz schon gegeben sei[52]. Somit kam es nicht zu von *Gürtner* geplanten Beratungen des Entwurfs eines Deutschen Strafgesetzbuches von 1939 im Ministerrat für die Reichsverteidigung. Damit war die Strafrechtsreform des Dritten Reiches an der Abneigung *Hitlers* gescheitert, während des Krieges grundlegende Gesetze zu erlassen, da auch in der Folgezeit keine relevanten Arbeiten zur Strafrechtsreform mehr erfolgten. Die Ausweitung des Krieges mit den Westmächten zum Zweiten Weltkrieg, die vollständige militärische Niederlage Deutschlands und die damit verbundene Befreiung vom Staatsterror der NS-Machthaber beendeten schließlich den Versuch einer vollständigen Reform des Strafrechts im nationalsozialistischen Sinne[53].

---

52 *Vormbaum / Rentrop*, Reform des Strafgesetzbuchs, Bd. 1, S. XXXI.

53 *Vormbaum / Rentrop*, Reform des Strafgesetzbuchs, Bd. 1, S. XXXI.

Achtes Kapitel.
Reformdiskussion und Gesetzgebung nach 1945

Nach dem Ende des Zweiten Weltkrieges übernahmen zunächst die vier Besatzungsmächte die Regierungsgewalt in Deutschland. Dem am 8. August gegründeten Alliierten Kontrollrat oblag es als einzigem Gemeinschaftsorgan der Alliierten, Entscheidungen zu treffen, die Deutschland als Ganzes betrafen[1]. Ziel des Gesetzgebungsprogramms des Kontrollrates war die Befreiung der deutschen Rechtsordnung von ihrer nationalsozialistischen Prägung[2]. Von Bedeutung für das Strafrecht war in erster Linie das Kontrollratsgesetz Nr. 11, durch das unter anderem einige Vorschriften in ihrer damaligen Fassung aufgehoben wurden[3]. Der Tatbestand der Kindestötung blieb von den Regelungen des Kontrollratsgesetzes unberührt.

A) Gesetzgebung der fünfziger Jahre

Zu Beginn der fünfziger Jahre wurden die Arbeiten an der Strafrechtsreform vom Bundesministerium der Justiz fortgesetzt. Dringende Reformarbeiten sollten zunächst im Wege der Novellengesetzgebung erledigt werden[4]. So kam es am 30. August 1951 zur Verkündung des Ersten Strafrechtsänderungsgesetzes[5]. Das Zweite Strafrechtsänderungsgesetz[6] vom 6. März 1953 diente der Modifizierung oder Abschaffung derjenigen Bestimmungen, die aus der nationalsozialistischen Gesetzgebung hervorgegangen waren und die in dieser Form nicht beibehalten werden konnten[7]. Beide Änderungsgesetze waren für den Tatbestand der Kindestötung irrelevant.

Erst das Dritte Strafrechtsänderungsgesetz vom 4. August 1953[8] führte dazu, dass Absatz 2 des Tatbestandes der Kindestötung folgende Fassung erhielt:

> „§ 217 Abs. 2 (Kindestötung):
> (2) Sind mildernde Umstände vorhanden, so ist die Strafe Gefängnis nicht unter sechs Monaten.“

---

1 *Große-Vehne*, Tötung auf Verlangen, S. 164.

2 *Welp*, Strafgesetzbuch der Nachkriegszeit (1945-1953) in *Vormbaum / Welp*, Das Strafgesetzbuch. Sammlung der Änderungsgesetze und Neubekanntmachungen. Supplementband I: 130 Jahre Strafgesetzgebung. Eine Bilanz. Berlin 2004, S. 139, 141 f.

3 Abgedruckt in: *Vormbaum / Welp*, Strafgesetzbuch, Bd. 1, Nr. 58, S. 369 ff.

4 *Rentrop*, Untreue, S. 167.

5 Abgedruckt in: *Vormbaum / Welp*, Strafgesetzbuch, Bd. 1, Nr. 61, S. 376 ff.

6 Abgedruckt in: *Vormbaum / Welp*, Strafgesetzbuch, Bd. 1, Nr. 64, S. 398 ff.

7 *Rentrop*, Untreue, S. 167.

8 Abgedruckt in: *Vormbaum / Welp*, Strafgesetzbuch, Bd. 1, Nr. 65, S. 400 ff.

Zur Begründung der Senkung des Mindeststrafmaßes verwies man auf *von Liszt*, der in der Vergleichenden Darstellung des deutschen und ausländischen Strafrechts bereits erläutert habe, dass das bisherige Mindeststrafmaß der Kindestötung von zwei Jahren gegenüber dem Mindeststrafmaß des gemeinen Totschlags von sechs Monaten einen Redaktionsfehler darstelle, der abgeändert werden müsse. Seit den Ausführungen *von Liszts* sei immer wieder versucht worden, den Tatbestand des § 213 (Totschlag) auch in Fällen der Kindestötung für anwendbar zu erklären. Allerdings sei auch darauf verwiesen worden, dass sich § 217 auf einen eng umgrenzten Sachverhalt beziehe, der zwar regelmäßig Milderungsgründe, aber in der Tötung des eigenen Kindes auch einen besonderen Erschwerungsgrund aufweise. In Relation zu den Tatbeständen des Mordes und des Totschlags, die Sachverhalte verschiedenster Art und Schwere umfassten, lasse sich so eine geringere Höchststrafe, aber auch eine höhere Mindeststrafe der Kindestötung rechtfertigen. Trotzdem führe der bisherige Rechtszustand zu Ungerechtigkeiten, da man Gerichten nicht verwehren könne, gegenüber Müttern, die ihr eheliches Kind in oder gleich nach der Geburt oder ihr uneheliches nach Abklingen der Geburtserregung töten und somit wegen Totschlages zu verurteilen sind, in besonders milden Fällen das bisherige Mindeststrafmaß der Kindestötung von zwei Jahren Gefängnis zu unterschreiten. Auch frühere Entwürfe eines deutschen Strafgesetzbuches hätten übereinstimmend mildere Auffassungen vertreten. So habe der Entwurf von 1919 eine Mindeststrafe von drei Monaten vorgesehen, während die Entwürfe von 1909, 1913, 1925, 1927 und 1930 Strafen von mindestens sechs Monaten vorgeschlagen hätten. *Radbruch* habe in seinem Entwurf von 1922 sogar nur Gefängnis ohne genaue Bestimmung eines Mindeststrafmaßes vorgesehen, während selbst der nationalsozialistische Entwurf von 1936 die Möglichkeit eröffnet habe, über die Regelungen des Totschlags auf sechs Monate Gefängnis herunterzugehen. Schließlich drohe auch das Schweizerische Strafgesetzbuch in Art. 116 lediglich sechs Monate Gefängnis als Mindeststrafe an. In diesem Sinne setze auch das Dritte Strafrechtsänderungsgesetz die Mindeststrafe fest, wodurch zugleich eine Übereinstimmung mit den §§ 213 und 216 (Tötung auf Verlangen) geschaffen werde.

Alternativ hatte man erwogen, die Mindeststrafe in § 217 auf ein Jahr Gefängnis herabzusetzen und § 213 dahingehend zu ändern, dass die untere Grenze von 6 Monaten nur in dort besonders zu benennenden Minderungsfällen bestehen bleiben sollte[9]. Für Fälle, in denen „andere mildernde Unstände vorhanden“ seien, sollte die Mindeststrafe auf ein Jahr angehoben werden.

9 Schreiben des Oberregierungsrats *Dr. Dreher* an Rechtsrat *Holdegel* vom 7. November 1952, in: BA-Koblenz: B 141/003086 Bl. 129.

Diese Lösung, die dem für das materielle Strafrecht im Justizministerium zuständigen Oberregierungsrat *Dr. Dreher* „an sich sympathisch gewesen wäre", sei jedoch „zu sehr als echte Reform empfunden und deshalb für das Bereinigungsgesetz abgelehnt worden"[10].

Der Regierungsentwurf zum Dritten Strafrechtsänderungsgesetz wurde dem Bundesrat am 11. Juli 1952 zugeleitet[11]. Dieser leitete den Entwurf, versehen mit einer Vielzahl von Änderungsvorschlägen, am 29. Mai 1953 an den Bundestag weiter[12]. Der Bundestag verwies das Gesetz in erster Lesung an den Rechtsausschuss, beriet selbst nach Abschluss der im Rechtsausschuss durchgeführten Beratungen den Entwurf in zweiter und dritter Lesung, beschloss auf diesem Wege zahlreiche Veränderungen und verabschiedete den Entwurf sodann mit großer Mehrheit[13]. Nachdem der Bundesrat wegen einiger Änderungen den Vermittlungsausschuss angerufen hatte, stimmten schließlich beide Häuser dem Votum des Ausschusses am 3. Juli 1953 zu[14].

B) Beratungen der Großen Strafrechtskommission ab 1954 und der Entwurf von 1962

Im Anschluss an die Novellierungen entschied man sich im Jahre 1953, die Reform des Strafrechts im Ganzen wieder aufzunehmen[15].

I. Gutachten der Strafrechtslehrer

Zur Vorbereitung der Reformarbeiten erteilte das Bundesjustizministerium führenden Strafrechtslehrern den Auftrag, Gutachten zu grundsätzlichen Fragen der Strafrechtserneuerung zu erstellen. Das Gutachten zur Kindestötung erstellte *Horst Schröder* im Rahmen seiner Ausführungen zur künftigen Gestaltung der Tötungsdelikte[16].

Schröder hielt den Tatbestand der Kindestötung im Verhältnis zu den §§ 211 ff. und bezüglich seiner Rolle als privilegierender Umstand für problematisch und umstritten. Solange innerhalb der vorsätzlichen Tötung zwei Grundformen als Mord und Totschlag unterschieden würden, ergebe sich stets die Frage, ob sich

---

10 Schreiben des Oberregierungsrats *Dr. Dreher* an Rechtsrat *Holdegel* vom 7. November 1952, in: BA-Koblenz: B 141/003086 Bl. 129.

11 BR-Drs. 287/52.

12 BT-Drs. I/3713.

13 1. Lesung: Sten. Ber. 1952, S. 10869; mdl. Bericht des Rechtsausschusses und Synopse mit Regierungsentwurf: BT-Drs. I/4250; 2. Lesung: Sten Ber. 1953, S. 12992 ff.; 3. Lesung: Sten. Ber. 1953, S. 13264 ff., 13276.

14 Bundestag: Sten. Ber. 1953, S. 14072 ff.; Bundesrat: Sten. Ber. 1953, S. 352; vgl. *Rentrop*, Untreue, S. 168.

15 Vgl. Begründung zum Entwurf von 1960, S. 91: „Notwendigkeit einer großen Reform".

16 *Schröder*, Die künftige Gestaltung der Tötungsdelikte, abgedruckt in: Materialien zur Strafrechtsreform, Bd. 1, S. 283 ff.

die Kindestötung als Spezialgesetz gegenüber beiden darstelle oder ob die unter § 217 zu subsumierenden Fälle einer Qualifikation als Mord oder Totschlag zugänglich seien. Der zweite Fall hätte zur Folge, dass § 217 nur Anwendung finden könne, wenn „an sich" Totschlag vorliege[17]. Trotzdem sei die Existenz des Delikts der Kindestötung de lege ferenda niemals zweifelhaft gewesen, so dass alle Entwürfe eines Strafgesetzbuches eine entsprechende Bestimmung enthalten hätten[18].

Hinsichtlich der Ausgestaltung der Tatbestandsvoraussetzungen der Kindestötung ergaben sich nach Ansicht *Schröders* nur wenige Problemstellungen. Die wichtigste Frage sei dahingehend zu stellen, ob in den Tatbestand der Kindestötung auch die Tötung ehelicher Kinder einzubeziehen sei[19]. Die Entwürfe eines Strafgesetzbuches bis 1919 hätten den Tatbestand auf uneheliche Kinder beschränkt, während die Entwürfe ab 1925 die Tötung ehelicher Kinder miteinbezogen hätten. Ein Vergleich mit Strafgesetzen außerhalb Deutschlands zeige, dass auch diese überwiegend die Tötung ehelicher Kinder im Tatbestand der Kindestötung erfassten, wenngleich zum Teil mit einer Modifizierung der Strafandrohung. *Schröder* verwies jedoch darauf, dass die kriminalpolitische Situation in Fällen der Tötung ehelicher und unehelicher Kinder sehr verschieden sei. Übereinstimmend sei der besondere psychologische und physiologische Zustand, in dem sich die Mutter infolge des Geburtsvorganges befinde und der sicherlich strafmildernd zu berücksichtigen sei. Bei der unehelichen Mutter komme aber ein starker Anreiz hinzu, der in der Unehelichkeit des Kindes und den damit verbundenen „Schwierigkeiten mannigfacher Art" liegen könne. Dies spreche dafür, die Tötung des unehelichen Kindes als „etwas strafrechtlich Besonderes herauszuheben" und die Tötung des ehelichen Kindes nicht in den Tatbestand der Kindestötung einzubeziehen, sondern dem geltenden Recht entsprechend der allgemeinen Strafzumessung des Grunddelikts zu überlassen[20]. Abzuraten war nach Ansicht *Schröders* auch von der Ausdehnung der Privilegierung auf nächste Angehörige der Mutter, wie beispielsweise deren Eltern und deren Ehemann, die als Täterkreis der Tötung eines unehelichen Kindes grundsätzlich denkbar seien. Eine solche Erweiterung nehme dem Tatbestand seine Eigenschaft als eine begrenzte Sondernorm. Hierzu bestehe auch kein Bedürfnis, wenn die allge-

---

17 *Schröder*, Die künftige Gestaltung der Tötungsdelikte, S. 290.

18 Dies ist bezüglich der Entwürfe eines nationalsozialistischen Strafgesetzbuchs der Jahre 1933/34 bis 1939 nicht zutreffend. Diese Entwürfe enthielten keinen eigenständigen Tatbestand der Kindestötung. Vgl. Siebtes Kapitel, D).

19 *Schröder*, Die künftige Gestaltung der Tötungsdelikte, S. 290.

20 *Schröder*, Die künftige Gestaltung der Tötungsdelikte, S. 290.

meinen Bestimmungen über vorsätzliche Tötung eine ausreichende Möglichkeit der Differenzierung der Strafen bieten würden, was de lege lata der Fall sei[21].

Des weiteren könne die Frage aufgeworfen werden, ob die privilegierenden Tatumstände, wie die Unehelichkeit des Kindes und der Zeitpunkt der Tat in oder gleich nach der Geburt, weiterhin rein objektiv bestimmt werden sollten, so dass die reine Schuldmodifikation durch objektive Umstände festgelegt werde[22]. Alternativ könne der Versuch unternommen werden, die psychologische Situation der Täterin zu definieren und so zu einer vom Richter im Einzelfall festzustellenden subjektiven Tatbestandsvoraussetzung zu machen. Die Formulierung „in oder gleich nach der Geburt" bezeichne zweifelsfrei den Zeitraum, in dem die Mutter unter der Wirkung des Geburtsvorganges stehe. Eine subjektive Formulierung könne diesbezüglich nur dazu dienen, solche Fälle auszuschließen, in denen die Täterin zwar unmittelbar nach der Geburt, jedoch ausnahmsweise ohne den normalen Erregungs- und Schwächezustand gehandelt habe. Diese – wenn überhaupt – seltenen Fälle stellten jedoch keinen ausreichenden Grund dar, von der präziseren und praktikableren Formulierung des geltenden Rechts abzugehen[23]. Fraglich sei hingegen, ob das durch die Unehelichkeit des Kindes gekennzeichnete Motiv, das unzweifelhaft den wesentlichen Milderungsumstand des § 217 bilde, auch als solches in den Tatbestand aufgenommen werden solle. Eine solche Aufnahme des Motivs in den Tatbestand führe dazu, dass die Fälle des Irrtums über die Unehelichkeit des Kindes zum Teil entfielen. Eine objektive Unehelichkeit des Kindes, von der die Täterin nichts wisse, ließe das privilegierte Motiv entfallen, so dass eine Anwendung von § 217 nicht in Frage komme. Werde das eheliche Kind hingegen irrtümlich für unehelich gehalten, so würde die Aufnahme des Motivs als Tatbestandsmerkmal die Argumentation stärken, auch hier den Tatbestand der Kindestötung anzuwenden. *Schröder* sprach sich daher für die Aufnahme eines Motivs der Täterin in den Tatbestand aus[24].

Besonderes Augenmerk legte *Schröder* auf die Strafandrohung der Kindestötung, deren Mindest- und Höchstsätze genau zu prüfen seien, um die Kindestötung in ein angemessenes Verhältnis zu den allgemeinen Tötungsdelikten zu setzen[25]. Das Dritte Strafrechtsänderungsgesetz habe diesbezüglich bereits

21 *Schröder*, Die künftige Gestaltung der Tötungsdelikte, S. 291.

22 *Schröder*, Die künftige Gestaltung der Tötungsdelikte, S. 291.

23 *Schröder*, Die künftige Gestaltung der Tötungsdelikte, S. 291.

24 *Schröder*, Die künftige Gestaltung der Tötungsdelikte, S. 291.

25 *Schröder*, Die künftige Gestaltung der Tötungsdelikte, S. 291.

einen grundlegenden Wandel geschaffen, indem es dem Richter ermöglichte, die Strafe für Kindestötung bei Vorliegen mildernder Umstände auf bis zu sechs Monate Gefängnis zu ermäßigen. Hiermit seien die Mindeststrafen der §§ 217 und 213 zutreffend angeglichen worden. Fraglich sei jedoch, ob die Strafandrohung der Kindestötung im neuen Strafrecht nicht einer weiteren Überarbeitung bedürfe. Gegen § 217 in seiner bisherigen Fassung spreche, dass er keine eigentliche Aufgabe besitze. *Schröder* begründete dies damit, dass sich das Strafmaß der Kindestötung nicht deutlich genug von den Strafandrohungen der übrigen Tötungsdelikte abgrenze. Es sei daher zu überlegen, den Fall der Kindestötung als wirkliche Privilegierung auszugestalten und zum Vergehen zu machen, so wie es bereits in den strafrechtlichen Entwürfen seit 1925 vorgesehen worden sei. Sollte eine so radikale Herabwertung des Delikts zum Vergehen auf zu große Bedenken stoßen, so müsse zumindest das Strafmaß der Kindestötung von „Zuchthaus nicht unter 3 Jahren" auf „Zuchthaus schlechthin" oder auf „Zuchthaus bis zu 10 Jahren" geändert werden[26].

Auf Grundlage seiner Erwägungen schlug Schröder schließlich folgende Fassung des Tatbestandes der Kindestötung vor:

> „Eine Mutter, die ihr uneheliches Kind in oder gleich nach der Geburt aus Furcht vor Schande, aus Not oder ähnlichen Beweggründen vorsätzlich tötet, wird mit Gefängnis nicht unter sechs Monaten bestraft.
>
> In besonders schweren Fällen ist die Strafe Zuchthaus."[27]

II. Die Kindestötung in der rechtsvergleichenden Darstellung

Neben den Gutachten der Strafrechtslehrer gab das Bundesjustizministerium auch rechtsvergleichende Arbeiten zu allen wesentlichen Themen des Allgemeinen und Besonderen Teils in Auftrag. Den Rechtsvergleich zur Kindestötung erstellte *König* im Rahmen seiner Ausführungen zu den Tötungsdelikten[28].

König führte aus, dass die Kindestötung aufgrund der besonderen Schutzlosigkeit des Opfers in alten Rechten als ein besonders verwerfliches Verbrechen gegolten und zu den schweren Arten der Tötung gezählt habe. Nunmehr werde das Delikt beinahe ausnahmslos als leichtere Form der vorsätzlichen Tötung angesehen, was auf die Verlagerung des Schwerpunkts bei der Beurteilung der Tat vom Opfer auf den Täter und der Berücksichtigung seiner besonderen

---

26 *Schröder*, Die künftige Gestaltung der Tötungsdelikte, S. 292.

27 *Schröder*, Die künftige Gestaltung der Tötungsdelikte, S. 293.

28 *König*, Die Tötungsdelikte, abgedruckt in: Materialien zur Strafrechtsreform, Bd. II, Besonderer Teil, S. 209 ff.

Beweggründe und seines Zustandes zurückzuführen sei[29]. Hinsichtlich der Begründung der geringeren Strafwürdigkeit des Täters sei zwischen den romanischen und nordischen Rechten zu unterscheiden. Die romanischen Rechte erblickten den die Schuld des Täters mildernden Umstand allein in dessen Bestreben, die Geburt zu verheimlichen, um sich so vor Schande zu bewahren und seine oder seiner Angehörigen Ehre zu retten. Dem Täter würde somit ein Ehrennotstand zugebilligt, den auch andere Täter, insbesondere Angehörige der Mutter, für sich in Anspruch nehmen könnten. Im Gegensatz dazu gewährten die nordischen Rechte die Privilegierung nur der Kindesmutter selbst und begründeten deren geringe Strafbarkeit vor allem mit der durch den Geburtsakt bei ihr hervorgerufenen psychischen Störung und der damit verbundenen Lähmung ihrer Willenskraft. Die äußeren Beweggründe der Täterin träten demgegenüber in den Hintergrund. Diese unterschiedliche Rechtfertigung der Privilegierung führte nach Ansicht *Königs* zum Teil zu erheblichen Abweichungen in Einzelfragen der Kindestötung[30].

So nähmen die Rechtsordnungen zur Frage der Ehelichkeit oder Unehelichkeit des Kindes verschiedene Stellungen ein[31]. Eine ausdrückliche Beschränkung des Tatbestandes auf die Tötung unehelicher Kinder enthielten nur die Strafgesetze Norwegens und Rumäniens, während sich die gleiche Beschränkung in den Gesetzen Italiens, Belgiens und Luxemburgs aus dem Umstand ergebe, dass diese als eigentlichen Grund für die Schuldmilderung das Bestreben des Täters ansähen, die Geschlechtsehre zu retten. Gleiches gelte für das spanische Recht, das voraussetze, dass der Täter die Tötung zwecks Verbergung der Unehre der Gebärenden begehe. Die Gleichstellung des ehelichen Kindes mit dem unehelichen Kind finde sich ausdrücklich im österreichischen Strafgesetzbuch, während sich die Gleichbehandlung in den Strafgesetzen der Schweiz, Frankreichs, Englands und den Niederlanden nach Ansicht der Lehre aus dem Privilegierungsgrund ergebe[32].

Auch hinsichtlich der Frage, welcher Täter in den Genuss der Privilegierung gelangen könne, herrschten nach Darstellung *Königs* unterschiedliche Auffassungen, die wiederum auf die verschiedenartigen Anschauungen über den Charakter des Delikts zurückzuführen seien[33]. So komme in den Ländern des angelsächsischen und des deutschen Rechtskreises als Täterin einer Kindestö-

---

29 *König*, Die Tötungsdelikte, S. 215.

30 *König*, Die Tötungsdelikte, S. 215.

31 *König*, Die Tötungsdelikte, S. 215.

32 *König*, Die Tötungsdelikte, S. 216.

33 *König*, Die Tötungsdelikte, S. 216.

tung nur die Kindesmutter selbst in Betracht, die „unter dem Einfluß einer durch den Geburtsvorgang hervorgerufenen Störung steht". Zudem bleibe die Anwendung des Tatbestandes auch in Griechenland, Belgien, Luxemburg und Brasilien auf die Kindesmutter beschränkt. In den übrigen romanischen Rechten erstrecke sich die Privilegierung hingegen auf die Angehörigen der Kindesmutter, da auch diese zur Rettung der Familien- oder Geschlechtsehre handeln könnten. *König* benannte Spanien, Costa Rica, Uruguay, Venezuela, Argentinien und Chile, die in unterschiedlicher Ausprägung die Geschwister, Eltern und andere Aszendenten der Kindesmutter als mögliche Täter akzeptierten. Auch das italienische Strafgesetz beziehe in den Kreis möglicher Täter und Teilnehmer alle „nahen Angehörigen" mit ein, während der französische Code Pénal ohne weitere Voraussetzung jeden als Täter einer Kindestötung ansehe, der ein neugeborenes Kind töte. Der Code Pénal betrachte als einziges Merkmal der Unterscheidung der Kindestötung von den übrigen Arten der vorsätzlichen Tötung die Frage, ob das Opfer der Tat ein „neugeborenes Kind" sei, und hebe im übrigen nicht auf besondere Beweggründe oder Absichten des Täters oder eine verwandtschaftliche Beziehung zum Getöteten ab[34].

Ebenfalls als Folge der voneinander abweichenden Begründungen, die für die Privilegierung der Kindestötung gegenüber dem Grunddelikt angeführt werden, und abhängig von diesen, werde auch die Frage nach dem Zeitraum beantwortet, innerhalb dessen die Tötung eines Neugeborenen erfolgt sein muss, um als Kindestötung angesehen zu werden[35]. Dänemark, die Schweiz, Griechenland, die Tschechoslowakei, die Niederlande, Belgien, Luxemburg, Italien und Brasilien verlangten als Länder, die in der Kindestötung eine allein bei der Kindesmutter geringer zu bestrafende Form der vorsätzlichen Tötung sähen und diese mildere Behandlung der Kindesmutter mit der bei ihr durch den Geburtsakt hervorgerufenen psychischen Störung begründeten, dass die Tötung „während oder gleich nach der Geburt" erfolgt sein müsse, um die Anwendung der Strafmilderung zu rechtfertigen. Auch das jugoslawische Recht fordere die Durchführung der Tat „solange die durch die Geburt hervorgerufene Störung" andauere[36]. Anders dagegen die romanischen Rechte, die den Grund für die geringere Strafbarkeit des Täters in dessen Bestreben sehen, durch die Tötung des Neugeborenen die zumeist uneheliche Geburt zu verheimlichen, um so seine Ehre oder die Ehre seiner Angehörigen zu retten. Da eine solche Verheimlichung der Geburt voraussetze, dass diese noch nicht nach außen bekannt geworden ist, und den Gerichten die Beweisführung zu

---

34 *König*, Die Tötungsdelikte, S. 216.

35 *König*, Die Tötungsdelikte, S. 216.

36 *König*, Die Tötungsdelikte, S. 217.

dieser Frage oft große Schwierigkeiten bereite, ergebe sich für die romanischen Rechte die Notwendigkeit, eine zeitliche Grenze zu setzen, von der ab die Tötung eines Neugeborenen als gemeine Tötung zu gelten habe. Die französische Lehre habe diese Grenze dahingehend definiert, dass die Geburt unabhängig von der tatsächlichen Sachlage spätestens zu dem Zeitpunkt als bekannt zu erachten sei, in dem sie bei regelmäßigem Verlauf der Dinge bekannt werden müsse. Dies sei in Frankreich nach Ablauf der vom Code Civil vorgesehenen Frist der Fall, innerhalb derer die Kindesmutter die Geburt vor der zuständigen Behörde anzeigen müsse. Die meisten anderen Länder des romanischen Rechtskreises seien dem Beispiel Frankreichs gefolgt. So verlangten die Gesetze Rumäniens und Venezuelas, dass die Kindestötung „innerhalb der Frist für die Anmeldung bei Geburt" erfolgen müsse. In Costa Rica und Uruguay müsse die Tat binnen drei, in Chile binnen zwei Tagen nach der Geburt verübt worden sein[37].

Da die ibero-amerikanischen und südromanischen Rechte die geringere Strafbarkeit des Täters einer Kindestötung mit dessen der Tat zugrunde liegenden besonderen Beweggründen rechtfertigten[38], habe sich für diese Rechte die Notwendigkeit ergeben, die Strafmilderung vom tatsächlichen Vorhandensein dieser Beweggründe abhängig zu machen[39]. So verlangten beispielsweise die Strafgesetze Spaniens, Costa Ricas und Argentiniens neben dem Vorsatz zur Erfüllung des subjektiven Tatbestandes, dass der Täter „zum Zwecke der Verbergung seiner oder der Kindesmutter Unehre" gehandelt habe. In Italien und Uruguay müsse der Täter von dem Wunsch geleitet werden, durch die Tat „seine eigene oder die Ehre eines nahen Angehörigen" zu retten[40].

Qualifizierungen der Kindestötung fanden sich nach Darlegung *Königs* lediglich in den Strafgesetzen von Belgien, Luxemburg, den Niederlanden und Norwegen[41]. Das norwegische Strafgesetzbuch ahnde den Rückfall oder das Vorliegen besonders erschwerender Umstände mit Gefängnis bis zu 12 Jahren[42]. In den übrigen genannten Ländern handele es sich um Kindesmord, wenn die Täterin mit Vorbedacht gehandelt habe. Dieser werde in Relation zum Kindestotschlag mit höheren Strafen sanktioniert. Der französische Code

---

37 *König*, Die Tötungsdelikte, S. 217.

38 *König* nannte beispielsweise die Furcht vor Schande und die Wahrung der Geschlechtsehre.

39 *König*, Die Tötungsdelikte, S. 217.

40 *König*, Die Tötungsdelikte, S. 217.

41 *König*, Die Tötungsdelikte, S. 218.

42 Für den Regelfall sah das norwegische Recht Gefängnis von 1 bis zu 8 Jahren vor.

Pénal bezeichne zwar auch nach der Neufassung des Art. 300 im Jahre 1901 die Kindestötung immer noch als den „Totschlag oder Mord eines neugeborenen Kindes“, jedoch sei eine unterschiedliche Bestrafung per Gesetz im Jahre 1941 aufgegeben worden. Beide Arten der Kindestötung würden nunmehr mit gleich hoher Strafe bedacht[43]. Strafmilderungen innerhalb des privilegierten Tatbestandes der Kindestötung fänden sich in den Strafgesetzgebungen Österreichs und Bulgariens. Sei das Kind ein uneheliches, so sehe das Strafgesetzbuch Österreichs für den Fall, dass der Tod durch Unterlassen herbeigeführt wurde, vor, die Strafe für die Täterin um die Hälfte zu kürzen. Das bulgarische Strafgesetzbuch sehe lediglich Freiheitsentzug von bis zu einem Jahr vor, wenn das Neugeborene von „unnatürlichem Aussehen“ sei[44]. Die Möglichkeit, Straffreiheit zu gewähren, sähen das dänische und das norwegische Recht vor. Beide Strafgesetzbücher machten dies davon abhängig, dass die Tat nicht vollendet und die Handlung beim Kind zu keinem Schaden geführt habe[45].

Abschließend führte *König* aus, dass in beinahe allen Rechtsordnungen auch der Versuch der Kindestötung als strafbar angesehen werde[46]. Eine Ausnahme hierzu stelle das französische Recht dar, das den Versuch der Kindestötung seit der Neufassung des Art. 303 Abs. 3 durch Gesetz vom 2. September 1941 nicht mehr unter Strafe stelle. Die französische Lehre führe dies aber auf ein Versehen des Gesetzgebers zurück[47].

III. Die Regelungsvorschläge der I. Unterkommission

Im Anschluss an die gutachterlichen und rechtsvergleichenden Vorarbeiten wurde im Frühjahr 1954 eine Große Strafrechtskommission unter Vorsitz von Bundesjustizminister *Neumayer* einberufen[48]. Die Kommission trat erstmals am 6. April 1954[49] zusammen und beschloss, die Beratungen zum Besonderen Teil des Strafgesetzbuches in drei

43 *König*, Die Tötungsdelikte, S. 218.

44 *König*, Die Tötungsdelikte, S. 218.

45 *König*, Die Tötungsdelikte, S. 218.

46 *König*, Die Tötungsdelikte, S. 218.

47 *König*, Die Tötungsdelikte, S. 218.

48 Zusammensetzung: Abgeordnete des Deutschen Bundestages: *Hoogen* (CDU/CSU), *Rehs* (SPD), *Schneider* (FDP), *Czermak* (BG/BHE), *Merkatz* (DP). Strafrechtswissenschaftler: *Bockelmann*, *Gallas*, *Jescheck*, *Lange*, *Mezger*, *Eb. Schmidt*, *Welzel*. Vertreter des Deutschen Richterbundes: *Resch*. Vertreter der Rechtsanwaltschaft: *Dahs*. Vertreter des Bundesgerichtshofs und des Oberbundesanwalts beim BGH: *Baldus*, *Wiechmann*. Besonders berufene Einzelmitglieder: *Koffka*, *Niethammer*, *Richter*, *Schäfer*, *Skott*. Vgl. Niederschriften über die Sitzungen der Großen Strafrechtskommission, Bd. 1, Anhang A Nr. 1, S. 324.

49 Vgl. Begründung zum Entwurf von 1960, S. 91.

selbständigen Unterkommissionen vorbereiten zu lassen. Die Unterkommissionen erarbeiteten in der Folgezeit Fassungsvorschläge, die als sogenannte V-Umdrucke in die Beratungen der Strafrechtskommission eingebracht wurden. Die Umdrucke fasste man in einer vorläufigen Zusammenstellung (VZ)[50] zusammen, die die Grundlage der Beratungen der Großen Strafrechtskommission in erster Lesung bilden sollte. Innerhalb der Unterkommissionen wurden die verschiedenen Themen von den Mitgliedern in Referaten ausgearbeitet. Die durch die Referenten vorbereitend gefertigten Vorschläge und Leitsätze wurden anschließend vom Unterkommissionsplenum diskutiert und im Zuge der Debatte häufig in nicht unerheblicher Weise modifiziert[51].

Der Tatbestand der Kindestötung war Gegenstand der vom 21. bis zum 26. Januar 1957 andauernden zweiten Arbeitstagung der I. Unterkommission[52].

Diskussionsgrundlage des Unterkommissionsplenums waren die durch die Referenten *Lange* und *Simon* im Vorfeld erstellten Vorschläge und Leitsätze zum Thema „Tötung" sowie ein Diskussionsbeitrag von *Schwalm*. Die Fassungsvorschläge *Langes* und *Simons* sahen keinen Tatbestand der Kindestötung vor[53]. *Lange* begründete dies dahingehend, dass die praktische Anwendung des geltenden § 217 zu „recht unglücklichen" Ergebnissen geführt habe[54]. Zudem müsse die Privilegierung gerade der unehelichen Kindestötung mit Rücksicht auf die Gleichberechtigung Bedenken erwecken. *Lange* schlug vor, den § 217 in die Vorschrift über den Totschlag mit einzubeziehen, so dass dieser zum Auffangtatbestand der Kindestötung werde. Der materiale Privilegierungsgrund der Kindestötung bestehe allein in der Entschuldbarkeit der Gemütserregung, die in § c (Totschlag)[55] seiner Fassungsvorschläge aufgegriffen werde[56].

---

50 Vorläufige Zusammenstellung, abgedruckt in: Niederschriften über die Sitzungen der Großen Strafrechtskommission, Bd. V, Anhang B, S. 263 ff.

51 Vgl. *Rentrop*, Untreue, S. 171.

52 Anwesende Mitglieder: *Voll*, *Bader*, *Güde*, *Fränkel*, *Lange*, *Schmidt*, *Simon*, *Welzel*, *Schafheutle*, *Schwalm*, *Tröndle* und *Dickescheidt*.

53 Vgl. Umdruck R 101, abgedruckt in: Niederschriften über die Sitzungen der Unterkommissionen, Bd. 1, I. Unterkommission, Anlage 1, S. 156 f.; zur Mitarbeit *Simons* vgl.: Niederschriften a.a.O., S. 130.

54 Niederschriften über die Sitzungen der Unterkommissionen, Bd. 1, I. Unterkommission, S. 141.

55 § c (Totschlag): „Wer in einer entschuldbaren heftigen Gemütsbewegung vorsätzlich einen Menschen tötet, wird mit Zuchthaus bis zu zehn Jahren oder mit Gefängnis nicht unter sechs Monaten bestraft. Das gleiche gilt für andere Fälle besonders geringer Schuld."; vgl. Umdruck R 101, abgedruckt in: Niederschriften über die Sitzungen der Unterkommissionen, Bd. 1, I. Unterkommission, Anlage 1, S. 156.

56 Niederschriften über die Sitzungen der Unterkommissionen, Bd. 1, I. Unterkommission, S. 141.

Schwalm empfahl im Rahmen seines Diskussionsbeitrags zum Thema „Tötung“ hingegen die Beibehaltung des Tatbestandes der Kindestötung im neuen Strafgesetzbuch und schlug folgende Formulierung[57] vor:

> „§ d (Kindestötung):
> Eine Mutter, die ihr Kind während der Geburt oder noch unter dem Einfluß des Geburtsvorganges tötet, wird mit Zuchthaus bis zu zehn Jahren bestraft.“

Schwalm hielt dem Vorschlag *Langes* auf Einbeziehung der Kindestötung in die Vorschriften über den Totschlag entgegen, dass man in diesem Fall praktisch immer gezwungen sei, den Einfluss des Geburtsvorgangs auf die Tötung festzustellen[58]. Zudem sei die Kindestötung ein alter, populär gewordener Tatbestand, dessen Fehlen in einem neuen Strafgesetzbuch Befremden auslösen könne. Man müsse allerdings sowohl die uneheliche als auch die eheliche Mutter privilegieren, da der Grund der Privilegierung der mit der Geburt verbundene besondere Erregungszustand sei. Dieser bedürfe für die Dauer des Geburtsvorgangs keiner besonderen Feststellung. Die Fortdauer des Erregungszustands über den Geburtszeitraum hinaus hingegen bedürfe einer besonderen Feststellung, wenn auch eine nachträgliche Tötung privilegiert werden solle[59]. *Lange* schlug für den Fall der Beibehaltung des Tatbestandes die Verwendung der von *Schröder* gutachterlich formulierten Fassung vor[60]. Allerdings müsse der Tatbestand auch die Tötung ehelicher Kinder umfassen[61]. Auf Vorschlag von *Schwalm* billigten die Mitglieder der Unterkommission schließlich die Beibehaltung des Tatbestandes der Kindestötung[62]. Hinsichtlich des Strafrahmens wurde ausgeführt, dass nach geltendem Recht bei mildernden Umständen bis auf eine Strafe von sechs Monaten Gefängnis herabgegangen werden könne. Die Unterkommission bemängelte diese besondere Erwähnung mildernder Umstände, da diese bereits im Normaltatbestand des § 217 Berücksichtigung fänden. Im Verlauf der Beratungen einigte man sich dahingehend, die Mindeststrafe auf Gefängnis nicht unter einem Jahr

---

57 Diskussionsbeitrag zum Thema Tötung von Schwalm, abgedruckt in: Niederschriften über die Sitzungen der Unterkommissionen, Bd. 1, I. Unterkommission, Anlage 2, S. 162.

58 Niederschriften über die Sitzungen der Unterkommissionen, Bd. 1, I. Unterkommission, S. 143.

59 Niederschriften über die Sitzungen der Unterkommissionen, Bd. 1, I. Unterkommission, S. 143.

60 Vgl. 8. Kapitel, I. Gutachten der Strafrechtslehrer.

61 Niederschriften über die Sitzungen der Unterkommissionen, Bd. 1, I. Unterkommission, S. 143.

62 Niederschriften über die Sitzungen der Unterkommissionen, Bd. 1, I. Unterkommission, S. 143.

anzupassen. Auf die Androhung von Zuchthaus wurde mit überwiegender Mehrheit verzichtet[63]. Auf Vorschlag *Volls* beschloss man zudem, die Strafbarkeit des Versuchs in Absatz 2 des Tatbestandes auszusprechen[64].

Als Ergebnis der Beratungen der I. Unterkommission wurde der Großen Strafrechtskommission schließlich folgender Fassungsvorschlag der Kindestötung als § 317 VZ[65] unterbreitet:

> „(1) Eine Mutter, die ihr Kind während der Geburt oder noch unter dem Einfluß des Geburtsvorgangs tötet, wird mit Gefängnis nicht unter einem Jahr bestraft.
>
> (2) Der Versuch ist strafbar."

Zum Tatbestand des Totschlags bzw. alternativ auch überschriebenen „Totschlags aus Gemütserregung" (§ 316 VZ) hatte die Unterkommission eine zweite Alternative entworfen[66]. Im Anschluss daran lautete die zweite Variante des Tatbestandes der Kindestötung wie folgt:

> „(1) Eine Mutter, die ihr Kind während der Geburt oder noch unter dem Einfluß des Geburtsvorgangs tötet, wird mit Zuchthaus bis zu zehn Jahren bestraft.
>
> (2) Der Versuch ist strafbar."

Durch die Aufnahme der zweiten Alternative der Kindestötung war gewährleistet, dass deren Mindeststrafmaß auch im Falle der zweiten Alternative des Totschlags mit dessen Mindeststrafmaß übereinstimmte.

IV. Die Änderungsvorschläge der Sachbearbeiter des Bundesjustizministeriums

Um die Beratungen der Vollkommission vorzubereiten, legten die Sachbearbeiter des Bundesjustizministeriums eigene Änderungsvorschläge und Bemerkungen (sogenannte J-Umdrucke) vor, bei deren Abfassung sie auch etwaige Vorabstimmungen über Vorschläge der Unterkommissionen sowie mögliche Änderungsanträge der Kommissionsmitglieder zu diesen Vorschlägen berücksichtigten.

---

63 Niederschriften über die Sitzungen der Unterkommissionen, Bd. 1, I. Unterkommission, S. 143.

64 Niederschriften über die Sitzungen der Unterkommissionen, Bd. 1, I. Unterkommission, S. 144.

65 Vorläufige Zusammenstellung, abgedruckt in: Niederschriften über die Sitzungen der Großen Strafrechtskommission, Bd. V, Anhang B, S. 263 (297).

66 § 316 VZ (Totschlag oder Totschlag aus Gemütsregung) 2. Alternative: „Wer sich in einer nach den Umständen entschuldbaren Gemütserregung dazu hinreißen läßt, einen anderen zu töten, wird mit Zuchthaus bis zu zehn Jahren bestraft.", abgedruckt in: Niederschriften über die Sitzungen der Großen Strafrechtskommission, Bd. V, Anhang B, S. 296.

Eine Vorabstimmung über die beiden Alternativen des § 317 VZ, an der 20 Mitglieder der großen Strafrechtskommission beteiligt waren, erbrachte eine klare Mehrheit für die erste Fassung des Tatbestandes ohne Variante der Strafandrohung[67]. Zudem hatten zwei Kommissionsmitglieder Änderungsanträge zu § 317 VZ gestellt:

Bockelmann beantragte, den Tatbestand entgegen dem Vorschlag der I. Unterkommission wie folgt zu fassen[68]:

> „(1) Eine Mutter, die ihr Kind während der Geburt oder noch unter dem Einfluß des Geburtsvorganges tötet, wird mit Zuchthaus bis zu zehn Jahren bestraft.
>
> (2) Ist ein Kind unehelich oder hält es die Mutter für unehelich, so ist die Strafe Gefängnis nicht unter einem Jahr, sofern die Mutter die Tötung begeht, um die Not zu wenden, in die sie sich durch die uneheliche Niederkunft gebracht sieht.
>
> (3) Der Versuch ist strafbar."

Bockelmann begründete seinen Antrag dahingehend, dass die Tatsache, dass zwischen dem Täter und dem Opfer einer Tötung ein Eltern- und Kindesverhältnis bestehe, eigentlich ein Qualifizierungs- und kein Privilegierungsgrund sei[69]. Eine unterschiedslose Privilegierung jeder Kindestötung lediglich aus Rücksicht auf die Psychose des Geburtsvorganges dürfe nicht so weit gehen, dass die mögliche Mindeststrafe ein Jahr Gefängnis sei. Wolle man auch die eheliche Mutter privilegieren, dann müsse man auch die uneheliche Mutter stärker bevorzugen, da diese Bevorzugung der historische Sinn des „Kindesmord"-Tatbestandes sei. Seine Fassung des Tatbestandes knüpfe die Privilegierung an ein subjektives Merkmal, nämlich daran, dass die Täterin wirklich unter dem Einfluss seelischen Drucks gehandelt habe. Die Fassung des Tatbestandes folge damit der Tendenz des Vorschlags der I. Unterkommission, die einen wirklich motivierenden Einfluss der Geburtspsychose fordere. Die Fassung des Absatzes 2 wolle die Kontroverse über Irrtumsfragen unterbinden, zu denen der geltende § 217 geführt habe[70].

---

67 Vgl. Umdruck J 68, abgedruckt in: Niederschriften über die Sitzungen der Großen Strafrechtskommission, Bd. VII, S. 332. Es stimmten für die Fassung des Tatbestandes ohne die Variante der Strafandrohung 18 und für die Fassung mit der Variante 2 Mitglieder der Kommission.

68 Vgl. Umdruck J 68, abgedruckt in: Niederschriften über die Sitzungen der Großen Strafrechtskommission, Bd. VII, Anlage 7, S. 347.

69 Vgl. Umdruck J 68, abgedruckt in: Niederschriften über die Sitzungen der Großen Strafrechtskommission, Bd. VII, Anlage 7, S. 347.

70 Vgl. Umdruck J 68, abgedruckt in: Niederschriften über die Sitzungen der Großen Strafrechtskommission, Bd. VII, Anlage 7, S. 347.

Jescheck beantragte, nur die Tötung eines unehelichen Kindes in den Tatbestand der Kindestötung aufzunehmen[71]. Er begründete seinen Antrag damit, dass die Privilegierung der Kindestötung auf einem doppelten Privilegierungsgrund, dem seelischen Einfluss der Geburt und der Situation der unehelichen Mutter beruhe. Die Privilegierung sei nur dann gerechtfertigt, wenn beide Gründe vorlägen. In der kriminologischen Literatur werde sogar mehr auf den zweiten Gesichtspunkt abgehoben, während der erste zweifelnd beurteilt werde[72].

Der Fassungsvorschlag der Sachbearbeiter des Bundesjustizministeriums zum Kindestötungstatbestand lautete wie folgt[73]:

> „§ 318 (Kindestötung)
> (1) Eine Mutter, die ihr Kind während der Geburt oder noch unter dem Einfluß des Geburtsvorganges tötet, wird mit Gefängnis nicht unter einem Jahr bestraft. In besonders leichten Fällen ist die Strafe Gefängnis von sechs Monaten bis zu zwei Jahren.
>
> (2) Der Versuch ist strafbar.
>
> (3) § 315 ist nicht anzuwenden.“[74]

Zur Begründung führte man aus, dass die Vorschrift von der Tatsache ausgehe, dass eine Geburt für die Mutter einen Zustand begreiflicher heftiger Gemütserregung im Sinne des § 316 (Totschlag) mit sich bringe, in dem sich die Mutter, wenn ihr das Kind unerwünscht sei, leichter zu dessen Tötung hinreißen lasse, als dies im Normalzustand der Fall wäre[75]. Es ergebe sich hieraus, dass § 318 einen Spezialfall des § 316 regele, dass die Privilegierung zeitlich auf die Dauer des Erregungszustandes beschränkt bleiben müsse und dass für die Privilegierung grundsätzlich kein Unterschied danach gemacht werden dürfe, ob es sich um eine eheliche oder eine uneheliche Geburt handele. Dass das geltende Recht in § 217 nur die uneheliche Mutter privilegiere, erscheine aus psychologischen Gründen nicht haltbar[76]. Der Zustand heftiger Gemütserre-

---

71 Vgl. Umdruck J 68, abgedruckt in: Niederschriften über die Sitzungen der Großen Strafrechtskommission, Bd. VII, Anlage 7, S. 347.

72 Vgl. Umdruck J 68, abgedruckt in: Niederschriften über die Sitzungen der Großen Strafrechtskommission, Bd. VII, Anlage 7, S. 347.

73 Vgl. Umdruck J 68, abgedruckt in: Niederschriften über die Sitzungen der Großen Strafrechtskommission, Bd. VII, S. 330.

74 § 315 des Umdrucks J 68 enthielt den Tatbestand des Mordes.

75 Vgl. Umdruck J 68, abgedruckt in: Niederschriften über die Sitzungen der Großen Strafrechtskommission, Bd. VII, S. 336.

76 Vgl. Umdruck J 68, abgedruckt in: Niederschriften über die Sitzungen der Großen Strafrechtskommission, Bd. VII, S. 336.

gung bedürfe nach Absatz 1 für die Dauer des Geburtsvorganges keines Nachweises, da er insoweit unwiderlegbar vermutet werde. Erst für Tötungen nach Abschluss des Geburtsvorgangs komme es hinsichtlich der Privilegierung darauf an, ob sie noch in dem durch den Geburtsvorgang ausgelösten Erregungszustand begangen werden. Die vorgeschlagene Fassung des Tatbestandes stelle dies besser klar als das geltende Recht. Die primäre Strafandrohung des geltenden Rechts von Zuchthaus nicht unter drei Jahren berücksichtige in nicht ausreichendem Maße die medizinischen und psychologischen Besonderheiten der hier zu regelnden Lebenssachverhalte. Die Sachbearbeiter schlugen daher für den Regelfall Gefängnis von einem Jahr bis zu zehn Jahren vor[77]. Dieser Strafrahmen sei weit genug gefasst, um auch Tötungen ehelicher Kinder, bei denen die Schuld der Mutter oft schwerer wiege, angemessen sühnen zu können. Für besonders gelagerte, „tragische" Fälle der Kindestötung werde ein geringerer Strafrahmen vorzusehen sein, der jedoch nicht schon bei minder schweren Fällen eintrete, sondern erst bei „besonders leichten" Fällen. Dass bei einer Kindestötung zugleich ein Mordmerkmal im Sinne des § 315 erfüllt sein könne, beispielsweise in Form der Verdeckung eines Ehebruchs, entsprach nach Darstellung der Sachbearbeiter der Lebenserfahrung. Sie seien jedoch der Auffassung, dass dem Erregungszustand bei der Kindestötung eine so überragende Bedeutung zukomme, dass ein zugleich erfülltes Mordmerkmal allenfalls bei der Strafzumessung, jedoch nicht „tatbestandlich" zu berücksichtigen sei. Daher sehe Absatz 3 des Änderungsvorschlags der Sachbearbeiter allgemein die Sperrwirkung des Privilegierungstatbestandes vor[78].

V. Die Beratungen im Plenum

Der Fassungsvorschlag der I. Unterkommission und der Entwurf der Sachbearbeiter des Bundesjustizministeriums wurden sodann im Plenum diskutiert.

In der 54. Sitzung der Großen Strafrechtskommission am 28. Oktober 1957 referierte *Jescheck* im Rahmen der Beratungen zu allgemeinen Fragen des Besonderen Teils zum Thema „Androhung von Zuchthaus und wahlweise Androhung von Zuchthaus und Gefängnis"[79]. *Jescheck* führte aus, dass die Kindestötung gemäß § 317 VZ zu den Fällen gehöre, in denen nur eine Gefängnisstrafe in Betracht komme. Zudem verwies er zur Begründung auf die

77 Vgl. Umdruck J 68, abgedruckt in: Niederschriften über die Sitzungen der Großen Strafrechtskommission, Bd. VII, S. 337.

78 Vgl. Umdruck J 68, abgedruckt in: Niederschriften über die Sitzungen der Großen Strafrechtskommission, Bd. VII, S. 337.

79 *Jeschek*, GSK, 54. Sitzung vom 28. Oktober 1957, abgedruckt in: Niederschriften über die Sitzungen der Großen Strafrechtskommission, Bd. V, S. 44.

Verurteilungsstatistik der Jahre 1950 bis 1959. Diese weise aus, dass nur in ganz seltenen Fällen von der Regelstrafe des Zuchthauses Gebrauch gemacht werde. In der überwiegenden Mehrzahl der Fälle werde auf mildernde Umstände ausgewichen. Dies sei ein Zeichen dafür, dass Zuchthausstrafe in Fällen von Kindestötungen nicht dem Rechtsgefühl der Justizorgane entspreche[80]. Weiterhin sprach er sich auch im Rahmen seiner zum Referatsthema aufgestellten Leitsätze für Gefängnis als angemessene Strafandrohung der Kindestötung aus[81]. Dies stehe in Einklang mit früheren Fassungen des Kindestötungstatbestandes in § 252 Abs. 1 der Entwürfe von 1927 und 1930 sowie § 92 des österreichischen Entwurfs. Die von § 317 VZ alternativ vorgesehene Androhung von Zuchthaus bis zu zehn Jahren widerspreche zudem dem von ihm im Rahmen seiner Leitsätze aufgestellten Grundsatz, dass nur solche Straftaten bereits im Grundtatbestand mit Zuchthaus bestraft werden dürften, die der Gesetzgeber gegenüber allen anderen als besonders verwerflich kennzeichnen wolle und die eine solche Hervorhebung auch tatsächlich verdienten[82].

Zu einer ersten Erörterung des Tatbestandes der Kindestötung kam es im Rahmen der 68. Sitzung der Vollkommission am 4. März 1958[83]. *Schwalm* nahm als Vertreter der Strafrechtsabteilung des Bundesjustizministeriums zu § 318 (Kindestötung) Stellung und erläuterte der Kommission die Änderungsvorschläge der Sachbearbeiter des Ministeriums. Deren allgemein gefasste Forderung, für besonders gelagerte, „tragische“ Fälle der Kindestötung einen geringeren Strafrahmen vorzusehen, präzisierte *Schwalm* dahingehend, dass man diesbezüglich einen Strafrahmen von sechs Monaten bis zu zwei Jahren Gefängnis vorsehe.

Die sich anschließende Diskussion fokussierte sich zunächst auf die Frage, ob der von der Unterkommission und den Sachbearbeitern des Bundesjustizministeriums vorgeschlagenen Ausdehnung der Privilegierung auf eheliche Mütter zuzustimmen sei. *Dünnebier*, *Bockelmann*, *Jescheck* und *Schwarzkopf* sprachen sich gegen eine solche Ausdehnung der Privilegierung aus. *Dünnebier* begründete seine ablehnende Haltung dahingehend, dass er kein kriminalpolitisches Interesse hierfür erkennen könne. Zudem sei die Privilegierung uneheli-

80 *Jeschek*, GSK, 54. Sitzung vom 28. Oktober 1957, abgedruckt in: Niederschriften über die Sitzungen der Großen Strafrechtskommission, Bd. V, S. 44.

81 Vgl. Umdruck R 142, abgedruckt in: Niederschriften über die Sitzungen der Großen Strafrechtskommission, Bd. V, Anhang A, S. 228.

82 Grundsatz A II 1, vgl. Umdruck R 142, abgedruckt in: Niederschriften über die Sitzungen der Großen Strafrechtskommission, Bd. V, Anhang A, S. 228.

83 GSK, 68. Sitzung vom 4. März 1958, abgedruckt in: Niederschriften über die Sitzungen der Großen Strafrechtskommission, Bd. VII, S. 41 ff.

cher Mütter dadurch gerechtfertigt, dass diese sich in der besonderen Situation der „unehelichen Schwangerschaft und der Verlassenheit" befänden, was bei ehelichen Müttern nicht der Fall sei[84]. *Bockelmann* verwies darauf, dass die in § 318 vorgeschlagene unterschiedslose Privilegierung der Tötung neugeborener Kinder den Rückschluss darauf zulasse, dass der Geburtsvorgang und der durch diesen hervorgerufene körperliche und seelische Zustand eine besondere Neigung der Mutter zur Tötung des in der Geburt befindlichen oder eben geborenen Kindes hervorrufe[85]. Dies sei weder zutreffend noch sei es jemals im Schrifttum vertreten worden. Die Ausdehnung der Privilegierung auf eheliche Mütter stellte nach Ansicht *Bockelmanns* den Bruch einer sehr alten rechtsgeschichtlichen Tradition dar, bei der es immer darum gegangen sei, der unehelichen Mutter zu helfen. Sollte man die Privilegierung trotzdem auf eheliche Mütter erweitern wollen, so setze dies zumindest eine deutlich stärkere Privilegierung der unehelichen Mütter voraus[86]. *Jescheck* verwies zur Begründung seiner ablehnenden Haltung darauf, dass die Privilegierung der Kindestötung nur durch das Zusammentreffen zweier Gesichtspunkte gerechtfertigt werde[87]. Dabei handele es sich einerseits um die natürliche Erregung der Mutter bei der Geburt, andererseits um die besondere seelische Situation der unehelich Gebärenden. Nur die verzweifelte Situation der Verlassenheit rechtfertige die Privilegierung einer Mutter, die mit der Tötung ihres Kindes ihre elementarste Pflicht verletze, das Kind unter allen Umständen zu schützen, zu pflegen und am Leben zu erhalten. Auch *Jescheck* verwies im Einklang mit *Bockelmann* darauf, dass die Ausdehnung der Privilegierung auf eheliche Mütter einen Bruch mit der Tradition bedeuten würde, da die Vorschrift des § 217 StGB in Deutschland immer nur als ein Anwendungsfall des besonderen objektiven Schuldmilderungsgrundes der unehelichen Mutterschaft angesehen worden sei. *Jescheck* verwies in Ergänzung der Ausführungen *Bockelmanns* darauf, dass auch die Ärzte im Allgemeinen nicht der Ansicht seien, dass im Geburtsvorgang so erhebliche Veränderungen eintreten, dass die Mutter dazu neige, ihr Kind zu töten. Vielmehr lege die kriminologische Literatur den Schwerpunkt ihrer Begründung gerade auf die Unehelichkeit der Geburt, während die Frage, inwieweit die Zurechnungsfähigkeit durch den Geburts-

84 *Dünnebier*, GSK, 68. Sitzung vom 4. März 1958, abgedruckt in: Niederschriften über die Sitzungen der Großen Strafrechtskommission, Bd. VII, S. 72.

85 *Bockelmann*, GSK, 68. Sitzung vom 4. März 1958, abgedruckt in: Niederschriften über die Sitzungen der Großen Strafrechtskommission, Bd. VII, S. 73.

86 *Bockelmann*, GSK, 68. Sitzung vom 4. März 1958, abgedruckt in: Niederschriften über die Sitzungen der Großen Strafrechtskommission, Bd. VII, S. 73.

87 *Jescheck*, GSK, 68. Sitzung vom 4. März 1958, abgedruckt in: Niederschriften über die Sitzungen der Großen Strafrechtskommission, Bd. VII, S. 74.

vorgang überhaupt berührt werde, als zweifelhaft angesehen werde. Die Frage der Privilegierung dürfe somit nicht auf diesen zweifelhaften Gesichtspunkt gestützt werden[88]. *Schwarzkopf* schloss sich den Auffassungen *Bockelmanns* und *Jeschecks* an, verwies jedoch zugleich darauf, dass sich die soziale Situation in den letzten Jahrzehnten geändert habe[89]. So sei die Unehelichkeit nicht mehr in gleichem Maße wie zu früheren Zeiten Makel und Grund zur Verzweiflung und die Geburt eines fünften oder sechsten Kindes könne eine Familie mit geringem Einkommen in eine Notlage stürzen. Wolle die Kommission an einer Ausdehnung der Privilegierung auf eheliche Mütter festhalten, so müsse der soziale Sachverhalt sehr eng umschrieben werden und man müsse etwa ein Handeln aus einer auf schwerer familiärer Notlage beruhenden Verzweiflung fordern[90].

Baldus, *Schafheutle*, *Fritz*, *Koffka*, *Welzel* und *Wilkerling* sprachen für eine Privilegierung auch ehelicher Mütter aus. *Baldus* hielt diese für geboten, wenn man den Lebenstatsachen gerecht werden wolle[91]. Der Grund der Privilegierung liege bei der unehelichen Mutter darin, dass sich bei dieser von vornherein ganz bestimmte Motive und Vorstellungen gebildet hätten, wonach das Kind unerwünscht sei. Wenn dann der Geburtsvorgang einsetze, sei die Hemmungsfähigkeit gegenüber solchen Vorstellungen und Antrieben herabgesetzt. Diese Hemmungsfähigkeit könne bei der ehelichen Mutter in gleicher Weise herabgesetzt sein, wenn bei dieser eine Motivlage eintrete, die mit der beschriebenen Motivlage der unehelichen Mutter parallel oder ähnlich sei[92]. Da dies jedoch die Ausnahme darstelle, sei § 318 nur dann tragbar, wenn bezüglich der ehelichen Mutter eine Situation tatbestandlich geschildert werde, die der Situation der unehelichen Mutter vergleichbar sei[93]. *Schafheutle* verwies zur Begründung seiner zustimmenden Haltung auf die Entwürfe von 1927 und 1930 sowie auf den österreichischen Entwurf von 1957, die ebenfalls eine

88 *Jescheck*, GSK, 68. Sitzung vom 4. März 1958, abgedruckt in: Niederschriften über die Sitzungen der Großen Strafrechtskommission, Bd. VII, S. 74.

89 *Schwarzkopf*, GSK, 68. Sitzung vom 4. März 1958, abgedruckt in: Niederschriften über die Sitzungen der Großen Strafrechtskommission, Bd. VII, S. 74.

90 *Schwarzkopf*, GSK, 68. Sitzung vom 4. März 1958, abgedruckt in: Niederschriften über die Sitzungen der Großen Strafrechtskommission, Bd. VII, S. 74.

91 *Baldus*, GSK, 68. Sitzung vom 4. März 1958, abgedruckt in: Niederschriften über die Sitzungen der Großen Strafrechtskommission, Bd. VII, S. 75.

92 *Baldus*, GSK, 68. Sitzung vom 4. März 1958, abgedruckt in: Niederschriften über die Sitzungen der Großen Strafrechtskommission, Bd. VII, S. 75.

93 *Baldus*, GSK, 68. Sitzung vom 4. März 1958, abgedruckt in: Niederschriften über die Sitzungen der Großen Strafrechtskommission, Bd. VII, S. 76.

Gleichstellung der ehelichen mit der unehelichen Mutter enthielten[94]. *Schafheutle* vertrat die Auffassung, dass die sehr eingehend erwogene Entscheidung der beiden genannten deutschen Entwürfe sowie die Lösung des österreichischen Entwurfs eine Ausweitung auf die eheliche Mutter auch für die Große Strafrechtskommission nahelegten und dass diese sich darüber nicht ohne weiteres hinwegsetzen solle[95]. In Anlehnung an *Schafheutle* gab auch *Welzel* zu bedenken, dass sowohl das schweizerische wie das österreichische Recht weiterhin die Entwürfe von 1927 und 1930 sowie schließlich die österreichischen Entwurfsarbeiten die Erweiterung des Tatbestandes der Kindestötung auf die eheliche Mutter ganz allgemein vorsähen[96]. Zudem trete der Gesichtspunkt der Furcht vor der Schande immer mehr zurück. Der verbleibende Gesichtspunkt der wirtschaftlichen Notlage könne für die eheliche wie für die uneheliche Mutter in gleicher Weise zutreffen[97]. *Fritz* sprach sich für den Vorschlag der Sachbearbeiter aus, indem er auf neuere medizinische Erkenntnisse verwies, nach denen jede Gebärende psychisch recht anfällig sei[98]. Wenn man zudem davon ausgehe, dass die wirtschaftliche Not bei der ehelich Gebärenden „genauso brennend" sein könne wie bei der unehelichen Mutter, dann bedürfe man der Vorschrift des § 318 in der Form, wie sie von den Sachbearbeitern vorgeschlagen worden sei[99]. Bundesrichterin *Koffka* erklärte, § 318 ebenfalls in dem Sinne aufgefasst zu haben, dass dieser gewissermaßen eine Spezialvorschrift zu der Bestimmung über die Strafminderung wegen verminderter Zurechnungsfähigkeit sein solle[100]. Zwar sei es nicht so, dass an eine Mutter besonders leicht die Versuchung herantrete, ihr Kind zu töten, aber wenn dieser Fall eintrete, so werde die Mutter eben wegen ihres körperlichen Zustandes dieser Versuchung nicht oder zumindest schlechter gewachsen sein. In Anlehnung an den Gedanken der actio libera in causa schlug *Koffka* vor, die Privilegierung der ehelichen sowie der unehelichen

---

94 *Schafheutle*, GSK, 68. Sitzung vom 4. März 1958, abgedruckt in: Niederschriften über die Sitzungen der Großen Strafrechtskommission, Bd. VII, S. 73.

95 *Schafheutle*, GSK, 68. Sitzung vom 4. März 1958, abgedruckt in: Niederschriften über die Sitzungen der Großen Strafrechtskommission, Bd. VII, S. 73.

96 *Welzel*, GSK, 68. Sitzung vom 4. März 1958, abgedruckt in: Niederschriften über die Sitzungen der Großen Strafrechtskommission, Bd. VII, S. 76.

97 *Welzel*, GSK, 68. Sitzung vom 4. März 1958, abgedruckt in: Niederschriften über die Sitzungen der Großen Strafrechtskommission, Bd. VII, S. 76.

98 *Fritz*, GSK, 68. Sitzung vom 4. März 1958, abgedruckt in: Niederschriften über die Sitzungen der Großen Strafrechtskommission, Bd. VII, S. 74.

99 *Fritz*, GSK, 68. Sitzung vom 4. März 1958, abgedruckt in: Niederschriften über die Sitzungen der Großen Strafrechtskommission, Bd. VII, S. 74.

100 *Koffka*, GSK, 68. Sitzung vom 4. März 1958, abgedruckt in: Niederschriften über die Sitzungen der Großen Strafrechtskommission, Bd. VII, S. 74.

Mutter dann auszuschließen, wenn die Tötung des Kindes schon vor der Geburt vorbereitet werde, was sehr häufig der Fall sei. Die meisten Kindestötungen spielten sich so ab, dass nicht die geringste Vorbereitung für die Geburt getroffen werde, dass geflissentlich jede Hilfe ferngehalten werde und dass die Tötung schon lange vor der Geburt geplant sei, also zu einem Zeitpunkt, zu dem der fragliche psychische Zustand der Mutter noch nicht bestehe[101]. *Wilkerling* stimmte einer Privilegierung der ehelichen Mutter unter der Voraussetzung zu, dass deren rechtfertigende Notlage als zusätzliches Tatbestandsmerkmal zum Ausdruck komme. Zudem solle der besonderen Stellung der Mutter durch eine Differenzierung im Strafmaß Rechnung getragen werden[102].

Auch *Lange* sprach sich dafür aus, die Vorschrift auf die eheliche Mutter zu erstrecken, da die Erregung des Geburtsvorganges und damit die Verminderung der Schuldfähigkeit in beiden Fällen gegeben sei[103]. Allerdings gelte dies nur für den Fall, dass sich die Kommission zur Annahme einer Bestimmung im Sinne des vorgeschlagenen § 318 entschließe. *Lange* verwies darauf, dass er als Referent der Unterkommission die Streichung des geltenden § 217 StGB vorgeschlagen habe. Der Verlauf der Debatte und die sehr unterschiedlichen Auffassungen hinsichtlich der Frage der Privilegierung ehelicher Mütter bestärkten ihn darin, die „problematische" Sondervorschrift des § 318 zu streichen und § 316[104] eine Fassung zu geben, die es ermögliche, auch die privilegierungsbedürftigen Fälle der Kindestötung zu erfassen. Dies führe zu einer gerechteren, wenn auch unter Umständen strengeren Lösung[105]. *Stackelberg* schloss sich den Ausführungen *Langes* an, da es ihm zweifelhaft erschien, ob die Vorschrift des § 217 StGB noch eine echte gesetzespolitische Bedeutung habe[106]. Nach Ansicht *Stackelbergs* waren die historischen Vorstellungen überholt, aufgrund derer die Vorschrift des § 217 entstanden sei. Die psychischen Wallungen und Enthemmungen, die früher aus Angst und ähnlichen Vorstellungen entstanden seien, gingen aufgrund der sich immer mehr durch-

---

101 *Koffka*, GSK, 68. Sitzung vom 4. März 1958, abgedruckt in: Niederschriften über die Sitzungen der Großen Strafrechtskommission, Bd. VII, S. 75.

102 *Wilkerling*, GSK, 68. Sitzung vom 4. März 1958, abgedruckt in: Niederschriften über die Sitzungen der Großen Strafrechtskommission, Bd. VII, S. 75.

103 *Lange*, GSK, 68. Sitzung vom 4. März 1958, abgedruckt in: Niederschriften über die Sitzungen der Großen Strafrechtskommission, Bd. VII, S. 75.

104 § 316 enthielt den Tatbestand des Totschlags.

105 *Lange*, GSK, 68. Sitzung vom 4. März 1958, abgedruckt in: Niederschriften über die Sitzungen der Großen Strafrechtskommission, Bd. VII, S. 75.

106 *Stackelberg*, GSK, 68. Sitzung vom 4. März 1958, abgedruckt in: Niederschriften über die Sitzungen der Großen Strafrechtskommission, Bd. VII, S. 75.

setzenden medizinischen Erkenntnis von der „Natürlichkeit des Geburtsvorgangs im Leben der Frau“ mehr und mehr zurück. Zudem sei auch die Einschätzung rückläufig, dass die uneheliche Mutter mit Rücksicht auf die soziale Einschätzung des unehelichen Kindes in einem ganz besonderen Verhältnis zu einem solchen Kinde stehe. Während das uneheliche Kind früher mit einem Makel behaftet gewesen sei, gehe die Entwicklung dahin, diesen Makel zu beseitigen[107]. Neben *Schlee*[108] sprach sich schließlich auch *Bockelmann* für eine Streichung des § 318 aus, da dies die sachgerechteste Lösung sei[109].

Zum Ende der Beratungen am 4. März 1958 stellte Ministerialdirektor *Schafheutle* damit drei grundsätzliche Lösungsmöglichkeiten zur Abstimmung: Als weitestgehende Möglichkeit die völlige Streichung der Vorschrift, als zweite Möglichkeit die Annahme der Formulierung in der Fassung der Sachbearbeiter, die eine Ausdehnung der Privilegierung auf die eheliche Mutter vorsahen, und als dritte Lösungsmöglichkeit die Beschränkung der Privilegierung auf die uneheliche Mutter[110]. Die Mehrheit von 12 Kommissionsmitgliedern stimmte für die vollständige Streichung der Vorschrift[111]. Für den Fall der Beibehaltung der Vorschrift stimmte die Mehrheit von 11 Mitgliedern gegen die Einbeziehung der ehelichen Mutter bzw. gegen den Tatbestand in der Fassung des Umdrucks J 68[112].

Trotz der abschließenden Abstimmung über die Fassung der Kindestötung zum Ende der 68. Sitzung wurde der Tatbestand zu Beginn der 69. Sitzung am 5. März 1958 wieder aufgegriffen[113]. *Neumayer* führte aus, dass sehr erhebli-

---

107 *Stackelberg*, GSK, 68. Sitzung vom 4. März 1958, abgedruckt in: Niederschriften über die Sitzungen der Großen Strafrechtskommission, Bd. VII, S. 76.

108 *Schlee*, GSK, 68. Sitzung vom 4. März 1958, abgedruckt in: Niederschriften über die Sitzungen der Großen Strafrechtskommission, Bd. VII, S. 76.

109 *Bockelmann*, GSK, 68. Sitzung vom 4. März 1958, abgedruckt in: Niederschriften über die Sitzungen der Großen Strafrechtskommission, Bd. VII, S. 76.

110 *Schafheutle*, GSK, 68. Sitzung vom 4. März 1958, abgedruckt in: Niederschriften über die Sitzungen der Großen Strafrechtskommission, Bd. VII, S. 76.

111 Für die Streichung stimmten: *Baldus*, *Simon*, *Skott*, *Koffka*, *Bockelmann*, *Gallas*, *Welzel*, *Jescheck*, *Schmidt*, *Lange*, *von Stackelberg* und *Schwarzhaupt*. Vgl. GSK, 68. Sitzung vom 4. März 1958, abgedruckt in: Niederschriften über die Sitzungen der Großen Strafrechtskommission, Bd. VII, S. 77.

112 Gegen die Einbeziehung stimmten: *Neumayer*, *Schäfer*, *Skott*, *Baldus*, *Rösch*, *Dünnebier*, *Bockelmann*, *Gallas*, *Jescheck*, *Schmidt* und *Schlee*. Für die Einbeziehung stimmten: *Fränkel*, *Voll*, *Fritz*, *Simon*, *Koffka*, *Welzel* und *Lange*. Vgl. GSK, 68. Sitzung vom 4. März 1958, abgedruckt in: Niederschriften über die Sitzungen der Großen Strafrechtskommission, Bd. VII, S. 77.

113 Vgl. GSK, 69. Sitzung vom 5. März 1958, abgedruckt in: Niederschriften über die Sitzungen der Großen Strafrechtskommission, Bd. VII, S. 79 ff.

che Zweifel aufgetreten seien, ob es richtig sei, den Tatbestand der Kindestötung zu streichen[114]. Es erscheine sehr fraglich, ob die übrigen Bestimmungen für diesen Fall ausreichend seien. *Neumayer* schlug vor, diese Frage nochmals durch die Unterkommission prüfen zu lassen[115]. Die I. Unterkommission unterbreitete nach erneuter Beratung im Rahmen ihrer Vorschläge zum Thema Tötung[116] zwei Lösungsalternativen zum Tatbestand der Kindestötung:

„§ 318 (Kindestötung)
1. Alternative:

(1) Eine Mutter, die ihr uneheliches Kind in oder gleich nach der Geburt tötet, wird mit Gefängnis nicht unter einem Jahr bestraft.

Variante:

[...] wird mit Gefängnis nicht unter sechs Monaten bestraft.

(2) Der Versuch ist strafbar.

2. Alternative:

§ 318 entfällt."

Die beiden Lösungsvorschläge der Unterkommission wurden im Rahmen der 74. Sitzung der Großen Strafrechtskommission am 11. März 1958[117] erörtert. *Schafheutle* führte aus, dass der Beschluss der Streichung des § 318 in der 68. Sitzung der Vollkommission am 4. März 1958 in der Erwartung erfolgt sei, dass es dieser Bestimmung nicht bedürfe[118]. Man sei davon ausgegangen, dass in Fällen von Kindestötung immer anzunehmen sei, dass die Frau in heftiger Gemütserregung zu der Tat hingerissen werde, so dass die Totschlagsbestimmung des § 314 Abs. 2[119] eingreife. Diese Annahme habe sich bei der Besprechung der Unterkommission als irrig erwiesen, da man festgestellt habe, dass die Voraussetzungen des § 314 Abs. 2 in Fällen von Kindestötungen nicht

---

114 *Neumayer*, GSK, 69. Sitzung vom 5. März 1958, abgedruckt in: Niederschriften über die Sitzungen der Großen Strafrechtskommission, Bd. VII, S. 84.

115 *Neumayer*, GSK, 69. Sitzung vom 5. März 1958, abgedruckt in: Niederschriften über die Sitzungen der Großen Strafrechtskommission, Bd. VII, S. 84.

116 Vgl. Umdruck U 53, abgedruckt in: Niederschriften über die Sitzungen der Großen Strafrechtskommission, Bd. VII, Anhang, S. 349 ff.

117 GSK, 74. Sitzung vom 11. März 1958, abgedruckt in: Niederschriften über die Sitzungen der Großen Strafrechtskommission, Bd. VII, S. 235 ff.

118 *Schafheutle*, GSK, 74. Sitzung vom 11. März 1958, abgedruckt in: Niederschriften über die Sitzungen der Großen Strafrechtskommission, Bd. VII, S. 281.

119 2. Alternative des § 314 Abs. 2 VZ: „In besonders leichten Fällen ist die Strafe Gefängnis von sechs Monaten bis zu fünf Jahren. Ein besonders leichter Fall liegt namentlich vor, wenn der Täter in einer nach den Umständen entschuldbaren heftigen Gemütserregung handelte." Abgedruckt in: Niederschriften über die Sitzungen der Großen Strafrechtskommission, Bd. V, Anhang B, S. 296.

immer gegeben seien. Die Unterkommission halte es daher für unbedingt geboten, eine besondere Vorschrift über die Kindestötung in das zukünftige Strafgesetzbuch aufzunehmen[120]. *Gallas* erläuterte ergänzend, dass der Wegfall des § 318 trotz der Milderungsklausel des § 316[121] eine wesentliche Verschärfung des geltenden Rechts bedeuten würde, da im Rahmen des § 316 nachgewiesen werden müsse, dass die Tötung auf den die Milderung auslösenden Momenten beruhe, während dies bislang gesetzlich vermutet werde[122]. Die Kommissionsmitglieder sprachen sich nunmehr einstimmig gegen eine Streichung der Vorschrift aus[123], so dass eine weitere Abstimmung über die beiden Alternativen des Mindeststrafmaßes erforderlich wurde. In diesem Zusammenhang wies *Baldus* darauf hin, dass der Strafrahmen der Kindestötung im Einklang mit den anderen Milderungsgründen stehen müsse. Da sich die Kommission im Falle des § 316 VZ für die 1. Alternative mit einem Mindeststrafmaß von einem Jahr Gefängnis entschieden habe, müsse dies konsequenterweise auch für die Kindestötung gelten[124]. Die Mehrheit von 13 Kommissionsmitgliedern stimmte sodann für die Annahme des § 318 in der von der Unterkommission vorgeschlagenen Fassung ohne Variante, mithin für ein Mindeststrafmaß der Kindestötung von nicht unter einem Jahr Gefängnis[125].

---

120 *Schafheutle*, GSK, 74. Sitzung vom 11. März 1958, abgedruckt in: Niederschriften über die Sitzungen der Großen Strafrechtskommission, Bd. VII, S. 281.

121 § 316 VZ (Totschlag oder Totschlag aus Gemütserregung) 1. Alternative: „Wer in einer nach den Umständen entschuldbaren heftigen Gemütserregung einen anderen tötet, wird mit Zuchthaus bis zu zehn Jahren oder mit Gefängnis nicht unter einem Jahr bestraft.“ 2. Alternative: „Wer sich in einer nach den Umständen entschuldbaren Gemütserregung dazu hinreißen läßt, einen anderen zu töten, wird mit Zuchthaus bis zu zehn Jahren bestraft.“ Gemäß der 3. Alternative sollte § 316 entfallen, wenn die 2. Alternative zum Text des § 314 angenommen werde. Abgedruckt in: Niederschriften über die Sitzungen der Großen Strafrechtskommission, Bd. V, Anhang B, S. 297.

122 *Gallas*, GSK, 74. Sitzung vom 11. März 1958, abgedruckt in: Niederschriften über die Sitzungen der Großen Strafrechtskommission, Bd. VII, S. 281.

123 Vgl. GSK, 74. Sitzung vom 11. März 1958, abgedruckt in: Niederschriften über die Sitzungen der Großen Strafrechtskommission, Bd. VII, S. 281.

124 *Baldus*, GSK, 74. Sitzung vom 11. März 1958, abgedruckt in: Niederschriften über die Sitzungen der Großen Strafrechtskommission, Bd. VII, S. 281.

125 Für die Annahme stimmten: *Baldus*, *Bockelmann*, *Dünnebier*, *Gallas*, *Jescheck*, *Koffka*, *Lange*, *Rösch*, *Schäfer*, *Schmidt*, *Simon*, *Skott* und *Wilkerling*. Vgl. GSK, 74. Sitzung vom 11. März 1958, abgedruckt in: Niederschriften über die Sitzungen der Großen Strafrechtskommission, Bd. VII, S. 281.

VI. Der Entwurf eines Strafgesetzbuches nach den Beschlüssen der Großen Strafrechtskommission in erster und zweiter Lesung (E 1959 I, II)

Im Anschluss an die erste Lesung durch die Große Strafrechtskommission stellte das Bundesjustizministerium alle Beschlüsse und Vorschläge zusammen und legte den Entwurf von 1959 (I) vor[126].

In diesem Entwurf war der Tatbestand der Kindestötung als § 142 mit folgender Fassung enthalten:

> „(1) Eine Mutter, die ihr uneheliches Kind in oder gleich nach der Geburt tötet, wird mit Gefängnis nicht unter einem Jahr bestraft.
>
> (2) Der Versuch ist strafbar."

Abgesehen vom Strafrahmen entsprach § 142 damit dem geltenden § 217 StGB.

Die zweite Lesung zum Strafgesetzbuch erfolgte in der Zeit vom 9. März 1959 bis zum 19. Juni 1959 im Rahmen der Sitzungen 115 bis 143. Die Große Strafrechtskommission überprüfte in dieser Lesung allerdings nur solche Vorschriften des im November veröffentlichten Entwurfs 1959 (I), die mit Rücksicht auf ihre große praktische Bedeutung einer nochmaligen Beratung bedurften, die lediglich aufgrund schriftlicher Abstimmungen oder in einer von den Kommissionsbeschlüssen sachlich abweichenden Fassung in den Entwurf eingestellt worden waren oder bei denen sich grundsätzliche Bedenken ergeben hatten[127]. In diesem Zusammenhang berücksichtigte die Kommission auch zwischenzeitlich eingegangene Stellungnahmen verschiedener Bundesressorts, der Landesjustizverwaltungen und anderer Stellen zu den betreffenden Vorschriften des Entwurfs 1959 (I)[128]. Für den Tatbestand der Kindestötung ergaben sich in zweiter Lesung keinerlei Änderungen, so dass der Tatbestand in der Fassung des Entwurfs 1959 (I) in § 136 des Entwurfs 1959 (II) übernommen wurde.

VII. Die Entwürfe von 1960 und 1962

Einer Länderkommission, die vom Justizministerium Nordrhein-Westfalens einberufen worden war, wurde der Entwurf 1959 II zur Überprüfung vorgelegt. Die Kommission erarbeitete von September 1959 bis Januar 1962 in insgesamt 17 Tagungen bzw. 85 Sitzungen Änderungsvorschläge, die in erster Linie den Allgemeinen Teil betrafen.

---

126 Entwurf eines Strafgesetzbuches nach den Beschlüssen der Großen Strafrechtskommission in 1. Lesung. Zusammengestellt und überarbeitet vom Bundesministerium der Justiz (E 1959 I), abgedruckt in: Niederschriften über die Sitzungen der Großen Strafrechtskommission, Bd. XII, Anhang B, S. 549 ff.

127 Entwurf eines Strafgesetzbuchs, Nach den Beschlüssen der Großen Strafrechtskommission in zweiter Lesung zusammengestellt und überarbeitet vom Bundesministerium der Justiz (E 1959 II), Bonn 1959, Vorwort, S. 5.

128 Entwurf eines Strafgesetzbuchs, Nach den Beschlüssen der Großen Strafrechtskommission in zweiter Lesung zusammengestellt und überarbeitet vom Bundesministerium der Justiz (E 1959 II), Bonn 1959, Vorwort, S. 6.

Die Bundesregierung arbeitete einige der vorläufigen Beratungsergebnisse der Kommission in den Entwurf 1959 II ein und erstellte so den Entwurf von 1960 (E 1960)[129]. Der Entwurf von 1960 wurde während der dritten Legislaturperiode am 7. Oktober 1960 in den Bundesrat eingebracht, der den Entwurf in seiner Sitzung am 28. Oktober 1960 unverändert passieren ließ, um das Verfahren zu beschleunigen[130]. Die dritte Legislaturperiode neigte sich dem Ende zu, so dass Eile geboten war, um den Entwurf noch im einzelnen beraten zu können.

Im Entwurf von 1960 übernahm man in § 136 den Tatbestand der Kindestötung in der von der Großen Strafrechtskommission erarbeiteten Fassung. Zur Begründung führte man aus, dass der Milderungsgrund der Kindestötung in den besonderen seelischen Umständen liege, in die die unehelich gebärende Frau erfahrungsgemäß bei der Geburt gerate[131]. Hierzu zählten die Furcht der Täterin vor dem Zorn der Eltern und vor gesellschaftlicher Benachteiligung ihrer eigenen Person sowie ihres Kindes und das Gefühl der Verlassenheit. Diese seelische Lage trete zu der durch den Geburtsvorgang ohnehin geschwächten körperlichen und seelischen Verfassung der Frau hinzu und wirke im Sinne einer Verminderung der Hemmungen, die eine Frau im Normalzustand gegenüber der Versuchung, sich ihres unerwünschten Kindes zu entledigen, aufbringe. Der Entwurf halte eine solche Milderung auch im neuen Strafrecht für erforderlich und stehe damit im Einklang mit den Entwürfen eines Strafgesetzbuches von 1909 und 1919. Der in den Entwürfen von 1922 bis 1930 vorgesehenen Ausdehnung der Privilegierung auf eheliche Mütter müsse hingegen eine Absage erteilt werden. Trotz des Gebots des Art. 6 GG, den unehelichen Kindern durch die Gesetzgebung die gleichen Bedingungen für ihre leibliche und seelische Entwicklung und ihre Stellung in der Gesellschaft zu schaffen wie den ehelichen Kindern, dürfe nicht verkannt werden, dass die soziale Gesetzgebung die Wertungen der Umwelt und die seelische Not nicht völlig ausschließen könne, welche die uneheliche Mutter auch unter den gegenwärtigen Verhältnissen vielfach gerade beim Geburtsvorgang bedrängten. Greife die uneheliche Mutter unter dem Eindruck dieser Umstände und unter dem Einfluss des Geburtsvorgangs zu dem Ausweg, ihr Kind zu töten, so müsse das Strafgesetz dem in der Strafdrohung Rechnung tragen. Bei der ehelichen Mutter jedoch sei eine vergleichbare Lage nicht gegeben, so dass in solchen Fällen der Kindestötung die Milderungsgründe des § 134 Abs. 2

129 Entwurf eines Strafgesetzbuchs (E 1960) mit Begründung. BR-Drs. 270/60.

130 Die Beratungen im Bundesrat zum Entwurf eines Strafgesetzbuchs. Nach dem stenographischen Bericht über die 248. Sitzung des Bundesrats, herausgegeben vom Sekretariat des Bundesrats, S. 3. Bonn 1962.

131 Entwurf eines Strafgesetzbuchs (E 1960) mit Begründung, S. 258.

und 3 zur Anwendung gelangten[132]. Eine im Strafgesetzentwurf von 1936 vorgesehene Streichung der Vorschrift der Kindestötung ließe sich nur dann rechtfertigen, wenn auch für die uneheliche Mutter die Milderungsgründe des § 134 Abs. 2 und 3 ausreichen würden. Dies sei jedoch zu verneinen, da die Milderung nach § 134 Abs. 2 diesbezüglich zu eng gefasst sei. Eine Strafmilderung sei auch dann angebracht, wenn die uneheliche Mutter sich nicht „in einer begreiflichen heftigen Gemütserregung zu der Tat hinreißen" lasse, sondern in der geschilderten seelischen Ausnahmesituation mit Überlegung handle. Die Anwendung des § 134 Abs. 3 auf uneheliche Mütter erfordere in jedem Einzelfall die ausdrückliche Feststellung, dass die Beweggründe der Täterin ihre Schuld wesentlich mindern. Somit sei eine gleichmäßige Gesetzesanwendung nur dann gewährleistet, wenn ein besonderer Milderungsgrund für die uneheliche Mutter geschaffen werde. Die erforderliche zeitliche Begrenzung des Milderungsgrundes auf die Dauer der durch den Geburtsvorgang ausgelösten Schwächung der Widerstandskraft werde im Einklang mit einer Vielzahl früherer Entwürfe und dem geltenden Recht auch im Entwurf von 1960 durch die tatbestandliche Verwendung der Formulierung „in oder gleich nach der Geburt" definiert. Die Herabsetzung des Strafrahmens der Kindestötung durch das Dritte Strafrechtsänderungsgesetz vom 4. August 1953 in Fällen mildernder Umstände auf Gefängnis von sechs Monaten bis zu fünf Jahren halte der Entwurf für unvereinbar mit dem Unrechtsgehalt der Tat, so dass das Mindestmaß auf Gefängnis von einem Jahr erhöht worden sei. Auf die im geltenden Recht als Regelstrafe vorgesehene Zuchthausstrafe könne jedoch im allgemeinen Bestreben des Entwurfs, den Anwendungsbereich der Zuchthausstrafe einzuschränken, verzichtet werden, da auch das Höchstmaß der Strafe für Kindestötung auf zehn Jahre Gefängnis erhöht worden sei[133].

Die vom Justizminister Nordrhein-Westfalens einberufene Länderkommission zur Großen Strafrechtsreform befasste sich im Rahmen ihrer 6. Tagung vom 27. September bis 1. Oktober 1960 in Überlingen mit dem Kindestötungstatbestand des Entwurfs von 1960[134].

---

132 § 134 Abs. 2 (Totschlag): „Hat sich der Täter in einer begreiflichen heftigen Gemütserregung zu der Tat hinreißen lassen, so ist die Strafe Zuchthaus bis zu zehn Jahren, in minder schweren Fällen Gefängnis von einem Jahr bis zu fünf Jahren." (E 1960).

§ 134 Abs. 3 (Totschlag): „Wenn Mitleid, Verzweiflung oder andere Beweggründe, die den Täter zur Tat bestimmen, seine Schuld wesentlich mindern, so ist die Strafe Gefängnis nicht unter einem Jahr. Der Versuch ist strafbar." (E 1960).

133 Entwurf eines Strafgesetzbuchs (E 1960) mit Begründung, S. 258.

134 Vgl. Niederschrift über die 6. Tagung der Länderkommission für die große Strafrechtsreform in Überlingen vom 27. September bis 1. Oktober 1960; Anwesende Mitglieder: *Roth* (Baden-Württemberg), *Rösch* (Bayern), *Herrmann* (Berlin), *Dünnebier* (Bremen),

Simon erläuterte einführend die Begründung zum Entwurf von 1960 und ergänzte diese dahingehend, dass ein Kind dann als unehelich anzusehen sei, wenn seine Eltern weder zur Zeit der Zeugung noch zur Zeit der Geburt miteinander in gültiger Ehe lebten[135]. Die Mutter werde gemäß § 19 Abs. 2[136] des Entwurfs auch dann bestraft, wenn sie irrig annehme, dass das Kind unehelich sei. Halte die Mutter das Kind irrtümlich für ehelich, so finde nicht § 136, sondern §§ 134[137] und 135[138] des Entwurfs Anwendung. Aufgrund dessen, dass die Unehelichkeit des Kindes ein besonderes persönliches Merkmal sei, finde § 136 nur auf die Mutter als Täterin oder Teilnehmerin der Tat Anwendung. Andere Tatbeteiligte seien nach den allgemeinen Bestimmungen der §§ 134 und 135 strafbar. Daraus, dass der Gesetzgeber dem Grundtatbestand und den Qualifizierungsfällen innerhalb des ersten Titels des Entwurfs einen Privilegierungsfall folgen lasse, ergebe sich, dass § 136 die Anwendung der §§ 134 und 135 ausschließe. *Simon* schlug vor, dies durch Einführung eines Absatzes 3 in den Tatbestand des § 136 dergestalt klarzustellen, dass § 135 nicht anzuwenden sei[139].

Frahm (Hamburg), *Gauf* (Hessen), *Wilkerling* (Niedersachsen), *Krille*, *Simon* (beide Nordrhein-Westfalen), *Wagner* (Rheinland-Pfalz), *Kammer* (Saarland), *Ostendorff* (Schleswig-Holstein), *Schafheutle*, *Dreher*, *Schwalm*, *Lackner*, *Tröndle* (alle BMJ) und *Kalthoener* (Protokollführer).

135 *Simon*, Länderkommission, abgedruckt in Niederschrift über die 6. Tagung der Länderkommission für die große Strafrechtsreform in Überlingen vom 27. September bis 1. Oktober 1960, S. 38.

136 § 19 Abs. 2 (Irrtum über Tatumstände): „Wer bei der Tat irrig Umstände annimmt, welche den Tatbestand eines milderen Gesetzes verwirklichen würden, kann wegen vorsätzlicher Begehung nur nach dem milderen Gesetz bestraft werden.“ (E 1960).

137 § 134 Abs. 1 (Totschlag): „Wer einen anderen tötet, wird mit Zuchthaus nicht unter fünf Jahren bestraft.“ (E 1960). Zu §134 Abs. 2 und 3 vergleiche oben unter Kapitel 8, B, VII.

138 § 135 (Mord):

„(1) Mit lebenslangem Zuchthaus wird bestraft,

wer

1. aus Mordlust,
2. zur Erregung oder Befriedigung des Geschlechtstriebes,
3. aus Habgier oder
4. in der Absicht, eine andere Straftat zu ermöglichen

einen anderen tötet.

(2) Ebenso wird bestraft, wer einen anderen mit Überlegung tötet.

Die Tat ist jedoch als Totschlag nach § 134 Abs. 3 strafbar, wenn dessen Voraussetzungen erfüllt sind.“

139 *Simon*, Länderkommission, abgedruckt in Niederschrift über die 6. Tagung der Länderkommission für die große Strafrechtsreform in Überlingen vom 27. September bis 1. Oktober 1960, S. 39.

Ostendorff stellte sodann zur Diskussion, ob § 136 nicht im Hinblick auf § 134 Abs. 2 gestrichen werden könne[140]. Die der Vorschrift zu Grunde liegende Annahme, dass die uneheliche Mutter im Zustand einer heftigen Gemütserregung handele, wenn sie das Kind in oder gleich nach der Geburt töte, treffe in manchen Fällen nicht zu. Zudem sei an Wiederholungsfälle sowie an Fälle zu denken, in denen die Tötung bereits vor Eintritt des Geburtsvorgangs geplant werde[141].

Dünnebier[142], *Krille*[143], *Dreher*[144] und *Herrmann*[145] griffen die von *Ostendorff* aufgeworfene Frage der frühzeitigen Planung der Tötung des Kindes auf und äußerten Zweifel, ob die Strafdrohung des § 136 für solche Fälle ausreiche. *Dreher* verwies in diesem Zusammenhang darauf, dass die meisten Kindestötungen nach Auffassung von Ärzten und Kriminologen lange vor der Tat geplant würden[146]. Auch *Roth* führte aus, dass der Entschluss zur Kindestötung nur selten erst bei oder unmittelbar nach der Geburt zustande komme[147]. Vielmehr fasse die uneheliche Mutter den Entschluss schon längere Zeit vor der Niederkunft. Dies lasse sich daran erkennen, dass in diesen Fällen keinerlei Vorbereitungen für die Geburt getroffen würden. Allerdings gab *Roth* zu

---

140 *Ostendorff*, Länderkommission, abgedruckt in Niederschrift über die 6. Tagung der Länderkommission für die große Strafrechtsreform in Überlingen vom 27. September bis 1. Oktober 1960, S. 39.

141 *Ostendorff*, Länderkommission, abgedruckt in Niederschrift über die 6. Tagung der Länderkommission für die große Strafrechtsreform in Überlingen vom 27. September bis 1. Oktober 1960, S. 39.

142 *Dünnebier*, Länderkommission, abgedruckt in Niederschrift über die 6. Tagung der Länderkommission für die große Strafrechtsreform in Überlingen vom 27. September bis 1. Oktober 1960, S. 40.

143 *Krille*, Länderkommission, abgedruckt in Niederschrift über die 6. Tagung der Länderkommission für die große Strafrechtsreform in Überlingen vom 27. September bis 1. Oktober 1960, S. 40.

144 *Dreher*, Länderkommission, abgedruckt in Niederschrift über die 6. Tagung der Länderkommission für die große Strafrechtsreform in Überlingen vom 27. September bis 1. Oktober 1960, S. 41.

145 *Herrmann*, Länderkommission, abgedruckt in Niederschrift über die 6. Tagung der Länderkommission für die große Strafrechtsreform in Überlingen vom 27. September bis 1. Oktober 1960, S. 41.

146 *Dreher*, Länderkommission, abgedruckt in Niederschrift über die 6. Tagung der Länderkommission für die große Strafrechtsreform in Überlingen vom 27. September bis 1. Oktober 1960, S. 41.

147 *Roth*, Länderkommission, abgedruckt in Niederschrift über die 6. Tagung der Länderkommission für die große Strafrechtsreform in Überlingen vom 27. September bis 1. Oktober 1960, S. 42.

bedenken, dass die uneheliche Mutter schon während der Schwangerschaft in die seelische Verfassung gerate, die § 136 als schuldmindernd anerkenne[148].

Herrmann schlug vor, in Fällen vorher geplanter Taten den Gedanken der actio libera in causa zu berücksichtigen und nicht § 136, sondern § 134 oder § 135 anzuwenden[149]. *Wilkerling*[150] und *Ostendorff*[151] sprachen sich dagegen für eine Beibehaltung der Strafandrohung des geltenden Rechts aus, nach der im Regelfall zu Zuchthaus und in minder schweren Fällen zu Gefängnis verurteilt werde. Innerhalb eines solchen Strafrahmens könne der Richter den Umständen des Einzelfalls, wie beispielsweise der frühzeitigen Planung der Tat, besser gerecht werden.

Schwalm entgegnete dem, dass die Androhung von Zuchthausstrafen eine unerträgliche Spannung zu den Absätzen 2 und 3 des § 134 schaffen würde. *Roth* verwies ergänzend darauf, dass die Zuchthausstrafe nach der Konzeption des Entwurfs der Schwerstkriminalität vorbehalten sein solle, zu der auch die erörterten schweren Fälle der Kindestötung nicht gehörten. *Gauf* legte dar, dass in der Praxis Freiheitsstrafen von über zehn Jahren in Fällen der Kindestötung nicht vorkämen, so dass die Strafandrohung des § 136 keiner Überarbeitung bedürfe.

Auf Vorschlag Krilles erörterte schließlich eine Unterkommission[152] die Frage, ob sich eine Einschränkung des § 136 empfehle und auf welche Weise diese gegebenenfalls herbeigeführt werden könne. Die Unterkommission unterbreitete der Länderkommission im Anschluss an die Beratungen folgende Vorschläge[153]:

„1. Alternative:

§ 136 (Kindestötung) erhält die im Entwurf vorgesehene Fassung.

---

148 *Roth*, Länderkommission, abgedruckt in Niederschrift über die 6. Tagung der Länderkommission für die große Strafrechtsreform in Überlingen vom 27. September bis 1. Oktober 1960, S. 42.

149 *Herrmann*, Länderkommission, abgedruckt in Niederschrift über die 6. Tagung der Länderkommission für die große Strafrechtsreform in Überlingen vom 27. September bis 1. Oktober 1960, S. 41.

150 *Wilkerling*, Länderkommission, abgedruckt in Niederschrift über die 6. Tagung der Länderkommission für die große Strafrechtsreform in Überlingen vom 27. September bis 1. Oktober 1960, S. 42.

151 *Ostendorff*, Länderkommission, abgedruckt in Niederschrift über die 6. Tagung der Länderkommission für die große Strafrechtsreform in Überlingen vom 27. September bis 1. Oktober 1960, S. 42.

152 Der Unterkommission gehörten an: *Wilkerling*, *Rösch*, *Ostendorff*, *Wagner*, *Schafheutle* und *Schwalm*.

153 Vgl. Niederschrift über die 6. Tagung der Länderkommission für die große Strafrechtsreform in Überlingen vom 27. September bis 1. Oktober 1960, S. 43, 44.

2. Alternative:

§ 136 (Kindestötung) erhält folgende Fassung:
(1) Eine Mutter, die ihr uneheliches Kind in oder gleich nach der Geburt tötet, wird mit Gefängnis nicht unter einem Jahr bestraft. Der Versuch ist strafbar.

(2) Handelt die Mutter in Ausführung eines vor der Geburt mit Überlegung gefaßten Entschlusses, so ist die Strafe Zuchthaus bis zu zehn Jahren, in minder schweren Fällen Gefängnis von einem Jahr bis zu fünf Jahren."

Wilkerling erläuterte, dass vorliegend drei Gesichtspunkte zu beachten seien: die besondere soziale Stellung der unehelichen Mutter, die psychische Wirkung der Schwangerschaft und die Erregung bei dem Geburtsakt[154]. Die seitens der Unterkommission vorgeschlagene 2. Alternative beruhe auf der Erwägung, dass eine Zuchthausstrafe angebracht sein könne, wenn der Plan zur Kindestötung schon vor der Geburt mit Überlegung gefasst worden sei. Die Mehrheit der Mitglieder der Unterkommission empfehle der Vollkommission jedoch, die 2. Alternative nicht anzunehmen, da diese die beiden erstgenannten Gesichtspunkte nicht genügend berücksichtige. Zudem müsse die 2. Alternative in Absatz 2 für minder schwere Fälle wieder zu der Mindeststrafe des Absatzes 1 zurückkehren. Der Privilegierung unwürdig seien nur Fälle, in denen keiner der drei genannten Gesichtspunkte Bedeutung habe. Wenn man aber alle drei Faktoren in den Tatbestand des § 136 aufnehme, so würde die Vorschrift dem § 134 Abs. 2 sehr ähneln. Dies spreche für eine Streichung des § 136 und einen Rückgriff auf § 134, was aber im Gesetzgebungsverfahren nicht durchsetzbar sei. Somit sei die Fassung des § 136 im Entwurf von 1960 vorzuziehen, dessen weiterer Strafrahmen dem Gericht die Möglichkeit eröffne, auch schwere Fälle der Kindestötung angemessen zu ahnden[155]. *Krille*[156] und *Dünnebier*[157] schlossen sich der Empfehlung der Unterkommission an, da deren Beratungen ergeben hätten, dass eine andere befriedigende Regelung nicht zu finden sei.

154 *Wilkerling*, Länderkommission, abgedruckt in Niederschrift über die 6. Tagung der Länderkommission für die große Strafrechtsreform in Überlingen vom 27. September bis 1. Oktober 1960, S. 44.

155 *Wilkerling*, Länderkommission, abgedruckt in Niederschrift über die 6. Tagung der Länderkommission für die große Strafrechtsreform in Überlingen vom 27. September bis 1. Oktober 1960, S. 45.

156 *Krille*, Länderkommission, abgedruckt in Niederschrift über die 6. Tagung der Länderkommission für die große Strafrechtsreform in Überlingen vom 27. September bis 1. Oktober 1960, S. 45.

157 *Dünnebier*, Länderkommission, abgedruckt in Niederschrift über die 6. Tagung der Länderkommission für die große Strafrechtsreform in Überlingen vom 27. September bis 1. Oktober 1960, S. 45.

Die Kommission billigte schließlich bei einer Stimmenenthaltung des Landes Niedersachsen den § 136 in der Fassung des Entwurfs von 1960[158].

Der durch die endgültigen Beratungsergebnisse der Länderkommission modifizierte Entwurf von 1960 wurde als „E 1962"[159] in den IV. Bundestag eingebracht[160]. Der Bundestag verabschiedete den Entwurf in erster Lesung und verwies ihn an den Rechtsausschuss, der am 3. Mai 1963 einen Unterausschuss „Strafrecht" (ab Dezember 1963: Umwandlung in einen Sonderausschuss „Strafrecht") einsetzte. Bis zum Ende der Legislaturperiode 1965 konnten die Beratungen nicht mehr abgeschlossen werden; es kam nur zur weitgehenden Beratung des Allgemeinen Teils.[161]

Normtext und Begründung des Tatbestandes der Kindestötung wurden gemäß dem Abstimmungsergebniss der Länderkommission unverändert in der Fassung des Entwurfs von 1960 in den Entwurf von 1962 übernommen[162].

Im Rahmen seines Aufsatzes „Zur Privilegierung der Kindestötung"[163] setzte sich *Wahle* kritisch mit dem Tatbestand der Kindestötung in der Fassung des Entwurfs von 1962 auseinander. *Wahle* monierte, dass trotz der umfangreichen Beratungen der Großen Strafrechtskommission kaum geklärt sei, unter welchen soziologischen, psychologischen und insbesondere medizinischen Voraussetzungen ein besonderer Tatbestand der Kindestötung überhaupt gerechtfertigt sei[164]. Dabei hänge die Frage der Berechtigung einer strafrechtlichen Sonderstellung der „Kindesmörderinnen" in erster Linie von der exakten medizinischen Beantwortung der Frage nach der psychischen Situation der Kindesmutter ab. Neueres Material juristischer und medizinischer Art habe bei den Beratungen der Großen Strafrechtskommission jedoch kaum zur Verfügung gestanden. Diese Divergenzen und Unklarheiten vermochten nach

---

158 Vgl. Niederschrift über die 6. Tagung der Länderkommission für die große Strafrechtsreform in Überlingen vom 27. September bis 1. Oktober 1960, S. 45.

159 Entwurf eines Strafgesetzbuchs (E 1962) mit Begründung, Bonn 1962.

160 Der E 1962 wurde in der Sitzung vom 28. März 1963 von Justizminister Ewald Bucher (FDP) begründet. Vgl. Scheffler, Das Reformzeitalter, 1953-1975, in: Vormbaum / Welp: Das Strafgesetzbuch. Sammlung der Änderungsgesetze und Neubekanntmachungen. Supplementband 1: 130 Jahre Strafgesetzgebung – Eine Bilanz, Berlin 2004, S. 181.

161 Vgl. *Scheffler*, Das Reformzeitalter, S. 181

162 Entwurf eines Strafgesetzbuchs (E 1962) mit Begründung, S. 274.

163 *Wahle*, Zur Privilegierung der Kindestötung (§§ 217 StGB, 136 E 1962), FamRZ 67, S. 542 ff.

164 *Wahle*, Zur Privilegierung der Kindestötung (§§ 217 StGB, 136 E 1962), FamRZ 67, S. 542. ff (542)

Ansicht *Wahles* nicht, eine tragfähige Grundlage für eine Reform abzugeben, die ihren Namen verdiene[165].

Wahle führte aus, dass jeder Geburtsvorgang eine starke psychische und physische Belastung darstelle, die zu einer gewissen Störung des seelischen Gleichgewichts führen könne. Nach Darstellung des einschlägigen medizinischen Schrifttums würden jedoch trotz dieser erheblichen körperlichen und seelischen Anforderungen auch schwere Geburten von Frauen gut überstanden[166]. Zur Rechtfertigung der Privilegierung der Kindestötung seien somit bei Betrachtung der medizinischen Aspekte Angst, Furcht vor Schande und Not, Verlassenheit, starre gesellschaftliche Konventionen usw. als psychologisch bedeutsame und motivisch wirksame Faktoren mit zu berücksichtigen. Neuere gerichtsmedizinische und psychiatrische Untersuchungen hätten ergeben, dass für den Regelfall aller Kindestötungen eine „reaktive Abnormisierung", deren komplexe Symptomatik als eine Art „Verdrängung der Schwangerschaft" charakterisiert werden müsse, die eigentliche Ursache der Tat darstelle[167]. Am Beginn dieser Abwehrreaktion stehe zumeist eine der Schwangeren ausweglos erscheinende Situation, die zu einer seelischen Überlastung der werdenden Mutter führe. Dabei sei nicht entscheidend, dass ein objektiver Anlass für die Entstehung der geschilderten Verdrängungssituation in den seltensten Fällen gegeben sei[168]. Ausschlaggebend sei vielmehr die subjektive Einstellung der Täterin zur Schwangerschaft, da nach den Erfahrungen der medizinischen Wissenschaft Suggestion und Autosuggestion eine entscheidende Rolle bei der Ausgestaltung der „Erlebnisabwehr" spielten. In der für die „Kindesmörderinnen" typische Verdrängungssituation vermeide die Schwangere jedes bewusste Reflektieren in die Zukunft. Hierfür sei außerordentlich bezeichnend, dass von den meisten Täterinnen eine Abtreibung überhaupt nicht erwogen werde. Auch der Gedanke an den Geburtstermin werde mehr oder minder zwanghaft beiseite geschoben, so dass die Betroffene die Schwangerschaft in gewissem Sinne gar nicht bewusst erlebe und das unerwünschte Geburtsereignis für sie

---

165 *Wahle*, Zur Privilegierung der Kindestötung (§§ 217 StGB, 136 E 1962), FamRZ 67, S. 542 ff. (543).

166 *Wahle*, Zur Privilegierung der Kindestötung (§§ 217 StGB, 136 E 1962), FamRZ 67, S. 542 ff. (543).

167 *Wahle*, Zur Privilegierung der Kindestötung (§§ 217 StGB, 136 E 1962), FamRZ 67, S. 542 ff. (544).

168 *Wahle* verwies darauf, dass beispielsweise in einem sozialen Rechtsstaat kaum eine echte existenzbedrohende wirtschaftliche Not für das uneheliche Kind entstehen könne und dass die uneheliche Geburt vielfach keinen gesellschaftlichen Makel mehr darstelle.

nicht selten überraschend einsetze[169]. Selbst wenn der Geburtsbeginn erkannt werde, sei die Schwangere infolge ihrer „fehlerhaft fixierten psychischen Einstellung" zumeist nicht in der Lage, sich der Situation anzupassen und „umzudisponieren". Da Schwangerschaft und Geburt nach neueren medizinischen Feststellungen einen „psychologisch einheitlichen Komplex" bildeten, seien die motivischen Faktoren wie beispielsweise „Ehrennotstand" oder „Verlassensein", die in der Schwangerschaft die als „Verdrängung" zu charakterisierende psychische und „reaktive Abnormisierung" der schwangeren Frau fixierten, letztendlich auch ursächlich für die Tötung des Kindes bei der Geburt[170]. Die frühere Anschauung der Psychiater, Gerichtsmediziner und Gynäkologen, die den genannten Faktoren einen unmittelbaren Einfluss nur auf das Verhalten während der Geburt zumaßen, könne daher als überholt betrachtet werden. Vielmehr kennzeichne die psychische Verdrängung bereits während der Schwangerschaft die typische Verhaltensform der „Kindesmörderinnen". Da der werdenden Mutter schon während der Schwangerschaft eine „instinktgebundene, affektiv unterbaute Mütterlichkeit" fehle, sei sie auch nicht bereit, während und nach der Geburt ihren Aufgaben nachzukommen. Nach diesen Ergebnissen der medizinischen Forschung müsste nach Ansicht *Wahles* davon ausgegangen werden, dass bei den Täterinnen im Regelfall „psycho-pathologische Tatbestände" vorlägen, die es angemessen erscheinen ließen, für sie auch im neuen Strafgesetzbuch eine privilegierende Sondervorschrift beizubehalten[171]. Es sei jedoch für eine gerechte Differenzierung zwischen „echten" Kindestötungen und Kindestötungen, in denen sich die Schwangere nicht in der geschilderten Ausnahmesituation befinde, unumgänglich, in jedem Einzelfall gutachterlich festzustellen, aus welchen Motiven und in welcher psychischen Lage die Kindestötung erfolge. Eine unwiderlegbare Vermutung dahingehend, dass der geschilderte „psycho-pathologische Tatbestand" in allen Fällen alleinige bzw. wesentliche Ursache des kriminellen Versagens sei, sei nicht gerechtfertigt. Da sich die ehelich Gebärende in der gleichen „psycho-physischen" Ausnahmesituation befinden könne, dürfe auch ihr die Privilegierung der Kindestötung nicht versagt werden[172]. *Wahle* schlug abschließend folgende Fassung einer Vorschrift über die Kindestötung vor:

---

169 *Wahle*, Zur Privilegierung der Kindestötung (§§ 217 StGB, 136 E 1962), FamRZ 67, S. 542 ff. (544).

170 *Wahle*, Zur Privilegierung der Kindestötung (§§ 217 StGB, 136 E 1962), FamRZ 67, S. 542 ff. (544).

171 *Wahle*, Zur Privilegierung der Kindestötung (§§ 217 StGB, 136 E 1962), FamRZ 67, S. 542 ff. (545).

172 *Wahle*, Zur Privilegierung der Kindestötung (§§ 217 StGB, 136 E 1962), FamRZ 67, S. 542 ff. (546).

„Eine Mutter, die ihr Kind unter dem Einfluß von besonderen, durch Schwangerschaft und Geburtsvorgang bedingten Störungen tötet, wird mit Gefängnis von sechs Monaten bis zu fünf Jahren bestraft.“[173]

In einem Aktenvermerk des Bundesministeriums der Justiz aus dem Jahre 1968 musste der zuständige Referent *Corves* konstatieren, dass die Durchsicht der Niederschriften über die Sitzungen der Großen Strafrechtskommission und der Reformakten ergeben habe, dass kriminologisches Material bei der Beratung der Vorschrift über die Kindestötung tatsächlich nur in begrenztem Umfang zur Verfügung gestanden habe[174]. Statistisches Material zur Frage der Kindestötung durch eheliche Mütter beispielsweise habe nicht vorgelegen. Die von *Wahle* besonders hervorgehobene „Verdrängungssituation“ sei in den Beratungen vereinzelt angesprochen, aber unterschiedlich gewertet worden. Ärztliche bzw. medizinische Gutachten aus der Zeit vor 1962 seien anscheinend nicht vorhanden. *Corves* empfahl, dass unter diesen Umständen eine Stellungnahme des Bundesjustizministeriums zu dem Aufsatz von *Wahle* nicht angezeigt sei[175].

Dass im Rahmen der Beratungen der Großen Strafrechtskommission keine medizinischen Gutachten zur Kindestötung vorlagen, ist bemerkenswert. Das Bundesjustizministerium war sich im Vorfeld der Beratungen bewusst gewesen, dass sich im Rahmen der anstehenden Arbeiten eine Reihe von Fragen ergeben würde, die nicht ohne Stellungnahme der ärztlichen Wissenschaft gelöst werden konnten[176]. Daher hatte man vorbereitend Einzelgutachten und Stellungnahmen medizinischer Gesellschaften eingeholt, zu deren besonderem Fachgebiet die einzelnen Fragen gehörten[177]. Unter anderem hatte man einen Fragenkreis zur Abtreibung begutachten lassen. Die Begutachtung medizini-

---

173 *Wahle*, Zur Privilegierung der Kindestötung (§§ 217 StGB, 136 E 1962), FamRZ 67, S. 542 ff. (547).

174 BA-Koblenz: B 141/82097, Blatt 73.

175 BA-Koblenz: B 141/82097, Blatt 73.

176 Vgl. Gutachten und Stellungnahmen zu Fragen der Strafrechtsreform mit ärztlichem Einschlag, Vorbemerkungen, S. IV.

177 Die eingeholten Einzelgutachten und Stellungnahmen betrafen folgende Fragenkreise: I. Zurechnungsfähigkeit und Unterbringung vermindert Zurechnungsfähiger, von Psychopathen und Rauschgiftsüchtigen; II. Strafrechtliche Behandlung des operativen Eingriffs und der ärztlich angezeigten Freiheitsentziehung; III. Freiwillige Sterilisation oder Kastration, Refertilisierung; IV. Künstliche Samenübertragung; V. Hirnchirurgische Eingriffe; VI. Homosexualität; VII. Therapeutische Behandlung von Kriminellen; VIII. Abtreibung. Im Problemkreis der Abtreibung stellte man unter anderem die Frage, welche psycho-physischen Folgen für die Frau bei einer Unterbrechung der Schwangerschaft in Frage kommen. Vgl. Gutachten und Stellungnahmen zu Fragen der Strafrechtsreform mit ärztlichem Einschlag, Vorbemerkungen, S. IV ff.

scher Fragen zur Kindestötung war hingegen unberücksichtigt geblieben, obwohl die Gutachter der Abtreibung aufgrund des übereinstimmenden Fachgebiets zugleich einen Fragenkreis zur Kindestötung hätten bearbeiten können. Man ließ damit die Gelegenheit ungenutzt, die Reformdiskussionen zum Tatbestand der Kindestötung erstmalig auf objektive und wissenschaftlich verifizierte medizinische Erkenntnisse zu stützen. Dass die Hinzuziehung fachspezifischer Stellungnahmen zu medizinischen Aspekten der Kindestötung die Beratungen der Großen Strafrechtskommission wesentlich hätte beeinflussen können, verdeutliche insbesondere die von *Wahle* angesprochene und von *Corves* aufgegriffene „Verdrängungssituation" der Täterin. Wie bereits dargestellt, beschrieb *Wahle*, dass Mütter, die ihr Kind im Verlauf der Geburt töten, ihre Schwangerschaft zuvor verdrängten und infolgedessen auch keine Geburtsvorbereitungen treffen[178]. *Wahle* legte dar, dass diese Verdrängung aus medizinischer Sicht das typische Vorverhalten zu einer sich anschließenden Kindestötung darstelle, deren strafrechtliche Privilegierung aufgrund der vorliegenden „psycho-pathologischen Tatbestände" gerechtfertigt sei[179]. Hingegen hatte *Roth* im Verlauf der 6. Tagung der Länderkommission das Unterlassen von Geburtsvorbereitungen während der Schwangerschaft als Indiz für eine frühzeitige, bewusste Entschlussfassung der Mutter zur Tötung ihres Kindes gewertet[180]. *Dreher*, *Dünnebier*, *Krille* und *Herrmann* hatten Zweifel geäußert, ob die strafrechtliche Privilegierung einer solchen frühzeitigen Planung der Tötung des Kindes gerechtfertigt sei, und hatten sich diesbezüglich für eine Erhöhung des Strafrahmens ausgesprochen[181]. Die Länderkommission hatte letztlich zwar die unveränderte Annahme des § 136 in der Fassung des Entwurfs von 1960 beschlossen, hatte in diesem Zusammenhang jedoch über eine alternative Fassung des Tatbestandes zu entscheiden, nach der ein erhöhter Strafrahmen für den Fall vorgesehen war, dass die Mutter in Ausführung eines vor der Geburt mit Überlegung gefassten Entschlusses handelt[182]. Die nicht durch medizinische Gutachten verifizierte Interpretation des Verhaltens der Mutter während der Schwangerschaft durch die Mitglieder der Länderkommission hatte somit immerhin tatbestandsgestaltende Entscheidungsreife erlangt.

---

178 Vgl. Achtes Kapitel, B, VII.

179 Vgl. Achtes Kapitel, B, VII.

180 Vgl. Achtes Kapitel, B, VII.

181 Vgl. Achtes Kapitel, B, VII.

182 Vgl. Achtes Kapitel, B, VII.

C) Der Alternativ-Entwurf

Nachdem es nicht gelungen war, die Beratungen zu E 1962 bis zum Ende der Legislaturperiode abzuschließen, wurde der Entwurf bereits wenige Wochen nach der konstituierenden Sitzung des Parlaments von mehreren Abgeordneten am 11. November 1965 unverändert in den V. Bundestag (1965–1969) eingebracht[183]. Parallel dazu schloss sich ein privater Kreis deutscher und schweizerischer Strafrechtslehrer[184] zusammen, der mit der Erarbeitung eines Alternativ-Entwurfs (AE)[185] den Versuch unternahm, die kritische Auseinandersetzung mit dem Entwurf von 1962 in formulierte Vorschläge zu fassen.

Der im Januar 1970 veröffentlichte erste Halbband des Besonderen Teils des Alternativ-Entwurfs (Straftaten gegen die Person) enthielt keinen eigenständigen Tatbestand der Kindestötung. Vielmehr wurde diese in einen Universaltatbestand[186] zur vorsätzlichen Tötung integriert:

„§ 100 (Vorsätzliche Tötung)

(1) Wer einen anderen tötet, wird mit Freiheitsstrafe nicht unter fünf Jahren bestraft.

(2) Auf Lebenslange Freiheitsstrafe kann erkannt werden, wenn der Täter

1. durch eine oder mehrere Handlungen mehrere Menschen tötet,
2. durch die Tat das Leben weiterer Menschen unmittelbar gefährdet,
3. dem Opfer bei der Tat erhebliche körperliche oder seelische Qualen zufügt,
4. absichtlich oder mutwillig handelt oder
5. zur Ermöglichung einer Straftat, zur Verdeckung einer Straftat auf Grund eines vor der Straftat gefaßten Entschlusses oder zur Erlangung eines Vermögensvorteils tötet.

(3) Auf Freiheitsstrafe bis zu fünf Jahren ist zu erkennen, wenn

1. die Schuld des Täters wegen seiner Beweggründe oder einer heftigen Gemütserregung erheblich gemindert ist oder

---

183 Auf Antrag der Abgeordneten *Diemer-Nikolaus*, *Güde*, *Dehler*, *Wilhelmini* u.a., BT-Drs. V/32.

184 Zu der Gruppe der Strafrechtslehrer gehörten *Baumann*, *Brauneck*, *Hanack*, *Kaufmann*, *Klug*, *Lampe*, *Lenckner*, *Maihofer*, *Noll*, *Roxin*, *Schmitt*, *Schultz*, *Stratenwerth* und *Stree*.

185 Reihenfolge der Veröffentlichung: AE-AT: Oktober 1966; AE-BT (Politisches Strafrecht): Oktober 1967; AE-BT 1 (Straftaten gegen die Person, 1. HB.): Januar 1970; AE-BT 2 (Straftaten gegen die Person, 2. HB.): Mai 1971; AE-BT 3 (Sexualdelikte, Straftaten gegen Ehe, Familie und Personenstand, Straftaten gegen den religiösen Frieden und die Totenruhe): Juni 1968.

186 Vgl. AE-BT 1, S. 17; vgl. ergänzend *Linka*, Mord und Totschlag (§§ 211–213 StGB). Reformdiskussion und Gesetzgebung seit 1870. Berlin 2008, S. 225 ff.

2. eine Frau ihr Kind in oder gleich nach der Geburt tötet.

Der Versuch ist strafbar.

(4) Treffen die Voraussetzungen des Absatzes 2 und der Nr. 1 des Absatzes 3 zusammen, ist auf Freiheitsstrafe bis zu zehn Jahren zu erkennen."

Zur Begründung führte man aus, dass § 100 Abs. 3 des Entwurfs einer ausdrücklichen Benennung aller legitimen Milderungsgründe diene, die eine privilegierte Bestrafung der vorsätzlichen Tötung rechtfertigten[187]. Eine Privilegierung könne nur dann gewährt werden, wenn die Schuld des Täters wegen seiner Beweggründe oder einer heftigen Gemütserregung erheblich gemindert sei. Da die Tötung eines Kindes durch eine Frau in oder gleich nach der Geburt einen Fall der Minderung der Schuld durch die „anomale psychische Verfassung" der Täterin darstelle, sei es systematisch richtig, die Kindestötung nicht als selbständiges Delikt auszugestalten, sondern sie in Absatz 3 des § 100 des Entwurfs einzugliedern und dessen Strafrahmen zu unterstellen.[188] Die „historisch erklärliche" Beschränkung der Privilegierung auf die uneheliche Geburt sei unberechtigt und werde daher nicht in den Entwurf übernommen. Der nicht näher ausgeführte, „durch die Geburt bedingte psychische Ausnahmezustand" sei von der Ehelichkeit oder Unehelichkeit der Geburt unabhängig. Vielmehr könnten die zur Tötung führenden Antriebe in beiden Fällen von gleicher Stärke sein. Ebenso wie im geltenden Recht trete die Strafmilderung auch im Alternativ-Entwurf ein, ohne dass es einer Einzelfallprüfung bedürfe. Eine Differenzierung von Fall zu Fall verbiete sich schon wegen der Schwierigkeit der Feststellung und der Beurteilung. Der Strafrahmen des § 100 Abs. 3 des Entwurfs entspreche dem des § 213 StGB des geltenden Rechts[189], da für die Verschärfungen, die der Entwurf von 1962 in § 134 Abs. 2 und 3[190] vorsehe, kein Grund angezeigt sei[191].

---

187 Vgl. AE-BT 1, Begründung zu § 100, S. 19.

188 *Wahle*, Zur Privilegierung der Kindestötung (§§ 217 StGB, 136 E 1962), FamRZ 67, S. 547.

189 § 213 StGB in der Fassung der Neubekanntmachung vom 1. September 1969: „War der Totschläger ohne eigene Schuld durch eine ihm oder einem Angehörigen zugefügte Misshandlung oder schwere Beleidigung von dem Getöteten zum Zorne gereizt und hierdurch auf der Stelle zur Tat hingerissen worden, oder sind andere mildernde Umstände vorhanden, so tritt Freiheitsstrafe von sechs Monaten bis zu fünf Jahren ein." Vgl. *Vormbaum / Welp*, Das Strafgesetzbuch, Bd. 2, S. 260.

190 § 134 Abs. 2 (Totschlag): „Hat sich der Täter in einer begreiflichen heftigen Gemütserregung zu der Tat hinreißen lassen, so ist die Strafe Zuchthaus bis zu zehn Jahren, in minder schweren Fällen Gefängnis von einem Jahr bis zu fünf Jahren." Vgl. Entwurf eines Strafgesetzbuches (1962), Kabinettvorlage, abgedruckt in *Vormbaum / Rentrop*, Reform des Strafgesetzbuchs, Bd. 3, S. 283.

Der Allgemeine Teil des Alternativ-Entwurfs wurde von der FDP in den V. Bundestag eingebracht und trat in unmittelbare Konkurrenz zum Entwurf von 1962. Auch die später vorgelegten Abschnitte des Alternativ-Entwurfs zum Besonderen Teil fanden im weiteren Verlauf der Reformarbeiten zum Strafgesetzbuch Berücksichtigung[192].

D) Das Erste Strafrechtsreformgesetz vom 25. Juni 1969 / EGStGB vom 2. März 1974

Trotz aller Bemühungen wurde die angestrebte Gesamtreform des Strafrechts auch bis zum Ende der 60er Jahre noch nicht realisiert. Angesichts der Fülle des zu verwertenden Stoffes, der Komplexität der Materialien sowie des Gewichts und der Tragweite der zu treffenden Entscheidungen konnte auch nicht daran gedacht werden, die Arbeiten innerhalb einer Legislaturperiode zum Abschluss zu bringen[193]. Die Gesamtreform des Besonderen Teils des Strafgesetzbuches wurde daher vorläufig zurückgestellt, um zunächst dringlich erscheinende Korrekturen am Allgemeinen und Besonderen Teil schrittweise in kleineren Strafrechtsreformgesetzen vorzunehmen[194].

Das erste Strafrechtsreformgesetz (1. StrRG) vom 25. Juni 1969[195] ersetze im Zuge des Bemühens um eine resozialisierungsfreundlichere Ausgestaltung des Sanktionssystems Zuchthaus und Gefängnis durch eine einheitliche Freiheitsstrafe. Im Rahmen der Überleitung von Strafdrohungen wurden zudem Höchstmaße für die bisherigen Androhungen von Gefängnis- oder Haftstrafen definiert, die nicht mit einem Höchstmaß versehen worden waren[196]. Der Tatbestand des § 217 lautete damit in der Fassung der Neubekanntmachung vom 1. September 1969[197] wie folgt:

---

§ 134 Abs. 3 (Totschlag): „Wenn Mitleid, Verzweiflung oder andere Beweggründe, die den Täter zur Tat bestimmen, seine Schuld wesentlich mindern, so ist die Strafe Gefängnis nicht unter einem Jahr. Der Versuch ist strafbar." Vgl. Entwurf eines Strafgesetzbuches (1962), Kabinettvorlage, abgedruckt in *Vormbaum / Rentrop*, Reform des Strafgesetzbuchs, Bd. 3, S. 283.

191 Vgl. AE-BT I, Begründung zu § 100, S. 19.

192 Vgl. *Scheffler*, Das Reformzeitalter, S. 197 ff.

193 Vgl. *Hohler*, Die Strafrechtsreform – Beginn einer Erneuerung, NJW 1969, S. 1225 ff., (1226).

194 Vgl. *Kaufmann*, Die Reformen des deutschen Strafrechts, S. 10; *Linka*, Mord und Totschlag, S. 229.

195 BGBl. 1969, S. 645 (Nr. 52).

196 Vgl. Erstes Gesetz zur Reform des Strafrechts (1. StrRG), Zweiter Abschnitt (Überleitungen von Strafdrohungen), Artikel 5 (Mindest- und Höchstmaße), abgedruckt in: *Vormbaum / Welp*, Das Strafgesetzbuch, Bd. 2, S. 100.

197 Abgedruckt in: *Vormbaum / Welp*, Das Strafgesetzbuch, Bd. 2, S. 261.

„§ 217
(1) Eine Mutter, welche ihr uneheliches Kind in oder gleich nach der Geburt vorsätzlich tötet, wird mit Freiheitsstrafe nicht unter drei Jahren bestraft.

(2) Sind mildernde Umstände vorhanden, so ist die Strafe Freiheitsstrafe von sechs Monaten bis zu fünf Jahren.“

Das Einführungsgesetz zum Strafgesetzbuch (EGStGB) vom 4. März 1974[198] führte im Allgemeinen als auch im Besonderen Teil des Strafgesetzbuches zu erheblichen Änderungen. Man hatte sich zum Ziel gesetzt, bei einzelnen Tatbeständen oder Gruppen von Tatbeständen, die in ihrer Ausgestaltung, im Sprachgebrauch oder in der Bewertung nicht mehr zeitgemäß erschienen oder die durch die fortschreitende Rechtsentwicklung änderungsbedürftig waren, die erforderlichen Anpassungen vorzunehmen[199]. Das Gesetz galt angesichts dieses Regelungsziels als „Reform der Reform“[200] sowie als „Einführungsgesetz, Strafrechtsreform- und Strafrechtsänderungsgesetz in einem“[201]. Mit dem Einführungsgesetz sollte „die Strafrechtsreform als großes Gesamtwerk weitgehend abgeschlossen werden“[202].

Das Einführungsgesetz sah für den Tatbestand der Kindestötung folgende Änderung vor:

„§ 217 wird wie folgt geändert:
a) In Absatz 1 werden das Wort ‘uneheliches ’ durch das Wort ‘nichteheliches’ ersetzt und das Wort ‘vorsätzlich’ gestrichen;

b) in Absatz 2 werden die Worte ‘Sind mildernde Umstände vorhanden, so’ durch die Worte ‘In minder schweren Fällen’ ersetzt.“[203]

Die Änderungen in Absatz 1 wurden mit dem Verweis auf das Gesetz über die rechtliche Stellung der nichtehelichen Kinder vom 19. August 1969[204] sowie unter Bezugnahme auf § 15 StGB in der Fassung des 2. StrRG[205] begründet[206]. Hinsichtlich der Änderung des Absatzes 2 verwies man auf die generelle

---

198 BGBl. 1974 I, S. 469.

199 Vgl. BT-Drs. 7/550, Einleitung, S. 189.

200 *Baumann*, Strafrechtsreform ohne Gesamtparlament?, ZPR 1974, S. 77 ff. (77).

201 *Baumann*, Strafrechtsreform ohne Gesamtparlament?, ZPR 1974, S. 77 ff. (77).

202 *Hanack*, Das Legalitätsprinzip und die Strafrechtsreform, in FS-Gallas, Berlin 1973, S. 339 ff. (340); vgl. Rentrop, Untreue, S. 227.

203 Vgl. Einführungsgesetz zum Strafgesetzbuch (EGStGB), abgedruckt in: *Vormbaum / Welp*, Das Strafgesetzbuch, Bd. 2, S. 346 (378).

204 BGBl. I, S. 1243. Das Gesetz diente der Beseitigung der zivilrechtlichen Ungleichheiten zwischen ehelichen und unehelichen Kindern.

205 § 15 (Vorsätzliches und fahrlässiges Handeln) StGB in der Fassung des 2. StrRG: „Strafbar ist nur vorsätzliches Handeln, wenn nicht das Gesetz fahrlässiges Handeln ausdrücklich mit Strafe bedroht.“; abgedruckt in: *Vormbaum / Welp*, Das Strafgesetzbuch, Bd. 2, S. 114 (120).

206 Vgl. BT-Drs. 7/550, Begründung, S. 244.

Tendenz des Entwurfs, die Zahl der Wertgruppen zu reduzieren, nach denen Einzelfälle innerhalb des oberen und unteren Strafrahmenbereichs zu differenzieren sind. Dies führte unter anderem zur Abschaffung der auch in § 217 StGB bislang enthaltenen Rechtsfigur der „mildernden Umstände", die durch die Annahme eines „minder schweren Falls" ersetzt wurden[207].

Zu den Anliegen des Einführungsgesetzes gehörte im übrigen auch die Einführung amtlicher Überschriften zu sämtlichen Vorschriften des Besonderen Teils, so dass der Tatbestand der „Kindestötung" nach Inkrafttreten des EGStGBs am 2. Januar 1975[208] wie folgt lautete:

> „§ 217 Kindestötung
> (1) Eine Mutter, welche ihr nichteheliches Kind in oder gleich nach der Geburt tötet, wird mit Freiheitsstrafe nicht unter drei Jahren bestraft.
>
> (2) In minder schweren Fällen ist die Strafe Freiheitsstrafe von sechs Monaten bis zu fünf Jahren."

E) Der 53. Deutsche Juristentag (1980)

Die strafrechtliche Abteilung des 53. Deutschen Juristentages 1980 in Berlin befasste sich im Rahmen ihrer Auseinandersetzung mit den Tötungsdelikten auch mit der Kindestötung. Zu der Fragestellung:

> „Empfiehlt es sich, die Straftatbestände des Mordes, des Totschlags und der Kindestötung (§§ 211 bis 213, 217 StGB) neu abzugrenzen?"

erstellte *Eser* ein umfassendes Gutachten[209]. *Eser* führte aus, dass der § 217 in der geltenden Fassung nicht voll befriedigen könne[210]. Dies gelte insbesondere für die Beschränkung der Privilegierung auf die Nichtehelichkeit des Kindes. Diese sei aufgrund der sozialen und rechtlichen Diskriminierung der nichtehelichen Mutter zwar historisch legitim gewesen, verkenne jedoch, dass auch die eheliche Mutter bei der Geburt in einem psychischen Ausnahmezustand handeln könne, der zumindest eine gewisse Privilegierung verdiene. Das geltende Recht könne dem allenfalls über § 213 StGB[211] Rechnung tragen,

---

207 Vgl. BT-Drs. 7/550, Begründung, S. 244 i.V.m. S. 211 ff.

208 Bekanntmachung der Neufassung des Strafgesetzbuches (StGB) vom 2. Januar 1975, BGBl. 1975 I, S. 1; vgl. *Vormbaum / Welp*, Das Strafgesetzbuch, Bd. 3, Nr. 103, S. 1 (119).

209 *Eser*, Empfiehlt es sich, die Straftatbestände des Mordes, des Totschlags und der Kindestötung (§§ 211 bis 213, 217 StGB) neu abzugrenzen? Gutachten D für den 53. Deutschen Juristentag; in: Verhandlungen des 53. Deutschen Juristentages. Band I, Berlin 1980, S. D 1 – D 201.

210 *Eser*, Gutachten, S. D 59.

211 Minder schwerer Fall des Totschlags.

allerdings auch nur dann, wenn nicht gleichzeitig ein Mordmerkmal erfüllt sei. Im Gegensatz dazu hätte die psychische Ausnahmesituation der Gebärenden zum Teil schon seit längerer Zeit in den meisten Nachbarstaaten Deutschlands dahingehend Berücksichtigung gefunden, dass auf das Nichtehelichkeitserfordernis verzichtet werde[212]. Zudem werfe § 217 in struktureller Hinsicht Fragen auf, da der Tatbestand als Sonderprivilegierung der Mutter auf etwaige Drittbeteiligte nicht anwendbar sei.

Eser schlug vor, die Kindestötung nicht mehr als eigenständigen Tatbestand, sondern als Regelbeispiel in den Tatbestand des Totschlags zu integrieren[213]. Die „erstaunliche Metamorphose“ der Kindestötung vom einst qualifizierten zum seit der Aufklärung mehr und mehr privilegierten Tötungsdelikt setzt sich nach Ansicht *Esers* mit nun „integrierender Tendenz“ fort, indem in manchen Rechten und Entwürfen die Kindestötung nur noch als Unterfall der Totschlagsprivilegierung in Erscheinung trete. Dies sei nicht als eine „Abwertung“ des Tatbestandes zu verstehen, sondern als eine „Angleichung“. Während die früher vorherrschende „soziale“ Privilegierungsratio[214] immer mehr an Bedeutung verliere, sei im Gegenzug dem „affektiven“ Milderungsgrund, also der für den Geburtsvorgang typischen Abnormisierung des Gemütszustandes, stärkeres Gewicht beizumessen. Damit stehe die Kindestötung nunmehr auf gleicher Ebene mit sonstigen affektbedingten Tötungen. Dies alleine rechtfertige jedoch noch nicht, die Kindestötung restlos im allgemeinen Affekttotschlag aufgehen zu lassen. Vielmehr müsse die Frage beantwortet werden, ob die Gemütslage der Täterin, bei der durch eine emotionale Bündelung von Verzweiflung und Apathie die Tötungshemmung typischerweise herabgesetzt sei, einen eigenen Tatbestand erfordere oder ob sie durch ein Regelbeispiel des Affekttotschlags hinreichend hervorgehoben werde. Zur Klärung dieser Frage sei zu prüfen, welche „Privilegierungspolitik“ hinsichtlich des zu privilegierenden Täterkreises sowie des psychisch-zeitlichen Affektbereichs verfolgt werden solle[215].

Die Frage des Täterkreises machte *Eser* davon abhängig, ob man primär den Ehrennotstand und demzufolge nur die nichteheliche Mutter oder (auch) den psychischen Ausnahmezustand der Gebärenden und damit die eheliche Kindestöterin privilegieren wolle[216]. *Eser* führte aus, dass sich die Affektlage der

212 *Eser*, Gutachten, S. D 60.

213 *Eser*, Gutachten, S. D 147.

214 *Eser* nannte als Beispiele den „Ehrennotstand“ der nichtehelichen Mutter und Versorgungsprobleme.

215 *Eser*, Gutachten, S. D 149.

216 *Eser*, Gutachten, S. D 149.

nichtehelich Gebärenden regelmäßig verschärfter darstelle, so dass die Tötungshemmung noch mehr herabgesetzt bzw. die zum Unterlassen führende Apathie noch größer sein könne. Jedoch sei diese lediglich graduelle Affektsteigerung kein Grund, damit dem für jede Geburt typischen psychischen Ausnahmezustand praktisch jede privilegierungsrelevante Bedeutung abzusprechen. Vielmehr ließen sich graduelle Unterschiede auf der Strafzumessungsebene abhandeln. Zu bedenken sei in diesem Zusammenhang auch, dass eine Beschränkung der Privilegierung alleine auf uneheliche Mütter die eigentlich abzubauende gesellschaftliche Diskriminierung der nichtehelichen Mutter weiterhin gesetzlich zementiere. Vor diesem Hintergrund sei der Privilegierungsbereich grundsätzlich jeder Gebärenden zu eröffnen. Dies gelte jedoch nicht für sonstige Verwandte, da auch damit soziale Vorurteile weiter potenziert würden[217].

Neben der Beschreibung des Täterkreises waren nach Darstellung *Esers* auch etwaige zeitliche und motivationale Privilegierungsfaktoren zu berücksichtigen[218]. Eine Rückführung der „rechtsvergleichenden Vielfalt" auf „gewisse Grundfaktoren" ergebe, dass der Zeitfaktor entweder rein quantitativ-temporär mit „in oder gleich nach der Geburt" oder mehr qualitativ-psychologisch mit „in der Geburt oder noch unter Einfluß des Geburtsvorgangs" umschrieben werde. Beim Motivfaktor werde entweder „mit gesetzlicher Präsumtion eines Affekts operiert" oder der Einzelnachweis eines bestimmten Motivs, wie z.B. der Furcht vor Schande oder Not, gefordert. Dabei werde der Privilegierungsbereich in der Regel umso weiter und damit für die Mutter günstiger, je mehr er quantitativ-präsumtiv und nicht psychologisch-motivisch umschrieben sei. Aus der Kombination des personellen mit dem zeitlichen und motivalen Faktor ergebe sich eine Vielzahl bemerkenswerter Privilegierungsstufen und -korrelationen, ohne dass eine allseits befriedigende Lösung gefunden werden könne[219].

Damit stelle sich die Frage, auf welchem gesetzestechnischen Wege bei Kindestötungen der Privilegierungsbereich zwar für jede Mutter eröffnet, jedoch bei nachweislichem Nichtvorliegen eines Affekts wiederum geschlossen werden könne[220]. Einziger Lösungsweg, bei dem beiden Anliegen gleichermaßen Rechnung getragen werden könne, sei das Regelbeispiel. Da einerseits durch das Regelbeispiel jede Tötung durch die Mutter in und nach

---

217 *Eser*, Gutachten, S. D 151.

218 *Eser*, Gutachten, S. D 151.

219 *Eser*, Gutachten, S. D 152.

220 *Eser*, Gutachten, S. D 152.

der Geburt privilegierungsfähig sei, werde zu ihren Gunsten grundsätzlich ein Handeln im Affekt vermutet. Indem jedoch anderseits das Regelbeispiel widerlegbar sei und die Ausrichtung am Affekterfordernis in der Grundregelung des Totschlagstatbestandes zum Ausdruck komme, entfalle die Privilegierung, wenn im Einzelfall eine schuldmindernde Gemütsbewegung der Mutter nachweislich nicht vorliege. Zudem sprächen auch Lebensschutzaspekte für die Ausgestaltung der Kindestötung als Regelbeispiel. Schon dadurch, dass die Kindestötung nicht mehr als eigener Tatbestand, sondern nur noch als Unterfall des Totschlags in Erscheinung trete, werde jedem Verdacht, dass es sich bei der Tötung von Neugeborenen um diejenige eines noch nicht vollwertigen Lebens oder gar um eine Art nachgeholten extrauterinen Schwangerschaftsabbruch handeln könne, in unmissverständlicher Weise vorgebeugt. Des weiteren werde dadurch, dass die Kindestötung nur noch ein Regelbeispiel der schuldgeminderten Affekttötung darstelle, über alle Zweifel klar, dass die Tötung eines Neugeborenen dem Unrecht einer sonstigen vorsätzlichen Tötung in nichts nachstehe[221].

Die strafrechtliche Abteilung des DJT diskutierte die Frage der Neuabgrenzung der Straftatbestände des Mordes, des Totschlags und der Kindestötung im Rahmen ihrer Sitzungen am 17. und 18. September 1980. Mit der Mehrheit von 31 Stimmen beschloss man, dass es einer besonderen Regelung der Kindestötung nicht bedürfe, da diese, soweit strafmilderungswürdig, bereits von der allgemeinen Regelung der privilegierbaren Fälle erfasst werde. Die zur Wahl gestellte Alternative, die Privilegierung der Kindestötung unter Miteinbeziehung der Mutter eines ehelichen Kindes innerhalb der Aufzählung der privilegierbaren Fälle vorsätzlicher Tötung erfolgen zu lassen, fand lediglich 16 Zustimmungen. 20 Stimmen erhielt der Alternativvorschlag, den Tatbestand der Kindestötung unter Miteinbeziehung der Mutter eines ehelichen Kindes beizubehalten.

F) Das Sechste Gesetz zur Reform des Strafrechts vom 26. Januar 1998

Ein Vierteljahrhundert nach Beginn der Arbeiten der Großen Strafrechtskommission entschloss sich der Gesetzgeber, das Ziel einer Gesamtreform weiterzuverfolgen und die Neugestaltung des Besonderen Teils „soweit wie möglich abzuschließen“[222]. Dem Auftrag der Koalitionsvereinbarungen von CDU, CSU und FDP für die 13. Legislaturperiode entsprechend, wurde im Bundesministerium der Justiz ein Referentenentwurf

221 *Eser*, Gutachten, S. D 153.

222 Vgl. Gesetzesbegründung abgedruckt in: BT-Drs. 13/7164, S. 18.

(RefE-6. StrRG)[223] erarbeitet, der vorsah, den Strafrahmen zu harmonisieren, Strafvorschriften zu ändern, zu ergänzen und neu zu fassen, um den Strafschutz zu verbessern und die Rechtsanwendung zu erleichtern sowie nicht mehr zeitgemäße oder entbehrliche Strafvorschriften aufzuheben[224]. Der Referentenentwurf wurde im Oktober 1996 zur Diskussion freigegeben. Einem Arbeitskreis von 29 Strafrechtslehrerinnen und Strafrechtslehrern sowie den Landesjustizverwaltungen, dem Bundesgerichtshof und den Strafverteidigervereinigungen, denen der Entwurf offiziell zur Begutachtung übersandt worden war, setzte man eine Frist zur Stellungnahme bis zum 21. Februar 1997[225].

Artikel 1, Nr. 25 des Referentenentwurfs lautete wie folgt:

> „§ 217 wird aufgehoben."

Begründet wurde die Aufhebung der Vorschrift damit, dass der Tatbestand der Kindestötung in der strafrechtlichen Praxis nur eine sehr untergeordnete Rolle spiele. In den alten Bundesländern seien in den Jahren 1986 bis 1993 jährlich zwischen einem und zwölf Strafverfahren mit jeweils zwischen einer Verurteilung und zehn Verurteilungen zu verzeichnen gewesen. Die nicht durch die Strafverfolgungsstatistik erfasste Tötung eines Kindes durch die eheliche Mutter besaß nach Einschätzung der Referenten in der Praxis einen allenfalls gleichgewichtigen Stellenwert ein. Die Referenten bezeichneten den § 217 StGB als nicht mehr zeitgemäß. Die psychische Ausnahmesituation einer Mutter, die ihr eheliches oder nichteheliches Kind in oder gleich nach der Geburt töte, könne durch die Anwendung des § 213 StGB Berücksichtigung finden. Zudem werde mit der Aufhebung des § 217 StGB zugleich die allgemein kritisierte Beschränkung des Tatbestandes auf die Tötung nichtehelicher Kinder beseitigt.

Auf der Grundlage des RefG-6. StrRG 1996 brachten Bundesregierung und Koalitionsfraktionen unter Vornahme erster, nicht unwesentlicher Veränderungen am 14. März 1997 gleichlautende Gesetzentwürfe (E-6. StrRG)[226] in das Gesetzgebungsverfahren ein. Auch diese Entwürfe sahen die Aufhebung des Tatbestandes der Kindestötung vor und übernahmen die diesbezügliche Begründung des Referentenentwurfs. Im Mai 1997 nahm sodann der Bundesrat eingehend zu diesen Gesetzesentwürfen Stellung.

Der Bundesrat schlug vor, Artikel 1 Nr. 26 (§ 217 Abs. 1 StGB) wie folgt zu fassen:

> „26. In § 217 Abs.1 wird das Wort 'nichteheliches' gestrichen."

---

223 Referentenentwurf vom 15. Juli 1996.

224 Vgl. Zielsetzung des Referentenentwurfs, A.

225 Zu den Einzelheiten: *Freund*, Der Entwurf eines 6. Gesetzes zur Reform des Strafrechts, ZStW 109 (1997), S. 455 ff. (455, 469); vgl. auch *Rentrop*, Untreue. S. 242.

226 Regierungsentwurf: BR-Drs. 164/97 = BT-Drs. 13/8587, Anl. 1; Entwurf der Fraktionen von CDU/CSU und FDP: BT-Drs. 13/7164.

Zur Begründung der Ausweitung der Privilegierung auf die Tötung ehelicher Kinder verwies der Bundesrat darauf, dass der Strafrahmen des § 217 StGB für die Tötung eines nichtehelichen Kindes Freiheitsstrafe nicht unter drei Jahren und in minder schweren Fällen Freiheitsstrafe von sechs Monaten bis zu fünf Jahren vorsehe. Demgegenüber werde eine Mutter, die ihr eheliches Kind in oder gleich nach der Geburt töte, wegen Mordes gemäß § 211 StGB oder wegen Totschlags gemäß § 212 StGB mit Freiheitsstrafe zwischen fünf Jahren und lebenslang bestraft, sofern die Tat nicht ausnahmsweise als minder schwerer Fall des Totschlags gemäß § 213 StGB und demzufolge mit einer Mindeststrafe von sechs Monaten bis zu fünf Jahren geahndet werde. Aufgrund der veränderten gesellschaftlichen Stellung von Müttern nichtehelicher Kinder sei diese Unterscheidung nicht mehr zeitgemäß und nicht gerechtfertigt. Denn die den Müttern zugebilligte psychische Ausnahmesituation, in der sie ihr Neugeborenes töteten, sei vom Familienstand der Mütter und Kinder nicht abhängig.

Gegen die in den Entwürfen vorgesehene ersatzlose Streichung des § 217 StGB sprach nach Ansicht des Bundesrates die besondere Ausnahmesituation, in der sich eine Mutter befinde, die ihr Kind in oder direkt nach der Geburt töte. Die Ahndung einer solchen Tat als Mord oder Totschlag werde dieser Ausnahmesituation in keiner Weise gerecht.

Die Gegenäußerung der Bundesregierung zur Stellungnahme des Bundesrates erfolgte im September 1997. Die Bundesregierung berücksichtigte in diesem Zusammenhang zahlreiche Anregungen der Länder sowie eine Reihe von zwischenzeitlich eingegangenen Stellungnahmen zum RefE-6. StrRG.

Unter anderem hatte sich das Justizministerium des Landes Rheinland-Pfalz für die Streichung des Tatbestandes ausgesprochen, gegen die „allseits keine Bedenken“ beständen[227]. Aus den zutreffenden Gründen der Begründung des Entwurfs befürworte man die Aufhebung der Vorschrift[228]. Auch der Generalbundesanwalt beim Bundesgerichtshof sowie die Gewerkschaft der Polizei stimmten dem Entwurf hinsichtlich des Verzichts auf den Tatbestand der Kindestötung zu. Der Generalbundesanwalt äußerte sich dahingehend, die grundsätzlichen Bedenken, die in der Entwurfsbegründung gegen den geltenden § 217 StGB vorgetragen würden, zu teilen, empfahl jedoch zugleich, die Gesetzesänderung der seit längerem geplanten Gesamtreform der Tötungsde-

227 Vgl. Schreiben des Ministeriums der Justiz des Landes Rheinland-Pfalz vom 20. März 1997 in: BA-Koblenz: B 141/451769. Die Akten befanden sich zum Zeitpunkt der Einsichtnahme (5. November 2008) noch beim Bundesministerium der Justiz in Berlin und waren für eine Überstellung zur Aufnahme in das Bundesarchiv in Koblenz vorgesehen.

228 BA-Koblenz: B 141/451769.

likte vorzubehalten[229]. Die Gewerkschaft der Polizei führte zur Begründung ihrer Zustimmung an, dass die polizeiliche Kriminalitätsstatistik für die Jahre 1986 bis 1993 in der Tat jährlich nur sehr wenige Verurteilungen ausweise, was die mangelnde Bedeutung dieses Straftatbestandes verdeutliche. Darüber hinaus könne der Straftatbestand auch mit dem übrigen zur Verfügung stehenden Straftatenkatalog des StGB ausreichend gewürdigt werden[230]. Sowohl die Evangelische Kirche in Deutschland[231] als auch das Kommissariat der Deutschen Bischöfe[232] machten die Zustimmung zur Streichung des Tatbestandes von der Sicherstellung abhängig, dass die bisher von § 217 StGB erfassten Ausnahmesituationen bei einer Begehung der Tat in der Form eines Mordes auch künftig als minder schwerer Fall der besonderen Strafzumessungsvorschrift des § 213 StGB unterfallen. Dies sei erforderlich, da § 213 StGB bislang nur im Rahmen des § 212 StGB, nicht jedoch im Rahmen von § 211 StGB Anwendung finde. Ergänzend verwies man darauf, dass durch die Anhebung des Strafrahmens in § 213 des Entwurfs auf Freiheitsstrafe von einem Jahr bis zu zehn Jahren auch in minder schweren Fällen eine nicht unerhebliche Strafverschärfung eintrete. Der Arbeitskreis der Strafrechtslehrerinnen und Strafrechtslehrern regte an, den bisherigen § 217 StGB trotz der geringen statistischen Bedeutung als benannten privilegierten Fall des Totschlags festzuschreiben[233]. In diesem Zusammenhang hielt man eine Klarstellung dahingehend für erwägenswert, dass wegen der Ratio der Privilegierung hinsichtlich der Ehelichkeit des Kindes allein das Vorstellungsbild der Gebärenden und nicht etwa die tatsächliche Situation maßgeblich sei. Der Arbeitskreis empfahl, § 211 StGB durch die Möglichkeit zu ergänzen, auch bei formaler Erfüllung der bisherigen Mordmerkmale das Vorliegen von Mordunrecht zu verneinen und so von der Verhängung der absoluten Strafe begründet abzusehen. Damit war nach Ansicht des Arbeitskreises dem Gesetzesanwender ein

229 Vgl.Schreiben des Generalbundesanwalts beim Bundesgerichtshof vom 18. Februar 1997 in: BA-Koblenz: B 141/451785. Die Akten befanden sich zum Zeitpunkt der Einsichtnahme (5. November 2008) noch beim Bundesministerium der Justiz in Berlin und waren für eine Überstellung zur Aufnahme in das Bundesarchiv in Koblenz vorgesehen.

230 Vgl. Schreiben des Bundesvorstandes der Gewerkschaft der Polizei vom 18. Februar 1997 in: BA-Koblenz: B 141/451785.

231 Vgl. Schreiben der Evangelischen Kirche in Deutschland vom 20. Februar 1997 in: BA-Koblenz: B 141/451769.

232 Vgl. Schreiben des Prälats *Paul Bocklet*, Leiter des Katholischen Büros Bonn des Kommissariats der Deutschen Bischöfe, vom 19.Februar 1997 in: BA-Koblenz: B 141/451785.

233 Stellungnahme eines Arbeitskreises von Strafrechtslehrern, abgedruckt in: *Freund*, Der Entwurf eines 6. Gesetzes zur Reform des Strafrechts, ZStW 109 (1997), S. 455 ff.

Instrument an die Hand gegeben, ohne Rechtsbruch und ohne Rückgriff auf das Institut der teleologischen Reduktion zur angemessenen Rechtsfolge zu gelangen. Allerdings dürfe in diesem Zusammenhang die Aufgabe der sachgerecht-restriktiven Interpretation der Mordmerkmale nicht vernachlässigt werden.

Im Rahmen ihrer Gegenäußerung hielt die Bundesregierung an der Aufhebung des § 217 StGB fest und erteilte dem Vorschlag des Bundesrates, den Anwendungsbereich dieser Vorschrift auf Mütter ehelicher Kinder auszudehnen, eine Absage[234]. Zur Begründung führte man aus, dass die Ausnahmesituation, in der sich eine Mutter befinde, die ihr Kind in oder direkt nach der Geburt töte, in angemessener Weise bei der Prüfung berücksichtigt werden könne, ob ein minder schwerer Fall des Totschlags gemäß § 213 StGB vorliege. Zwar sei es zutreffend, dass eine Anwendung des § 213 StGB ausscheide, soweit Mordmerkmale bei der Tötung der Kinder verwirklicht werden, jedoch in Fällen der in Rede stehenden Art regelmäßig keiner der in Betracht kommenden Mordmerkmale des § 211 StGB erfüllt sein. Heimtücke sei nach der höchstrichterlichen Rechtsprechung dann gegeben, wenn die Arg- und Wehrlosigkeit des Opfers ausgenutzt werde. Diese Fähigkeit zum Argwohn sei dem Neugeborenen jedoch nicht gegeben. Das Merkmal „grausam" werde durch die Begehungsweise der Tat und eine spezifische innere Haltung des Täters gekennzeichnet, dessen Vorsatz sich auf alle Umstände erstrecken müsse, die die Grausamkeit der Tat begründen. Beide Voraussetzungen lägen mit Rücksicht auf die psychische Ausnahmesituation, in der sich auch diejenige Mutter befinde, die ihr eheliches Kind in oder gleich nach der Geburt töte, in aller Regel jedoch nicht vor. Nach Einschätzung der Bundesregierung gelangte, von ganz außergewöhnlichen Ausnahmefällen abgesehen, bei der Tötung eines Kindes durch die Mutter in oder gleich nach der Geburt vielmehr § 212 Abs. 1 StGB und vielfach § 213 StGB zur Anwendung. Würden wider Erwarten in Ausnahmefällen doch Mordmerkmale verwirklicht, so könne die Strafe durch Rückgriff auf den gesetzlichen Schuldmilderungsgrund in § 21 StGB gemäß § 49 Abs. 1 Nr. 1 StGB gemildert werden, so dass es insgesamt keines Sondertatbestandes der Kindestötung bedürfe. Im übrigen spreche für die Aufhebung des § 217 StGB ergänzend der Umstand, dass die Privilegierung auch der Mutter zugute komme, die sich bei Ausführung der Tat nicht in einem Erregungszustand befinde und die Tat plangemäß und mit Überlegung ausführe. Demgegenüber könne § 213 StGB nur dann zur Anwendung gelangen, wenn im Einzelfall die seelische und wirtschaftliche Bedrängnis der Mutter in Verbindung mit dem Erregungszustand während der Geburt zur Tötung des

234 BT-Drs. 13/8587, Anlage 3, Gegenäußerung der Bundesregierung, S. 81.

Kindes führten. Letzteres sei nach Auffassung der Bundesregierung sachgerecht[235].

Seine abschließende Gestalt nahm das Reformvorhaben in der Beschlussempfehlung des Rechtsausschusses des Deutschen Bundestages[236] vom 12. November 1997 an, in der man sich unverändert für eine Aufhebung des § 217 StGB aussprach. Am 14. November 1997 wurde das 6. StrRG schließlich vom Deutschen Bundestag mit den Stimmen der Abgeordneten von CDU, CSU und FDP beschlossen. Die Abgeordneten der SPD enthielten sich ihrer Stimmen, obwohl die sozialdemokratischen Mitglieder des Rechtsausschusses den Änderungsvorschlägen zuvor weitgehend zugestimmt hatten. Die Abgeordneten von Bündnis 90/Die Grünen und PDS stimmten gegen das Gesetz[237]. Der Bundesrat verzichtete am 19. Dezember 1997 auf die Einlegung eines Einspruchs gegen das Gesetz.

Am 1. April 1998 trat das Sechste Gesetz zur Reform des Strafrechts (6. StrRG) in Kraft und hob den Tatbestand der Kindestötung nach 127 Jahren der Zugehörigkeit zum Strafgesetzbuch auf.

235 BT-Drs. 13/8587, Anlage 3, Gegenäußerung der Bundesregierung, S. 82.

236 BT-Drs. 13/8991; vgl. *Rentrop*, Untreue, S. 247.

237 Vgl. *Rentrop*, Untreue, S. 248.

DRITTER TEIL.
ZUSAMMENFASSUNG UND WÜRDIGUNG

Neuntes Kapitel.
Zusammenfassung

Seit Aufhebung des Tatbestandes der Kindestötung durch das Sechste Gesetz zur Reform des Strafrechts vom 1. April 1998 unterliegt eine Mutter, die ihr neugeborenes Kind tötet, nicht mehr einer privilegierenden Sonderregelung, sondern den allgemeinen Tötungsdelikten[1].

Dies war bereits zu Zeiten der Römer und Germanen der Fall, die die strafrechtliche Sanktionierung der Tötung eines Kindes durch die eigene Mutter ebenfalls nicht eigenständig regelten[2]. Die Mutter beging mit der Tötung ihres Kindes ein parricidium, einen Verwandtenmord, und büßte diesen mit dem Tode, sofern das Kind durch Lustration, Namensgebung oder Nahrungsaufnahme bereits ein eigenständiges Lebensrecht erworben hatte und damit Teil der Gemeinschaft geworden war. Relativierte die fehlende Taufe des Kindes noch im Frühmittelalter die Schwere der Tat, so erklärte das kanonische Recht die Tötung des Kindes vor Vollzug der heiligen Taufe im Spätmittelalter zur absoluten Todsünde[3]. Der Verlust ewigen Lebens und ewiger Seligkeit des Kindes qualifizierte den Täter bzw. die Täterin nach kirchenrechtlicher Interpretation für einen außerordentlich qualvollen und unehrenhaften Tod durch Begraben und Pfählen bei lebendigem Leibe oder Ertränken in Form des Säckens. An dieser Ächtung der Täterin hielt auch die Constitutio Criminalis *Karls V.* aus dem Jahre 1532 fest, die die Kindestötung als unchristlichen und unmenschlichen Mord an einem unschuldigen Kind bezeichnete[4]. Allerdings regelte die Constitutio Criminalis die Kindestötung als erstes Gesetzeswerk eigenständig, ohne sie als Unterfall des Verwandtenmordes zu fassen.

Bis zum Beginn des vielfach zitierten Wandels der Kindestötung von der Qualifizierung zur Privilegierung der Täterin vergingen sodann zwei Jahrhunderte, bis die Gedanken der Aufklärung und Humanität im 18. Jahrhundert Eingang in die Gesellschaft fanden und die Person der Täterin sowie deren Motive in den Mittelpunkt der Betrachtung rückten[5]. Wissenschaft und Literatur hinterfragten die Ängste und Nöte, die eine Mutter dazu veranlassen

1 Kapitel 8, D).

2 Kapitel 2, A) und B).

3 Kapitel 2, C).

4 Kapitel 2, D).

5 Kapitel 2, E).

konnten, ihr eigenes neugeborenes Kind zu töten und weckten Mitleid und Verständnis für Täterinnen, die sie in sozialer, moralischer und wirtschaftlicher Hinsicht selbst als Opfer der gesellschaftlichen Umstände skizzierten. Ausgehend von *Clossmann*, der die Tötung eines Kindes durch die eigene Mutter nicht mehr als „Kindermord", sondern lediglich als „Kindertotschlag" klassifizierte, interpretierten schließlich auch Rechtswissenschaft und Gesetzgebung das Delikt der Kindestötung nicht mehr strafqualifizierend, sondern strafprivilegierend[6]. Allerdings führte diese Privilegierung zunächst nur zu einer „Humanisierung" des Vollzugs der nach wie vor angedrohten und verhängten Todesstrafe. Vollzog man die Hinrichtungen bis dahin demonstrativ langsam und grausam, so gewährte man den Täterinnen nun ein rasches Ende durch die Enthauptung per Beil oder Schwert. Erst die Verfasser des österreichischen Strafgesetzbuches von 1803 verzichteten darauf, die Tötung eines Kindes durch die Mutter mit dem Tode zu ahnden und sahen stattdessen Gefängnis bzw. Zuchthaus vor[7]. Beginnend mit dem Strafgesetzbuch Bayerns, entworfen von *Anselm von Feuerbach* im Jahre 1813, setzte sich die lediglich freiheitsentziehende Bestrafung der Kindestötung nach und nach auch in den anderen Partikulargesetzgebungen Deutschlands durch, so dass die privilegierende Interpretation des Tatbestandes nunmehr auch durchgreifende Wirkung entfaltete und das Leben der Täterinnen schonte.

In Preußen hielt die Aufklärung mit der Thronbesteigung *Friedrichs II.* im Jahre 1740 Einzug[8]. Nachdem dieser zunächst die Enthauptung durch das Schwert anstelle des Säckens angeordnet hatte, führte er das Phänomen der Kindestötungen im Rahmen wissenschaftlicher Abhandlungen auf gesellschaftliche Ursachen, insbesondere die staatlichen Unzuchtstrafen, zurück. Diese versetzten die Täterin nach Ansicht *Friedrichs II.* in die Zwangslage, sich zwischen der Aufrechterhaltung ihrer Ehre und dem Leben ihres Kindes entscheiden zu müssen. Mit dem Edikt „wider den Mord neugeborener unehelicher Kinder, Verheimlichung der Schwangerschaft" schaffte der König schließlich die staatlichen Unzuchtstrafen ab und erließ mit diesem normierten Rückzug des Staates aus der Moralpolitik eine der im Rückblick spektakulärsten Gesetzesmaßnahmen des 18. Jahrhunderts[9]. Die Verfasser des Allgemeinen Landrechts für die Preußischen Staaten von 1794 griffen die Gedanken *Friedrichs II.* im Jahre auf und versuchten, Kindestötungen durch den Erlass

6 Kapitel 2, E).

7 Kapitel 2, F).

8 Kapitel 2, G).

9 Kapitel 2, G).

zahlreicher Vorbeugemaßnahmen zu vermeiden[10]. Zugleich hielten sie jedoch die Androhung der Todesstrafe in Fällen der Tötung eines neugeborenen Kindes aufrecht. Dies änderte sich erst im Rahmen der sich wenige Jahre später anschließenden preußischen Gesetzrevision, die zur Abschaffung der Todesstrafe für Kindestötungen innerhalb des Preußischen Strafgesetzbuches von 1851 führte[11]. Die Wandlung des Delikts von der Qualifizierung zur Privilegierung hatte damit auch in Preußen einen Grad erreicht, der das Leben der Täterinnen erhielt.

Der Tatbestand der Kindestötung des Preußischen Strafgesetzbuches ging über das Strafgesetz des Norddeutschen Bundes nahezu unverändert in das Reichsstrafgesetzbuch von 1871[12] ein und blieb sodann bis zu seiner Abschaffung im Jahre 1998 als § 217 des Strafgesetzbuches in seinen wesentlichen Grundzügen bestehen. Nichtsdestoweniger fand die Kindestötung regelmäßig Berücksichtigung in den Reformbemühungen zum Strafgesetzbuch[13]. Neben der zutreffenden Ausgestaltung des Strafrahmens und der Frage, ob die zeitliche Begrenzung der Privilegierung auf einen Zeitpunkt „in oder gleich nach der Geburt" genauer gefasst werden müsse, diskutierte man insbesondere den rechtfertigenden Grund der milden Bestrafung der Kindestötung sowie die daraus resultierende Frage, ob diese Milderung nicht auch auf eheliche Mütter zu erstrecken sei. Stellte man auf eine moralisch und materiell bedrängte Lage der Täterin ab, die ihre gesellschaftliche Ehre aufgrund des nichtehelichen Kindes gefährdet sah und die sich aufgrund eines fehlenden Versorgers um die finanzielle Absicherung des Kindes sorgte, so sprach dies für die Beibehaltung der bereits im Preußischen Strafgesetzbuch normierten Beschränkung der Privilegierung auf die Tötung nichtehelicher Kinder. Begründete man hingegen die Privilegierung der Täterin mit dem Verweis auf deren geburtsbedingte physische und psychische Beeinträchtigungen, mithin mit einer geminderten Zurechnungsfähigkeit der Mutter zum Zeitpunkt der Tötung, so legte dies eine Erweiterung der Strafmilderung auch auf eheliche Mütter nahe, die naturgemäß den gleichen geburtsbedingten Beeinträchtigungen unterfielen wie nichteheliche Mütter. Eine dritte Position ergab sich aus dem Verweis auf eine die Privilegierung rechtfertigende Wechselwirkung zwischen den sozialen und wirtschaftlichen Motiven der Täterin einerseits und deren geburtsbedingten körperlichen und geistigen Beeinträchtigungen andererseits. Die Belastungen des Geburtsvorganges versetzten die Gebärenden demnach in einen spezifi-

10 Kapitel 2, G) I.

11 Kapitel 2, G) II.

12 Kapitel 3, E).

13 Kapitel 4 bis 8.

schen Erregungszustand, in dessen Verlauf sie mit der Tötung der Neugeborenen auf belastende soziale oder wirtschaftliche Umstände reagierten.

Die Reformbemühungen zum Tatbestand der Kindestötung führten in den Entwürfen eines Strafgesetzbuches der Jahre 1909 bis 1919 im wesentlichen zu einer Differenzierung des Strafrahmens, während man die Privilegierung nach wie vor auf die Tötung nichtehelicher Kinder beschränkte[14]. Dies änderte sich ausgehend vom Entwurf Radbruchs aus dem Jahre 1922[15], der die Strafmilderung auch in Fällen der Tötung ehelicher Kinder vorsah und dem sich diesbezüglich sowohl die Reichstagsvorlage von 1924/25[16] als auch die Entwürfe von 1927[17], 1930[18] und 1933[19] anschlossen. Die genannten Entwürfe wiesen das Delikt der Kindestötung zudem nicht mehr als Verbrechen, sondern lediglich als Vergehen aus. Diese milde Interpretation der Tat verkehrte sich nach der nationalsozialistischen Machtergreifung ins Gegenteil. Bereits der erste Entwurf eines nationalsozialistischen Strafgesetzbuches aus dem Jahre 1933/34[20] sah die Abschaffung des Privilegierungstatbestandes der Kindestötung vor. Zur Begründung verwies man auf den „hohen Wert des Kindes für die Volksgemeinschaft" sowie die besondere Strafwürdigkeit der „völligen Verleugnung der Mutterschaft durch die Kindesmörderin"[21]. Nach dem Ende des Zweiten Weltkriegs wurde der Tatbestand der Kindestötung zunächst unverändert in der Fassung des Reichsstrafgesetzbuches von 1871 fortgeführt[22], bevor das Dritte Strafrechtsänderungsgesetz von 1953 zu einer Kürzung der Mindeststrafe für den minder schweren Fall auf sechs Monate und damit zu einer Angleichung an die Strafandrohung des § 213 Abs. 2 StGB führte[23]. Die Entwürfe eines Strafgesetzbuches der Großen Strafrechtskommission sahen die Reduzierung der Mindeststrafe des Regelfalls der Kindestötung auf ein Jahr Gefängnis vor, beließen es aber bei der Begrenzung der Privilegierung auf Mütter unehelicher Kinder[24]. Über die Vornahme redaktioneller Änderungen des Tatbestandes durch das Erste Strafrechtsreformgesetz von 1969 und das

14 Kapitel 5, A) bis D).

15 Kapitel 6, A).

16 Kapitel 6, B).

17 Kapitel 6, D).

18 Kapitel 6, F).

19 Kapitel 6, F).

20 Kapitel 7, C).

21 *Gürtner*, Das kommende deutsche Strafrecht, S. 376.

22 Kapitel 8, Einleitung.

23 Kapitel 8, A).

24 Kapitel 8, B).

Einführungsgesetz zum Strafgesetzbuch von 1974[25] kam es schließlich zur Aufhebung des Tatbestandes der Kindestötung durch das Sechste Gesetz zur Reform des Strafrechts im Jahre 1998. Diese Aufhebung erfolgte entgegen dem Vorschlag des Bundesrates, den Tatbestand der Kindestötung beizubehalten und die Privilegierung auch auf Mütter ehelicher Kinder zu erstrecken[26].

25 Kapitel 8, D).

26 Kapitel 8, F). So auch *Guhl-Finkenthei*, § 217 StGB – eine zeitgemäße Vorschrift?, in: Festschrift für Günter Bemmann, S. 310 ff.

Zehntes Kapitel.
Würdigung

Mit der Aufhebung des Delikts der Kindestötung verzichtete man auf einen Tatbestand, der seit dem Inkrafttreten des Reichsstrafgesetzbuches 1871 in seinen wesentlichen Grundzügen den gesellschaftlichen Anforderungen des Kaiserreiches, der Weimarer Republik, der Besatzungsherrschaft, des westdeutschen Teilstaates und für einige Jahre auch den Ansprüchen des wiedervereinigten Deutschlands genügt hatte. Man begründete diesen Verzicht in erster Linie damit, dass der Tatbestand im Jahre 1998 nicht mehr zeitgemäß sei[1].

Diese Einschätzung erscheint auf den ersten Blick plausibel. Die Geburt eines nichtehelichen Kindes barg am Ende des 20. Jahrhunderts nicht mehr die Gefahr einer generellen gesellschaftlichen Ächtung der Mutter, und die Schutzmechanismen des Sozialstaates fingen im Bedarfsfall das wirtschaftliche Risiko der Versorgung des Neugeborenen auf. Zudem spielte der Tatbestand der Kindestötung mit maximal zehn Verurteilungen pro Jahr in der Tat nur eine untergeordnete Rolle in der strafrechtlichen Praxis[2]. Somit erschien es naheliegend, „die psychische Ausnahmesituation der Mutter, die ihr eheliches oder nichteheliches Kind in oder gleich nach der Geburt tötet, durch die Anwendung des § 213 StGB[3]" zu berücksichtigen.

Gerade dieser Verweis auf die Auffangfunktion der Tötungsdelikte im allgemeinen und des Totschlags in einem minder schweren Fall im besonderen verschleiert jedoch den Blick darauf, dass es sich bei der Aufhebung des § 217 StGB nicht um den folgenlosen und damit unbedenklichen Wegfall einer nicht mehr benötigten Strafvorschrift handelt, den man sich mit dem Entwurf des Sechsten Strafrechtsänderungsgesetzes offiziell zum Ziel gesetzt hatte[4]. Die Streichung des Tatbestandes der Kindestötung stellt sich im Ergebnis als eine „verkappte" Strafschärfung dar, die sich aus der ersatzweisen Anwendung der allgemeinen Tötungsdelikte auf die bislang privilegierten Fälle der Kindestötung ergibt[5]. Sah der Regefall des § 217 Abs. 1 eine Freiheitsstrafe von nicht

---

1 Vgl. Kapitel 8, F).

2 Bt-Drs. 13 / 8587, S. 34.

3 Bt-Drs. 13 / 8587, S. 34.

4 Bt-Drs. 13 / 8587, S. 18.

5 So auch *Struensee* in: Einführung in das 6. Strafrechtsreformgesetz 1998, S. 3.

unter drei Jahren vor, so droht für den Regelfall des Totschlags gemäß § 212 StGB eine Freiheitsstrafe von mindestens fünf Jahren. Ahndete § 217 Abs. 2 a.F. StGB einen minder schweren Fall der Kindestötung im Mindestmaß mit lediglich sechs Monaten Freiheitsentzug, so beträgt das Mindestmaß eines minder schweren Falls des Totschlags gemäß § 213 StGB ein Jahr Freiheitsentzug. Das Mindeststrafmaß des § 213 StGB erfuhr zudem erst im Zuge des Sechsten Strafrechtsänderungsgesetzes eine Erhöhung von sechs Monaten auf ein Jahr, was der mittelbaren Strafschärfung für Fälle der Kindestötung einen nahezu zielgerichteten Charakter verleiht. Konkrete Hinweise darauf, dass die im Ergebnis strafschärfende Wirkung der Aufhebung der Kindestötung tatsächlich beabsichtigt war, finden sich im Gesetzgebungsverfahren jedoch nicht[6]. Für eine schärfere Ahndung des Delikts bestand auch keinerlei strafrechtliches Bedürfnis, was sich bereits aus dem in der Begründung des Entwurfs angeführten Verweis auf dessen geringe Bedeutung in der strafrechtlichen Praxis ergibt[7]. Aber auch eine lediglich „systembedingte" Strafschärfung als unbeabsichtigte „Nebenfolge" der Aufhebung des Tatbestandes zeugt von einer nur oberflächlichen und damit fehlerhaften Konzeptionierung des Sechsten Strafrechtsreformgesetzes[8].

Dieser Eindruck verstärkt sich unter Berücksichtigung dessen, dass dem Strafgesetzbuch mit der Aufhebung des Tatbestandes der Kindestötung auch ein anerkanntes Abgrenzungskriterium zwischen dem Schwangerschaftsabbruch und den allgemeinen Tötungsdelikten genommen wurde[9]. Ging man vor Erlass des Sechsten Strafrechtsänderungsgesetzes unter Bezugnahme auf § 217 StGB davon aus, dass der Schutz des Kindes durch die Körperverletzungs- und Tötungsdelikte mit dem Beginn der Geburt, also mit Eintritt der Geburtswehen einsetzte[10], herrscht seit dem Wegfall des Tatbestandes der Kindestötung diesbezüglich Uneinigkeit. Während die wohl herrschende Meinung auch weiterhin den Beginn der Geburt mit Eintritt der Geburtswehen als maßgebendes Kriterium heranzieht[11], wird nunmehr alternativ vertreten, dass das Neugeborene erst ab der Vollendung der Geburt dem Schutz der Körperverletzungs-

---

6 Vgl. Kapitel 8, F).

7 BT-Drs. 13 / 8587, S. 34.

8 Im Ergebnis auch *Struensee* in: Einführung in das 6. Strafrechtsreformgesetz 1998, S. 2.

9 So auch *Schmoller*, Abschaffung der Sonderregelung für „Kindestötung"? In: Festschrift Gössel, Heidelberg 2002, S. 369 ff. (372); *Struensee,* in: Einführung in das 6. Strafrechtsreformgesetz 1998, S. 29.

10 RGSt 1, 146; BGHSt 31, 348.

11 Vgl. *Lenckner / Eser* in: *Schönke / Schröder*, StGB, Vorbm. §§ 211 ff, RN 13.

und Tötungsdelikte unterfalle[12]. Entgegen dem erklärten Ziel des Gesetzentwurfes, bestehende Auslegungsschwierigkeiten zu beseitigen[13], schuf das Sechste Strafrechtsreformgesetz somit neue Auslegungsschwierigkeiten an einer Stelle des Strafgesetzbuches, die vor Erlass des Gesetzes nicht auslegungsbedürftig waren. Auch diese Konsequenz der Aufhebung des § 217 StGB fand im Verlauf des Gesetzgebungsverfahrens keinerlei Berücksichtigung[14] und belegt damit dessen unzureichende Vorbereitung.

Die Streichung des Privilegierungstatbestandes des § 217 StGB konterkarierte schließlich auch das Ziel des Gesetzentwurfs, die Position der Frauen in der Gesellschaft durch Umsetzung der gleichstellungsgerechten Sprache im Strafgesetzbuch zu stärken[15]. Ersetzte man beispielsweise in § 213 StGB die Worte „von dem Getöteten" durch die Worte „von der getöteten Person", ließ man mit der Aufhebung des Tatbestands der Kindestötung zugleich die Option einer bevorzugten strafrechtlichen Behandlung entfallen, die naturbedingt ausschließlich Frauen zugute kommen konnte. Mit dieser Beschneidung eines Privilegs, dass den Frauen mit Aufnahme des Tatbestandes der Kindestötung in das Österreichische Strafgesetzbuch von 1803, das Bayerische Strafgesetzbuch von 1813 und das Preußische Strafgesetzbuch von 1851 bereits zugestanden wurde, noch bevor die organisierte bürgerliche Frauenbewegung überhaupt ihren Anfang nahm[16], verschlechterte man die Position der Frauen im Strafrecht deutlicher, als man diese durch die Anwendung der gleichstellungsgerechten Sprache verbesserte. Dass auch dieser Widerspruch im Rahmen des Sechsten Strafrechtsreformgesetzes keinerlei Berücksichtigung fand, mag darauf zurückzuführen sein, dass für die juristische Bewertung der „psychischen Ausnahmesituation" der Mutter weder im Vorfeld der Großen Strafrechtskommission[17] noch im Rahmen des zur Streichung des Tatbestands führenden Gesetzgebungsverfahrens objektive medizinische Gutachten eingeholt wurden. Den Beteiligten mangelte es somit möglicherweise an der erforderlichen Sensibilität für die besonderen psychischen und physischen Belastungen der Frauen während des Geburtsvorgangs, so dass sie diesen in strafrechtlicher Hinsicht keine hervorhebenswerte Bedeutung mehr zumaßen.

---

12 *Herzberg / Herzberg*, Der Beginn des Menschseins im Strafrecht: Die Vollendung der Geburt, JZ 2001, S. 1106 ff. (1112).

13 BT-Drs. 13 / 8587, S. 18.

14 Vgl. Kapitel 8, F).

15 So auch *Vormbaum*, Einführung in die moderne Strafrechtsgeschichte, S. 266.

16 Vgl. *Czelk*, „Privilegierung" und Vorurteil, S. 6.

17 Vgl. Kapitel 8, B), VII.

Mit der mittelbaren Strafschärfung für Fälle der ehemals privilegierten Kindestötung durch die ersatzweise Anwendung der allgemeinen Tötungsdelikte, der Schaffung von Auslegungsproblemen hinsichtlich des Übergangsbereiches zwischen Schwangerschaftsabbruch und Körperverletzungs- bzw. Tötungsdelikten sowie dem Verzicht auf den einzigen wirklich frauenfreundlichen Tatbestand des Strafgesetzbuches führte die Aufhebung des § 217 durch das Sechste Strafrechtsreformgesetz somit zu erheblichen nachteiligen Konsequenzen, die bereits zur Beibehaltung des Tatbestandes hätten führen müssen, wenn sie denn im Verlauf des Gesetzgebungsverfahrens überhaupt in Erwägung gezogen worden wären. Den Nachteilen der Aufhebung hält die Begründung des Gesetzentwurfs lediglich den Vorteil der Beseitigung der allgemein kritisierten Beschränkung des Tatbestandes auf die Tötung nichtehelicher Kinder entgegen. Diese Beschränkung, die, wie schon erläutert, im Jahre 1998 tatsächlich nicht mehr zeitgemäß erschien, hätte jedoch, wie bereits vom Bundesrat vorgeschlagen[18], auch durch die Erweiterung der Privilegierung auf Mütter ehelicher Kinder beseitigt werden können. Auf diese Weise wären die negativen Konsequenzen der Aufhebung des Tatbestandes vermieden und die Position der Frauen im Strafrecht effektiv gestärkt worden.

So aber stellt sich die Streichung des Tatbestands der Kindestötung als ein übereiltes und unbedachtes Ergebnis des Sechsten Strafrechtsreformgesetzes dar, das weniger einer sachgerechten Reform des Strafgesetzbuches als vielmehr dem offenbar zu hoch angesetzten Anspruch des Gesetzentwurfs geschuldet erscheint, die Strafrechtsreform einem möglichst weitreichenden Abschluss zuzuführen[19].

---

18 Vgl. Kapitel 8, F).

19 BT-Drs. 13 / 8587, S. 18.

ANHANG

Anhang 1:
Entwürfe

Entwurfsfassungen zur Kindestötung im Rahmen der Reformarbeiten seit 1870

Vorentwurf (1909)

§ 216 Kindestötung

Eine Mutter, welche ihr uneheliches Kind in oder gleich nach der Geburt vorsätzlich tötet, wird mit Zuchthaus, bei mildernden Umständen mit Gefängnis nicht unter sechs Monaten bestraft.

Gegenentwurf (1911)

§ 256 Kindestötung

Eine Mutter, die während der Geburt oder unter Einwirkung der durch den Geburtsvorgang hervorgerufenen Störungen ihr uneheliches Kind tötet, wird mit Zuchthaus bis zu zehn Jahren bestraft.

Entwurf von 1913 I (nach den Beschlüssen 1. Lesung)

§ 261 Kindestötung

Eine Mutter, die ihr uneheliches Kind in oder gleich nach der Geburt vorsätzlich tötet, wird mit Zuchthaus bis zu zehn Jahren, bei mildernden Umständen mit Gefängnis nicht unter sechs Monaten bestraft.

Entwurf von 1913 II (nach den Beschlüssen 2. Lesung)

§ 261 Kindestötung

Eine Mutter, die ihr uneheliches Kind in oder gleich nach der Geburt tötet, wird mit Zuchthaus bis zu zehn Jahren, bei mildernden Umständen mit Gefängnis nicht unter sechs Monaten bestraft.

Entwurf von 1913 III (Strafrechtskommission)

§ 282 Kindestötung

Eine Mutter, die ihr uneheliches Kind in oder gleich nach der Geburt tötet, wird mit Zuchthaus bis zu zehn Jahren, bei mildernden Umständen mit Gefängnis nicht unter sechs Monaten bestraft.

Entwurf von 1919

§ 285 Kindestötung

Eine Mutter, die ihr uneheliches Kind in oder gleich nach der Geburt tötet, wird mit Zuchthaus bis zu zehn Jahren bestraft.

Entwurf von 1922 (Radbruch)

Kindestötung § 222

Eine Mutter, die ihr Kind in oder gleich nach der Geburt tötet, wird mit Gefängnis bestraft.
In besonders schweren Fällen ist die Strafe strenges Gefängnis bis zu zehn Jahren.

Entwurf von 1925

Kindestötung § 225

Eine Mutter, die ihr Kind in oder gleich nach der Geburt tötet, wird mit Gefängnis bestraft.

In besonders schweren Fällen ist die Strafe Zuchthaus bis zu zehn Jahren.

Entwurf von 1927

§ 252 Kindestötung

Eine Mutter, die ihr Kind in oder gleich nach der Geburt tötet, wird mit Gefängnis nicht unter sechs Monaten bestraft.

Der Versuch ist strafbar.

In besonders schweren Fällen ist die Strafe Zuchthaus bis zu zehn Jahren.

Entwurf von 1930 (Entwurf Kahl)

§ 252 Kindestötung

Eine Mutter, die ihr Kind in oder gleich nach der Geburt tötet, wird mit Gefängnis nicht unter sechs Monaten bestraft.

Der Versuch ist strafbar.

In besonders schweren Fällen ist die Strafe Zuchthaus bis zu zehn Jahren.

Entwurf von 1933

§ 252 Kindestötung

Eine Mutter, die ihr Kind in oder gleich nach der Geburt tötet, wird mit Gefängnis nicht unter sechs Monaten bestraft.

Der Versuch ist strafbar.

In besonders schweren Fällen ist die Strafe Zuchthaus bis zu zehn Jahren.

Entwurf von 1959 I

§ 142 Kindestötung

(1) Eine Mutter, die ihr uneheliches Kind in oder gleich nach der Geburt tötet, wird mit Gefängnis nicht unter einem Jahr bestraft.

(2) Der Versuch ist strafbar.

Entwurf von 1959 II

§ 136 Kindestötung

(1) Eine Mutter, die ihr uneheliches Kind in oder gleich nach der Geburt tötet, wird mit Gefängnis nicht unter einem Jahr bestraft.

(2) Der Versuch ist strafbar.

Entwurf von 1960

§ 136 Kindestötung

(1) Eine Mutter, die ihr uneheliches Kind in oder gleich nach der Geburt tötet, wird mit Gefängnis, nicht unter einem Jahr bestraft.

(2) Der Versuch ist strafbar.

Entwurf von 1962 (Bundestagsvorlage und Kabinettsvorlage)

§ 136 Kindestötung

(1) Eine Mutter, die ihr uneheliches Kind in oder gleich nach der Geburt tötet, wird mit Gefängnis nicht unter einem Jahr bestraft.

(2) Der Versuch ist strafbar.

Alternativentwurf (Besonderer Teil – Straftaten gegen die Person, Erster Halbband, 1970)

§ 100 Vorsätzliche Tötung

(1) Wer einen anderen tötet, wird mit Freiheitsstrafe nicht unter fünf Jahren bestraft.

(2) Auf lebenslange Freiheitsstrafe kann erkannt werden, wenn der Täter

1. durch eine oder mehrere Handlungen mehrere Menschen tötet,
2. durch die Tat das Leben weiterer Menschen unmittelbar gefährdet,
3. dem Opfer bei der Tat erhebliche körperliche oder seelische Qualen zufügt,
4. absichtlich oder mutwillig handelt oder
5. zur Ermöglichung einer Straftat, zur Verdeckung einer Straftat auf Grund eines vor der Straftat gefassten Entschlusses oder zur Erlangung eines Vermögensvorteils tötet.

(3) Auf Freiheitsstrafe bis zu fünf Jahren ist zu erkennen, wenn

1. die Schuld des Täters wegen seiner Beweggründe oder einer heftigen Gemütserregung erheblich gemindert ist oder
2. eine Frau ihr Kind in oder gleich nach der Geburt tötet.

Der Versuch ist strafbar.

(4) Treffen die Voraussetzungen des Absatzes 2 und der Nr. 1 des Absatzes 3 zusammen, ist auf Freiheitsstrafe bis zu zehn Jahren zu erkennen.

Entwurf eines Sechsten Gesetzes zur Reform des Strafrechts von 1996

§ 217 wird aufgehoben

Anhang 2: Historische Entwicklung des § 217 StGB seit 1870

15. Mai 1871: RGBl. 1871, S. 127:
Gesetz betreffend die Redaktion des Strafgesetzbuchs für den Norddeutschen Bund als Strafgesetzbuch für das Deutsche Reich

§ 217

(1) Eine Mutter, welche ihr uneheliches Kind in oder gleich nach der Geburt vorsätzlich tödtet, wird mit Zuchthaus nicht unter drei Jahren bestraft.

(2) Sind mildernde Umstände vorhanden, so tritt Gefängnißstrafe nicht unter zwei Jahren ein.

Neubekanntmachung des Reichsstrafgesetzbuchs vom 26. Februar 1876

§ 217 [Keine Änderung].

4. August 1953: BGBl. 1953 I, 735:
Drittes Strafrechtsänderungsgesetz (3. StrÄG)

§ 217 Absatz 2 erhält folgende Fassung:

(2) Sind mildernde Umstände vorhanden, so ist die Strafe Gefängnis nicht unter sechs Monaten.

25. August 1953: BGBl 1953 I, S. 1083 (Nr. 55):
Neubekanntmachung des Strafgesetzbuchs vom 25. August 1953

§ 217

(1) Eine Mutter, welche ihr uneheliches Kind in oder gleich nach der Geburt vorsätzlich tötet, wird mit Zuchthaus nicht unter drei Jahren bestraft.

(2) Sind mildernde Umstände vorhanden, so ist die Strafe Gefängnis nicht unter sechs Monaten.

1. September 1969: BGBl. 1969 I, S. 1445 (Nr. 88):
Bekanntmachung der Neufassung des Strafgesetzbuches

§ 217

(1) Eine Mutter, welche ihr uneheliches Kind in oder gleich nach der Geburt vorsätzlich tötet, wird mit Freiheitsstrafe nicht unter drei Jahren bestraft.

(2) Sind mildernde Umstände vorhanden, so ist die Strafe Freiheitsstrafe von sechs Monaten bis zu fünf Jahren.

2. März 1974: BGBl. 1974 I, S. 469:
Einführungsgesetz zum Strafgesetzbuch (EGStGB)

§ 217 wird wie folgt geändert:

a) In Absatz 1 werden das Wort „uneheliches" durch das Wort „nichteheliches" ersetzt und das Wort „vorsätzlich" gestrichen;

b) In Absatz 2 werden die Worte „Sind mildernde Umstände vorhanden, so" durch die Worte „In minder schweren Fällen" ersetzt.

2. Januar 1975: BGBl. 1975 I, S. 1:
Bekanntmachung der Neufassung des Strafgesetzbuches

§ 217 Kindestötung

(1) Eine Mutter, welche ihr nichteheliches Kind in oder gleich nach der Geburt tötet, wird mit Freiheitsstrafe nicht unter drei Jahren bestraft.

(2) In minder schweren Fällen ist die Strafe Freiheitsstrafe von sechs Monaten bis zu fünf Jahren.

10. März 1987: BGBl. 1987 I, S. 945:
Bekanntmachung der Neufassung des Strafgesetzbuches

§ 217 [Keine Änderung].

26. Januar 1998: BGBl. 1998 I Nr. 6, S. 164:
Sechstes Gesetz zur Reform des Strafrechts

§ 217 wird aufgehoben.

13. November 1998: BGBl. 1998 I Nr. 75, S. 3322:
Neubekanntmachung des Strafgesetzbuches

§ 217 [weggefallen].

Quellenverzeichnis

A) Veröffentlichte Quellen

1 Deutsches Partikularrecht

1.1 Quellensammlungen

1.1.1 Sammlung der deutschen Strafgesetzbücher, hrsg. von Melchior Stenglein.

Erstes Bändlein: Bayern, Oldenburg, Sachsen-Altenburg, Württemberg, Braunschweig.
Zweites Bändlein: Hannover, Hessen-Darmstadt und Frankfurt, Baden, Nassau.
Drittes Bändlein: Thüringisches Strafgesetzbuch, Preußen, Österreich, Sachsen. München 1858.

1.1.2 Gesetzrevision (1825–1848), hrsg. von Werner Schubert und Jürgen Regge: I. Abteilung Straf- und Strafprozeßrecht, Quellen zur preussischen Gesetzgebung des 19. Jahrhunderts

- Bd. 1: Strafrecht (Ministerium Danckelmann; 1827–1830). Liechtenstein 1981.
- Bd. 2: Straf- und Strafprozeßrecht (Ministerium Danckelmann; 1828–1830). Liechtenstein 1982.
- Bd. 3: Straf- und Strafprozeßrecht (Ministerium Kamptz; 1833–1837). Liechtenstein 1984.
- Bd. 4: Protokolle der Kommission des Staatsrats über die Beratungen des Revidierten Entwurfs eines Strafgesetzbuchs von 1836 (Ministerien Kamptz und Savigny; 1838–1842).

  1. Halbband.

  2. Halbband.

  Liechtenstein 1993.
- Bd. 5: Entwurf des Strafgesetzbuchs von 1843, Revision des Entwurfs des Strafgesetzbuchs von 1843 und Revidierter Entwurf der Strafprozeßordnung von 1841 (Ministerien Kamptz und Savigny). Liechtenstein 1994.
- Bd. 6: Entwurf eines Strafgesetzbuchs (1845–1848).

  1. Halbband.

  2. Halbband.

  Liechtenstein 1996.

1.1.3 Kodifikationsgeschichte Strafrecht. Herausgegeben von Werner Schubert, Jürgen Regge, Werner Schmid und Rainer Schröder. Frankfurt am Main 1991.

1.2 Einzelquellen (alphabetisch sortiert nach Region)

1.2.1 *Großherzogthum Baden*

Strafgesetzbuch für das Großherzogthum Baden vom 6. Mai 1845, abgedruckt in: Stenglein (s.1.1.1), Bd. 2 Nr. VIII.

1.2.2 *Königreich Bayern*

1.2.2.1 Das Bayerische Landrecht (Codex Maximilianus Bavaricus civilis) vom Jahre 1756 in seiner heutigen Geltung. Text mit Anmerkungen und Sachregister, herausgegeben von Max Danzer. München 1894.

1.2.2.2 Bayerisches Strafgesetzbuch vom 6. Mai 1813, abgedruckt in: Stenglein (s. 1.1.1), Bd. 1 Nr. I.

1.2.2.3 Anmerkungen zum Strafgesetzbuche für das Königreich Baiern. Nach den Protokollen des Königlichen Geheimen Raths. Zweiter Band. München 1813.

1.2.2.4 Strafgesetzbuch für das Königreich Bayern vom 1. November 1861. Amtliche Ausgabe. München 1861.

1.2.3 *Herzogthum Braunschweig*

1.2.3.1 Criminalgesetzbuch für das Herzogthum Braunschweig vom 10. Juli 1840 (= Criminalgesetzbuch für das Fürstenthum Lippe-Detmold vom 18. Juli 1843), abgedruckt in: Stenglein (s. 1.1.1), Bd. 1 Nr. V.

1.2.3.2 Das Criminalgesetzbuch für das Herzogthum Braunschweig nebst den Motiven der herzoglichen Landesregierung und Erlassen aus den staendigen Verhandlungen. Braunschweig 1840.

1.2.4 Code Pénal. Aus dem Französischen nach der officiellen Ausgabe übersetzt von Wilhelm Blanchard. Cöln 1812.

1.2.5 *Königreich Hannover*

Criminalgesetzbuch für das Königreich Hannover vom 8. August 1840, abgedruckt in: Stenglein (s. 1.1.1), Bd. 2 Nr. VI.

1.2.6 *Großherzogthum Hessen*

Strafgesetzbuch für das Großherzogthum Hessen vom 17. September 1841, abgedruckt in: Stenglein (s. 1.1.1), Bd. 2 Nr. VII.

1.2.7 *Herzogthum Oldenburg*

Strafgesetzbuch für die Herzoglich-Oldenburgischen Lande vom 10. September 1814, abgedruckt in: Stenglein (s. 1.1.1), Bd. 1 Nr. II.

1.2.8 *Kaiserthum Österreich*

1.2.8.1 Constitutio criminalis Theresiana, Tafeln und erläuternde Texte, Reprint der Originalausgabe von 1769. Herausgegeben und eingeleitet von Armin Forker. Heidelberg 1986.

1.2.8.2 Allgemeines Gesetz über Verbrechen und derselben Bestrafung (Constitutio Josephina), Wien 1787.

1.2.8.3 Gesetzbuch über Verbrechen und schwere Polizey-Übertretungen für das Kaiserthum Österreich vom 3. September 1803. Zweyte Auflage mit anhängenden neueren Vorschriften. Wien 1815.

1.2.8.4 Das Strafgesetzbuch über Verbrechen, Vergehen, und Übertretungen für das Kaiserthum Österreich vom 27. Mai 1852, abgedruckt in: Stenglein (s. 1.1.1), Bd. 3 Nr. XII.

1.2.9 *Königreich Preußen*

1.2.9.1 Allgemeines Landrecht für die Preußischen Staaten vom 1. Juni 1794. Mit einer Einführung von Hans Hattenhauer und einer Bibliographie von Günther Bernert. 2. Auflage. Neuwied/Kriftel/Berlin 1994.

1.2.9.2 Entwurf des Straf-Gesetz-Buches für die Preußischen Staaten. Berlin 1828, abgedruckt in: Schubert / Regge, Gesetzrevision Bd. 1 (s. 1.1.2).

1.2.9.3 Motive zu dem, von dem Revisor vorgelegten, Ersten Entwurfe des Criminal-Gesetzbuches für die Preußischen Staaten. Dritter Band. Zweite Abtheilung. Berlin 1829. IV, abgedruckt in: Schubert / Regge, Gesetzrevision Bd. 1 (s. 1.1.2).

1.2.9.4 Entwurf des Straf-Gesetz-Buches für die Preußischen Staaten. Erster Theil. Criminal-Strafgesetze. Berlin 1830, abgedruckt in: Schubert / Regge, Gesetzrevision Bd. 3 (s. 1.1.2).

1.2.9.5 Revidirter Entwurf des Strafgesetzbuches für die Königl. Preußischen Staaten. Erster Theil. Kriminal-Strafgesetze. Berlin 1833, abgedruckt in: Schubert / Regge, Gesetzrevision Bd. 3 (s. 1.1.2).

1.2.9.6 Motive zu dem Revidirten Entwurf des Strafgesetzbuchs für die Preußischen Staaten. Erster Theil. Kriminal-Strafgesetze. Berlin 1833, abgedruckt in: Schubert / Regge, Gesetzrevision Bd. 3 (s. 1.1.2).

1.2.9.7 Revidirter Entwurf des Strafgesetzbuchs für die Königlich-Preußischen Staaten. Berlin 1836, abgedruckt in: Schubert / Regge, Gesetzrevision Bd. 3 (s. 1.1.2).

1.2.9.8 Berathungs-Protokolle der zur Revision des Strafrechts ernannten Kommission des Staatsraths über den zweiten Theil des Entwurfs des Strafgesetzbuchs. Erste Abtheilung. Betreffend die Titel 1. bis 16. des speziellen Theils. Berlin 1840, abgedruckt in: Schubert / Regge, Gesetzrevision Bd. 4, 1. Teilbd. (s. 1.1.2).

1.2.9.9 1. Redaktion des Entwurfs des Strafgesetzbuchs, abgedruckt in: Schubert / Regge, Gesetzrevision Bd. 4, 2. Teilbd. (s. 1.1.2).

1.2.9.10 2. Redaktion des Entwurfs des Strafgesetzbuchs, abgedruckt in: Schubert / Regge, Gesetzrevision Bd. 4, 2. Teilbd. (s. 1.1.2).

1.2.9.11 3. Redaktion des Entwurfs des Strafgesetzbuchs, abgedruckt in: Schubert / Regge, Gesetzrevision Bd. 4, 2. Teilbd. (s. 1.1.2).

1.2.9.12 Entwurf für das Strafgesetzbuch für die Preußischen Staaten, nach den Beschlüssen des Königlichen Staatsraths. Berlin 1843, abgedruckt in: Schubert / Regge, Gesetzrevision Bd. 5 (s. 1.1.2).

1.2.9.13 Revision des Entwurfs des Strafgesetzbuchs von 1843. Zweiter Band. Zum zweiten Theil des Entwurfs Tit. 1–16. §. 141–401. Berlin 1845, abgedruckt in: Schubert Regge, Gesetzrevision, Bd. 5 (s. 1.1.2).

1.2.9.14 Revidirter Entwurf des Strafgesetzbuchs für die Preußischen Staaten. Vorgelegt von dem Ministerium der Gesetz-Revision. Berlin, 1845, abgedruckt in: Schubert / Regge, Gesetzrevision, Bd. 5 (s. 1.1.2).

1.2.9.15 Entwurf des Strafgesetzbuchs für die Preußischen Staaten, von der königlichen Immediat-Kommisssion dem Plenum des Staatsraths vorgelegt. Berlin 1846, abgedruckt in: Schubert / Regge, Gesetzesrevision, Bd. 6, 1. Teilbd. (s. 1.1.2.).

1.2.9.16 Verhandlungen der Kommission des Staatraths über den revidierten Entwurf des Strafgesetzbuchs. Berlin 1846, abgedruckt in: Schubert / Regge, Gesetzesrevision, Bd. 6, 1. Teilbd. (s. 1.1.2.).

1.2.9.17 Entwurf des Strafgesetzbuchs für die Preußischen Staaten, nebst dem Entwurf des Gesetzes über die Einführung des Strafgesetzbuches und dem Entwurf des Gesetzes über die Kompetenz und das Verfahren in dem Bezirke des Appelationsgerichtshofes zu Köln. Zur Vorlegung an die vereinigten ständischen Ausschüsse bestimmt. Berlin 1847, abgedruckt in: Schubert / Regge, Gesetzrevision, Bd. 6, 2. Teilbd. (s. 1.1.2.).

1.2.9.18 Verhandlungen des im Jahre 1848 zusammenberufenen Vereinigten ständischen Ausschusses, zusammengestellt von E. Bleich, in: Schubert / Regge / Schmidt / Schröder (s. 1.1.3)

- Bd. 1: Erste Abtheilung, enthaltend die Aktenstücke nebst den Sitzungs-Protokollen der vorberathenden Abtheilung und den Protokollen der Plenar-Versammlungen. Berlin 1848.
- Bd. 4: Zweite Abtheilung, enthaltend die stenographischen Berichte der Verhandlungen über den zweiten Theil des Entwurfs zum Strafgesetzbuch, von den einzelnen Verbrechen und deren Bestrafung. Zwölfter bis einschließlich siebenundzwanzigster Titel, §§ 222 bis 416, und über den dritten Theil desselben, von den Polizeivergehen und deren Bestrafung, §§ 417 bis 478, so wie über den Entwurf der Gesetze, die Einführung des Strafgesetzbuchs und die Kompetenz und das Verfahren in Strafsachen der Gerichte in dem Bezirke des rheinischen Appellationsgerichtshofes zu Köln, betreffend. Berlin 1848.

1.2.9.19 Entwurf des Strafgesetzbuches für die Preußischen Staaten, Berlin 1848 veröffentlicht durch Banke, Entwurf eines deutschen Einheitsstrafrechts, Bd. 2.

1.2.9.20 Verhandlungen der Ersten und Zweiten Kammer über die Entwürfe des Strafgesetzbuches für die Preußischen Staaten und des Gesetzes über die Einführung desselben, vom 10. Dezember 1850. Nebst den Kommissionsberichten und sonstigen Aktenstücken. Berlin 1851, in: Schubert / Regge / Schmid / Schröder (s. 1.1.3).

1.2.9.21 Entwurf des Strafgesetzbuchs für die Preußischen Staaten. Berlin 1851, in: Schubert/ Regge / Schmid / Schröder (s. 1.1.3).

1.2.9.22 Strafgesetzbuch für die Preußischen Staaten. Vom 14. April 1851. Nebst den Abweichungen der Strafgesetzbücher für das Herzogthum Anhalt-Bernburg vom 22. Januar 1852 und das Fürstenthum Waldeck und Pyrmont vom 15. Mai 1855, abgedruckt in: Stenglein (s. 1.1.1), Bd. 3 Nr. XI.

1.2.10 *Königreich Sachsen*

1.2.10.1 Criminalgesetzbuch für das Herzogthum Sachsen-Altenburg vom 3. Mai 1841 (gleichzeitig: Königlich-Sächsisches Criminalgesetzbuch vom 30. März 1838), abgedruckt in: Stenglein (s. 1.1.1), Bd. 1 Nr. III.

1.2.10.2 Strafgesetzbuch für das Königreich Sachsen vom 11. August 1855, abgedruckt in: Stenglein (s. 1.1.1), Bd. 3 Nr. XIII.

1.2.11 *Königreich Württemberg*

Strafgesetzbuch für das Königreich Württemberg vom 1. März 1839, abgedruckt in: Stenglein (s. 1.1.1), Bd. 1 Nr. IV.

2 Gesetze und Reformmaterialien des Norddeutschen Bundes, des Deutschen Reiches und der Bundesrepublik Deutschland

2.1 Quellensammlungen

2.1.1 Entstehung des Strafgesetzbuchs, hrsg. von Werner Schubert und Thomas Vormbaum, Kommissionsprotokolle und Entwürfe

- Bd. I: 1869. Baden-Baden 2002.
- Bd. II: 1870. Baden-Baden 2004.

2.1.2 Schubert, Werner (Hrsg.): Kodifikationsgeschichte Strafrecht. Quellen zum Strafgesetzbuch von 1870

- Bd. 1: Entwurf eines Strafgesetzbuches für den Norddeutschen Bund vom Juli 1869 und Motive zu diesem Entwurf.

2.1.3 Vergleichende Darstellung des deutschen und ausländischen Strafrechts. Vorarbeiten zur deutschen Strafrechtsreform. Hrsg. auf Anregung des Reichsjustizamts von Karl Birkmeyer, Fritz v. Calker, Reinhard Frank, Robert v. Hippel, Wilhelm Kahl, Karl v. Lilienthal, Franz v. Liszt, Adolf Wach. 6 Bde. zum Allgemeinen Teil, 8 Bde. zum Besonderen Teil, Registerbd. Berlin 1905–1909.

2.1.4 Protokolle zur Reform des Strafgesetzbuches (1911–1913), hrsg. von Werner Schubert. Frankfurt a.M. 1990

- Bd. 1: Allgemeiner Teil des Vorentwurfs in 1. Lesung, Protokolle 1–70.
- Bd. 3: Besonderer Teil des Vorentwurfs in 1. Lesung. §§ 212–310 des Vorentwurfs, Protokolle 141–207.

2.1.5 Quellen zur Reform des Straf- und Strafprozeßrechts, hrsg. von Werner Schubert, Jürgen Regge, Peter Rieß und Werner Schmid. Berlin/New York.

2.1.5.1 I. Abteilung: Weimarer Republik (1918–1932)

- Bd. 1: Entwürfe zu einem Strafgesetzbuch (1919, 1922, 1924/25, 1927), hrsg. von Jürgen Regge und Werner Schubert, 1995.

– Bd. 2: Beratungen des Entwurfs zu einem Allgemeinen Deutschen Strafgesetzbuch im Reichsrat 1924/25, mit einer Einleitung von Werner Schubert, 1998.
– Bd. 3: Protokolle der Strafrechtsausschüsse des Reichstags.

1. Teil, Sitzungen vom Juli 1927 bis März 1928, Sitzungen der deutschen und österreichischen parlamentarischen Strafrechts -konferenzen (1927–1930), hrsg. von Werner Schubert, 1995.

2. Teil, Sitzungen vom Juli 1928 bis September 1929, hrsg. von Werner Schubert, 1996.

3. Teil, Sitzungen von Oktober 1929 bis Juni 1930, hrsg. von Werner Schubert, 1997.

4. Teil, Sitzungen von Dezember 1930 bis Mai 1932, Zusammenstellung der Beschlüsse, hrsg. von Werner Schubert, 1994.

2.1.5.2 II. Abteilung: NS-Zeit (1933–1939) – Strafgesetzbuch
– Bd. 1, Entwürfe eines Strafgesetzbuchs.

1. Teil, hrsg. von Jürgen Regge und Werner Schubert.
Teilband 1, 1988. Teilband 2, 1990.

2. Teil, hrsg. von Jürgen Regge und Werner Schubert, 1990.

– Bd. 2, Protokolle der Strafrechtskommission des Reichsjustizministeriums, hrsg. von Jürgen Regge und Werner Schubert.

Teilbände 1 und 2: Erste Lesung, hrsg. von Jürgen Regge und Werner Schubert, 1988, 1989.

– Bd. 4, Protokolle der Strafrechtskommission des Reichsjustizministeriums.

4. Teil, Zweite Lesung: Besonderer Teil, hrsg. von Jürgen Regge und Werner Schubert, 1994.

2.1.6 Das Strafgesetzbuch. Sammlung der Änderungsgesetze und Neubekanntmachungen. Hrsg. von Thomas Vormbaum und Jürgen Welp. Baden-Baden
– Bd. 1: 1870–1953 (2000).
– Bd. 2: 1954–1974 (2002).
– Bd. 3: 1975–1992 (2002).
– Supplementband I: 130 Jahre Strafgesetzgebung. Eine Bilanz (2004).

2.1.7 Sammlung der vom Alliierten Kontrollrat und der Amerikanischen Militärregierung erlassenen Proklamationen, Gesetze, Verordnungen, Befehle, Direktiven. Im englischen Originalwortlaut mit deutscher Übersetzung zusammengestellt von R. Hemken. Loseblattsammlung. Stuttgart 1946–1955.

2.1.8 Materialien zur Strafrechtsreform. 15 Bände. Bonn 1954–1962
– Bd. 1: Gutachten der Strafrechtslehrer (1954).
– Bd. 2: Rechtsvergleichende Arbeiten.

Teilband II: Besonderer Teil (1955).

– Bd. 5: Entwurf eines Allgemeinen Deutschen Strafgesetzbuchs 1930 – Entwurf *Kahl* (Nachdruck 1954).

2.1.9 Niederschriften über die Sitzungen der Großen Strafrechtskommission. 14 Bände und 1 Registerband. Bonn 1956–1960
- Bd. V: Besonderer Teil. 53. bis 58. Sitzung (1958).
- Bd. VII: Besonderer Teil. 67. bis 75. Sitzung (1959).
- Bd. XII: 2. Lesung, Allgemeiner Teil (1959).
- Bd. XIII: 2. Lesung, Besonderer Teil (1960).

2.1.10 Gutachten und Stellungnahmen zu Fragen der Strafrechtsreform mit ärztlichem Einschlag (1958).

2.1.11 Niederschrift über die 6. Tagung der Länderkommission für die Große Strafrechtsreform in Überlingen vom 27. September bis 1. Oktober 1960.

2.1.12 Niederschriften über die Sitzungen der Unterkommissionen zur Vorbereitung des Entwurfs des Besonderen Teils eines Strafgesetzbuchs. 1. Band: I. Unterkommission (1961).

2.1.13 Verhandlungen des Dreiundfünfzigsten Deutschen Juristentages. Berlin 1980. Herausgegeben von der Ständigen Deputation des Deutschen Juristentages
- Bd. 1: Gutachten.
- Bd. 2: Sitzungsberichte.

2.1.14 Reform des Strafgesetzbuchs - Sammlung der Reformentwürfe 1909 bis 1996 (Bd. 1–3). Herausgegeben von Thomas Vormbaum und Kathrin Rentrop. Berlin 2008
- Bd. 1: 1909 bis 1919.
- Bd. 2: 1922 bis 1939.
- Bd. 3: 1959 bis 1996.

2.2 **Einzelquellen** (in chronologischer Reihenfolge)

2.2.1 Entwurf eines Strafgesetzbuches für den Norddeutschen Bund (Entwurf Friedberg, Juli 1869), abgedruckt in: Schubert / Vormbaum, Bd. 1 (s. 2.1.1).

2.2.2 Reichstagsvorlage (Entwurf vom 14. Februar 1870), abgedruckt in: Schubert / Vormbaum, Bd. 1 (s. 2.1.1).

2.2.3 Strafgesetzbuch für den Norddeutschen Bund. Vom 31. Mai 1870, abgedruckt in: BGBl. NdB 1870, 195.

2.2.4 Gesetz betreffend die Redaktion des Strafgesetzbuchs für den Norddeutschen Bund als Strafgesetzbuch für das Deutsche Reich. Vom 15. Mai 1871, abgedruckt in: RGBl. 1871, 127 und Vormbaum / Welp, Bd. 1 (s. 2.1.6).

2.2.5 Vergleichende Darstellung des deutschen und ausländischen Strafrechts, Vorarbeiten zur deutschen Strafrechtsreform. Besonderer Teil. Bd. V. Verbrechen und Vergehen wider das Leben. Körperverletzung. Freiheitsdelikte. Berlin 1905 (Bearb.: *v. Liszt*).

2.2.6 Vorentwurf zu einem Deutschen Strafgesetzbuch. Bearbeitet von der hierzu bestellten Sachverständigenkommission. Veröffentlicht auf Anordnung des

Reichsjustizamts. Berlin 1909. Begründung. 2 Bde. (AT und BT). Berlin 1909, abgedruckt in: Vormbaum / Rentrop, Bd. 1 (s. 2.1.14).

2.2.7 Zusammenstellung der gutachtlichen Äußerungen über den Vorentwurf zu einem Deutschen Strafgesetzbuch. Gefertigt im Reichsjustizamt. Als Manuskript gedruckt. Berlin (Reichsdruckerei) 1911.

2.2.8 Gegenentwurf zum Vorentwurf eines deutschen Strafgesetzbuchs. Aufgestellt von W. Kahl, K. v. Lilienthal, F. v. Liszt, J. Goldschmidt. Text mit Vorwort. Berlin 1911. Begründung (mit einer Denkschrift, betreffend die Einarbeitung der Nebengesetze, von N.H. Kriegsmann). Berlin 1911, abgedruckt in: Vormbaum / Rentrop, Bd. 1 (s. 2.1.14).

2.2.9 Entwürfe zu einem Deutschen Strafgesetzbuch. Veröffentlicht auf Anordnung des Reichsjustizministeriums. Berlin 1920. Darin in jeweils eigener Paginierung:

2.2.9.1 Entwurf der Strafrechtskommission (1913).

2.2.9.2 Entwurf von 1919.

2.2.10 Gustav Radbruchs Entwurf eines Allgemeinen Deutschen Strafgesetzbuches (1922), abgedruckt in: Schubert / Regge, I. Abt., Bd. 1 (s. 2.1.5.1).

2.2.11 Amtlicher Entwurf eines Allgemeinen Deutschen Strafgesetzbuches nebst Begründung. Veröffentlicht auf Anordnung des Reichsjustizministeriums. Erster Teil: Entwurf. Zweiter Teil: Begründung. Berlin 1925.

2.2.12 Entwurf eines Allgemeinen Deutschen Strafgesetzbuches nebst Begründung: Reichstag. III. Wahlperiode 1924/27, Drucksache Nr. 3390, abgedruckt in Schubert / Regge, I. Abt., Bd. 1 (s. 2.1.5.1).

2.2.13 Gesetz zur Fortführung der Strafrechtreform. Vom 31. März 1928, in: RGBl. I 1928, S. 135.

2.2.14 Entwurf eines Allgemeinen Deutschen Strafgesetzbuchs 1930 (Entwurf Kahl). Reichstag. V. Wahlperiode 1930. Drucksache Nr. 395 vom 6. Dezember 1930. Nachdruck als Bd. 5 der Materialien zur Strafrechtsreform. Bonn 1954.

2.2.15 Nationalsozialistisches Strafrecht. Denkschrift des Preußischen Justizministeriums. Berlin 1933.

2.2.16 Referentenentwurf eines Allgemeinen Strafgesetzbuchs vom 25. September 1933, abgedruckt in: Schubert / Regge, II. Abt., Bd. 1.1 (s. 2.1.5.2).

2.2.17 Entwurf eines Deutschen Strafgesetzbuchs (Entwurf der amtlichen Strafrechtskommission, 1. Lesung 1933 / 34), abgedruckt in Schubert / Regge, II. Abt., Bd. 1.1 (s. 2.1.5.2).

2.2.18 Entwurf eines Deutschen Strafgesetzbuchs 1936, abgedruckt in Schubert / Regge, II. Abt., Bd. 1.1 (s. 2.1.5.2).

2.2.19 Erstes Strafrechtsänderungsgesetz vom 30. August 1951, abgedruckt in Vormbaum / Welp, Bd. 1, Nr. 61 (s. 2.1.6).

2.2.20 Zweites Strafrechtsänderungsgesetz vom 6. März 1953, abgedruckt in Vormbaum / Welp, Bd. 1, Nr. 64 (s. 2.1.6).

2.2.21 Regierungsentwurf zum Dritten Strafrechtsänderungsgesetz (Strafrechtsbereinigungsgesetz), BR-Drs. 287/52.

2.2.22 Mündlicher Bericht des Rechtsausschusses und Synopse mit dem Regierungsentwurf zum Dritten Strafrechtsänderungsgesetz, BT-Drs. I/4250.

2.2.23 Drittes Strafrechtsänderungsgesetz vom 4. August 1953, abgedruckt in: Vormbaum / Welp, Bd. 1, Nr. 65 (s. 2.1.6).

2.2.24 Entwurf eines Strafgesetzbuchs nach den Beschlüssen der Großen Strafrechtskommission in erster Lesung zusammengestellt und überarbeitet vom Bundesministerium der Justiz (E 1959 I). Bonn 1958, abgedruckt in: Materialien zur Strafrechtsreform Bd. XII.

2.2.25 Entwurf eines Strafgesetzbuchs nach den Beschlüssen der Großen Strafrechtskommission in zweiter Lesung zusammengestellt und überarbeitet vom Bundesministerium der Justiz (E 1959 II). Bonn 1959.

2.2.26 Entwurf eines Strafgesetzbuches (StGB). E 1960. Mit Begründung. BT-Drs. 270/60. Bonn 1960.

2.2.27 Entwurf eines Strafgesetzbuches (StGB) E 1962. Mit Begründung. BT-Drs. IV/650. Bonn 1962.

2.2.28 Die Beratungen im Bundesrat zum Entwurf eines Strafgesetzes (StGB) am 13. Juli 1962. Nach dem stenographischen Bericht über die 248. Sitzung des Bundesrates, herausgegeben vom Sekretariat des Bundesrates 1962.

2.2.29 Alternativ-Entwurf eines Strafgesetzbuches (AE) Allgemeiner Teil, vorgelegt von Jürgen Baumann, Anne-Eva Brauneck, Ernst Walter Hannack, Arthur Kaufmann, Ulrich Klug, Ernst-Joachim Lampe, Theodor Lenkner, Werner Maihofer, Peter Noll, Claus Roxin, Rudolf Schmitz, Hans Schultz, Günter Stratenwerth und Walter Stree. Tübingen 1966.

2.2.30 Erstes Gesetz zur Reform des Strafrechts (1. StrRG) vom 25. Juni 1969, in: BGBl. I 1969, S. 645, abgedruckt in: Vormbaum / Welp, Das Strafgesetzbuch, Bd. 2, Nr. 82 (s. 2.1.6).

2.2.31 Zweites Gesetz zur Reform des Strafrechts (2. StrRG) vom 4. Juli 1969, BGBl. I 1969, S. 717, abgedruckt in: Vormbaum / Welp, Das Strafgesetzbuch, Bd. 2, Nr. 83 (s. 2.1.6).

2.2.32 Gesetz über die rechtliche Stellung der nichtehelichen Kinder vom 19. August 1969, BGBl. I, S. 1243 ff.

2.2.33 Alternativ-Entwurf eines Strafgesetzbuches (AE) Besonderer Teil. Straftaten gegen die Person. 1. Halbband, vorgelegt von Jürgen Baumann, Anne-Eva Brauneck, Ernst Walter Hannack, Arthur Kaufmann, Ulrich Klug, Ernst-Joachim Lampe, Theodor Lenkner, Werner Maihofer, Peter Noll, Claus Roxin, Rudolf Schmitz, Hans Schultz, Günter Stratenwerth und Walter Stree. Tübingen 1970.

2.2.34 Einführungsgesetz zum Strafgesetzbuch (EGStGB) vom 4. März 1974, in: BGBl. I 1974, S. 469, abgedruckt in: Vormbaum / Welp, Das Strafgesetzbuch, Bd. 2, Nr. 88 (s. 2.1.6).

2.2.35 Bekanntmachung der Neufassung des Strafgesetzbuches (StGB) vom 2. Januar 1975, BGBl. 1975 I, S. 1; abgedruckt in: Vormbaum / Welp, Das Strafgesetzbuch, Bd. 3, Nr. 103 (s. 2.1.6).

2.2.36 Alternativ-Entwurf eines Strafgesetzbuches (AE). Besonderer Teil. Straftaten gegen die Wirtschaft. Vorgelegt von Ernst-Joachim Lampe, Theodor Lenckner, Walter Stree, Klaus Tiedemann, Ulrich Weber. Tübingen 1977.

2.2.37 Sechstes Gesetz zur Reform des Strafrechts (6. StrRG) vom 26 Januar 1998, in: BGBl. 1998 I, S. 164, abgedruckt in: Vormbaum / Welp, Das Strafgesetzbuch, Bd. 4, Nr. 170 (s. 2.1.6).

2.2.38 Protokolle der Beratungen des Sonderausschusses für die Strafrechtsreform (zit. nach Wahlperiode, laufender Nummer und Seitenzahl).

2.2.39 Drucksachen des Deutschen Bundestages (zit. nach Wahlperiode, laufender Nummer und Seitenzahl).

2.2.40 Drucksachen des Deutschen Bundesrates (zit. nach laufender Nummer, Jahresangabe und Seitenzahl).

2.2.41 Deutscher Bundestag, Rechtsausschuß. Stenographische Protokolle (zit. nach Wahlperiode, Protokollnummer, Seitenzahl).

2.2.42 Verhandlungen des Deutschen Bundestages. Stenographische Berichte (zit. nach Band, Wahlperiode, Sitzungsnummer, Seitenzahl, Buchstabe).

2.3 Internet-Ressourcen

2.3.1 Bundesministerium der Justiz: http://www.bmj.bund.de.

2.3.2 Drucksachen des Deutschen Bundesrates: http://www.bundesrat.de.

2.3.3 Drucksachen des Deutschen Bundestages: http://www.bundestag.de.

B) Unveröffentlichte Quellen

1 Bundesarchiv Berlin-Lichterfelde

1.1 R 3001/5811
Reichsjustizministerium. Generalakte zur Strafrechtsreform (Band 7). September 1921 – September 1923.

1.2 R 3001/5839
Reichsjustizministerium. Anträge der Bundesregierungen und der Länder zum Entwurf eines Allgemeinen Deutschen Strafgesetzbuchs, Bd. 2: Juni 1926 – September 1926.

1.3 R 3001/5840
Reichsjustizministerium. Beratungen des Reichsrats zum Entwurf eines Allgemeinen Deutschen Strafgesetzbuchs.

1.4 R 3001/5915
Reichsjustizministerium. Reform des Strafrechts. Österreichische Vorschläge, Bd. 1: Dezember 1921 – Juli 1922.

1.5 R 3001/5969
Reichsjustizministerium. Kommission zur Aufstellung des Entwurfs eines Einführungsgesetzes zu einem Deutschen Strafgesetzbuch – Begründung der Beschlüsse. Fortführung der Strafrechtsreform, Bd. 1 – Berichte.

2 Bundesarchiv Koblenz

2.1 B 141/003086
Bundesministerium der Justiz. Drittes Strafrechtsänderungsgesetz (Strafrechtsbereinigungsgesetz) vom 04. August 1953 – Materialien.

2.2 B 141/82097
Bundesministerium der Justiz. Strafrechtsreform, Straftaten gegen das Leben. Bd. 7: Juni 1962 – August 1972.

2.3 B 141/451769
Bundesministerium der Justiz. Sechstes Gesetz zur Reform des Strafrechts (6. StrRG) – Materialien. Stellungnahme des Justizministeriums des Landes Rheinland-Pfalz zum Entwurf des 6. StrRG vom 20. März 1997. Stellungnahme der Evangelischen Kirche in Deutschland zum Entwurf des 6. StrRG vom 20.Februar 1997.

Die Akten befanden sich zum Zeitpunkt der Einsichtnahme (5. November 2008) noch beim Bundesministerium der Justiz in Berlin und waren für eine Überstellung zur Aufnahme in das Bundesarchiv in Koblenz vorgesehen.

2.4 B 141/451785
Bundesministerium der Justiz. Sechstes Gesetz zur Reform des Strafrechts (6. StrRG) – Materialien. Stellungnahme des Generalbundesanwalts beim Bundesgerichtshof zum Entwurf des 6. StrRG vom 18. Februar 1997. Stellungnahme des Bundesvorstandes der Gewerkschaft der Polizei zum Entwurf des 6. StrRG vom 18. Februar 1997. Stellungnahme des Kommissariats der Deutschen Bischöfe zum Entwurf des 6. StrRG vom 19.Februar 1997.

Die Akten befanden sich zum Zeitpunkt der Einsichtnahme (5. November 2008) noch beim Bundesministerium der Justiz in Berlin und waren für eine Überstellung zur Aufnahme in das Bundesarchiv in Koblenz vorgesehen.

Literaturverzeichnis

ASCHROTT, Paul Felix / KOHLRAUSCH, Eduard (Hrsg.): Reform des Strafrechts. Kritische Besprechung des Amtlichen Entwurfs eines Allgemeinen Deutschen Strafgesetzbuchs. Auf Veranlassung der Deutschen Landesgruppe der Internationalen Kriminalistischen Vereinigung. Berlin/Leipzig 1926 (zitiert: *Bearbeiter*, in: Aschrott/Kohlrausch, Reform des Strafrechts, S.).

BANKE, Waldemar: Der Erste Entwurf eines Deutschen Einheitsstrafrechts. Bd. 2. Der Vorentwurf zum ersten Deutschen Einheitsstrafrecht (Mit erstmaliger Herausgabe des preußischen Entwurfs 1848). Berlin 1915 (zitiert: *Banke*, Entwurf, Bd. 2, S.).

BAR, Carl Ludwig von: Handbuch des deutschen Strafrechts. Band 1, Geschichte des deutschen Strafrechts und der Strafrechtstheorien. 2. Neudruck der Ausgabe Berlin, mit Vorbemerkungen zum 1. Neudruck von Ludwig Schnorr v. Carolsfeld. Aalen 1992 (zitiert: *v. Bar*, Handbuch des deutschen Strafrechts, Band 1, S.).

BAUMANN, Jürgen: Strafrechtsreform ohne Gesamtparlament?, in: ZRP 1974, 77–80 (zitiert: *Baumann*, Strafrechtsreform ohne Gesamtparlament?, ZRP 1974, S.).

BECCARIA, Cesare: Über Verbrechen und Strafen (Dei delitti et delle pene, Monaco 1764). Nach der Ausgabe von 1766 übersetzt und herausgegeben von Wilhelm Alff. Frankfurt am Main 1966 (zitiert: *Beccaria*, Über Verbrechen und Strafen, S.).

BERNER, Albert Friedrich: Die Strafgesetzgebung in Deutschland vom Jahre 1751 bis zur Gegenwart. Neudruck der Ausgabe Leipzig 1867. Aalen 1978 (zitiert: *Berner*, Strafgesetzgebung in Deutschland, S.).

BLANKE, Dieter: Die Kindestötung in rechtlicher und kriminologischer Hinsicht. Kiel 1966 (zitiert: *Blanke*, Kindestötung, S.).

CZELK, Andrea: „Privilegierung" und Vorurteil. Positionen der Bürgerlichen Frauenbewegung zum Unehelichenrecht und zur Kindstötung im Kaiserreich, Köln 2005 (zitiert: *Czelk*, „Privilegierung" und Vorurteil, S.).

CLOSSMANN, Karl: Die Kindestötung historisch-dogmatisch dargestellt. Erlangen 1889 (zitiert: Clossmann, Kindestötung, S.).

DENKER, Friedrich / STRUENSEE, Eberhardt / NELLES, Ursula / STEIN Ulrich: Einführung in das 6. Strafrechtsreformgesetz 1998. München 1998 (zitiert: *Bearbeiter*, in: Einführung in das 6. Strafrechtsreformgesetz, S.)

ESER, Albin: Empfiehlt es sich, die Straftatbestände des Mordes, des Totschlags und der Kindestötung (§§ 211 bis 213, 217 StGB) neu abzugrenzen? Gutachten D für den 53. Deutschen Juristentag.; in: Verhandlungen des 53. Deutschen Juristentages. Band I. Berlin 1980 (zitiert: *Eser*, Gutachten, S.).

FEUERBACH, Paul Johann Anselm Ritter von: Kritik des Kleinschrodischen Entwurfs zu einem peinlichen Gesetzbuche für die Chur-Pfalz-Bayrischen Staaten. Zweiter Theil. Specielle Kritik, der Grundsätze dieses Entwurfs von Verbrechen und Strafen überhaupt (§§ 1–402). Neuabdruck. Herausgegeben von Werner Schmid. Kodfikationsgeschichte Strafrecht. Frankfurt am Mainz 1988 (zitiert: *Feuerbach*, Kritik des Kleinschrodischen Entwurfs, Teil II, S.).

Freund, Georg: Der Entwurf eines 6. Gesetzes zur Reform des Strafrechts. Eine Würdigung unter Einbeziehung der Stellungnahme eines Arbeitskreises von Strafrechtslehrern, in: ZStW 109 (1997), S. 455 ff. (zitiert: *Freund*, ZStW 109 [1997], S.).

Fuss, Georg: Der Begriff der Kindstötung nach § 217 RStGB, sowie deren Behandlung in den Entwürfen zu einem neuen Reichsstrafgesetzbuch mit Rechtsvergleichung. Coburg, 1932 (zitiert: *Fuß*, Kindstötung, S.).

Grimm, Jacob: Deutsche Rechtsaltertümer. Band 1 und 2. Leipzig 1899. Reprografischer Nachdruck durch Andreas Heusler und Rudolf Hübner. Darmstadt 1983 (zitiert *Grimm*, Rechtsaltertümer, Bd., S.).

Grosse-Vehne, Vera: Tötung auf Verlangen (§ 216 StGB), „Euthanasie" und Sterbehilfe – Reformdiskussion und Gesetzgebung seit 1870. Baden-Baden 2005 (zitiert: *Große-Vehne*, Tötung auf Verlangen, S.).

Guhl-Finkenthei, Iris: § 217 StGB – eine zeitgemäße Vorschrift?, in: Festschrift für Günter Bemmann: zum 70. Geburtstag am 15. Dezember 1997, herausgegeben von Joachim Schultz / Thomas Vormbaum. Baden-Baden 1997 (zitiert: *Guhl-Finkenthei* in: Festschrift für Günter Bemmann, S.).

Gürtner, Franz: Das kommende deutsche Strafrecht. Bericht über die Arbeiten der Amtlichen Strafrechtskommission.
– Besonderer Teil. 1. Auflage. Berlin 1935.
– Besonderer Teil. 2. Auflage. Berlin 1936.
(zitiert: *Bearbeiter*, Das kommende deutsche Strafrecht, BT, Aufl., S.).

Hanack, Ernst-Walter: Das Legalitätsprinzip und die Strafrechtsreform, in: Festschrift für Wilhelm Gallas zum 70. Geburtstag am 22. Juli 1973, herausgegeben von Karl Lackner, Heinz Leferenz, Eberhard Schmidt, Jürgen Welp und Ernst A. Wolff. Berlin / New York 1973 (zitiert: *Hanack*, Das Legalitätsprinzip und die Strafrechtsreform, S.).

Handke, Hildegard: Die Kindestötung: Rechtshistorisch und rechtsvergleichend. Breslau 1937 (zitiert: *Handke*, Kindestötung, S.).

Häberlin, Carl Franz Wolf Jerome: Kritische Bemerkungen zu dem Entwurf eines Strafgesetzbuches für den Norddeutschen Bund. Erlangen 1869 (zitiert: *Häberlin*, Bemerkungen, S.).

Held, Hermann Gustav: Bemerkungen zu dem Entwurf eines Strafgesetzbuches für den Norddeutschen Bund. Dresden 1870 (zitiert: *Held*, Bemerkungen zum Entwurf eines Strafgesetzbuchs, S.).

Herzberg, Rolf / **Herzberg**, Annika: Der Beginn des Menschseins im Strafrecht: Die Vollendung der Geburt, in: JZ 2001, S. 1106 ff. (zitiert *Herzberg / Herzberg*, Der Beginn des Menschseins im Strafrecht, in JZ 2001, S.).

Hoche, Karl: Vorsätzliche Tötung des Kindes vor und nach der Geburt, in: Bemerkungen zum Vorentwurf des Strafgesetzbuchs. Herausgegeben von der Justizkommission des Deutschen Vereins für Psychiatrie. Jena 1910 (zitiert: *Hoche*, in: Bemerkungen zum Vorentwurf des Strafgesetzbuchs, Jena 1910, S.).

HOHLER, Richard: Die Strafrechtsreform – Beginn einer Erneuerung, in: NJW 1969, S. 1225 ff. (zitiert: *Hohler*, Die Strafrechtsreform, NJW 1969, S.).

JOHN, Richard Ed.: Entwurf mit Motiven zu einem Strafgesetzbuche für den Norddeutschen Bund. Berlin 1868 (zitiert: *John*, Entwurf, S.).

JORDAN, Ludwig: Über den Begriff und die Strafe des Kindsmordes nach der peinlichen Gerichtsordnung Karls V. mit Rücksicht auf das römische und altgermanische Recht: ein Beitrag zur Interpretation der Art. 35, 36 und 131 der Carolina. Neudruck der Ausgabe von 1844, Wiesbaden 1982 (zitiert: *Jordan*, Kindesmord, S.).

KASTNER, Klaus: Der Kindsmord: historische, rechtliche und literarische Aspekte; in: NJW 1991, S. 1443 ff. (zitiert *Kastner*, Der Kindsmord, NJW 1991, S.).

KAUFMANN, Arnim: Die Reformen des deutschen Strafrechts; in: Kurt Madlener / Dietrich Papenfuss / Wolfgang Schöne, Strafrecht und Strafrechtsreform. Referate und Diskussionen eines Symposiums der Alexander von Humboldt-Stiftung, Bonn-Bad-Godesberg, 1973 in Ludwigsburg. Köln/Berlin/Bonn/München 1974. S. 7–20 (zitiert: *Kaufmann*, Die Reformen des deutschen Strafrechts, S.).

KERRL, Hans: Nationalsozialistisches Strafrecht. Denkschrift des Preußischen Justizministeriums. Berlin 1933 (zitiert: *Bearbeiter*, Nationalsozialistisches Strafrecht, S.).

KOHLRAUSCH, Eduard: Deutsches Strafgesetzbuch und Nebengesetze. Berlin 1947 (zitiert: *Kohlrausch*, StGB).

KÖNIG, Dieter: Die Tötungsdelkte; in: Materialien zur Strafrechtsreform. Bd. 2. Bonn 1955. S. 209–234 (zitiert: *König*, Die Tötungsdelikte, S.).

KRIEGELSTEIN, Erwin: Die rechtshistorische Entwicklung der Kindestötung unter medizinischen Aspekten. Frankfurt 1969 (zitiert: Kriegelstein, S.).

LEYSER, August von: Meditationes ad Pandectas, quibus praecipua iuris capita ex antiquitate explicantur, cum iuribus recentioribus conferuntur atque variss celebrium collegiorum responsis illustrantur, Bände 1–7 und 10–12 (von 12) in 10 Bänden. 1718 bis 1747 (zitiert: *Leyser*, Mediationes ad pandectas, S.).

LINKA, Katharina: Mord und Totschlag (§§ 211-213 StGB). Reformdiskussion und Gesetzgebung seit 1870. Berlin 2008 (zitiert: *Linka*, Mord und Totschlag, S.).

LISZT, Franz von: Lehrbuch des Deutschen Strafrechts, 20. Auflage 1914. Berlin (zitiert: *v. Liszt*, Deutsches Strafrecht, §).

LISZT, Franz von: Der Zweckgedanke im Strafrecht 1882/1883. Neuabdruck des 1883 in der ZStW erstmals abgedruckten Beitrags mit einer Einführung von Michael Köhler. Kleine Reihe Juristische Zeitgeschichte. Band 6. Baden-Baden 2002 (zitiert: *v. Liszt*, Der Zweckgedanke im Strafrecht, S.).

MARXEN, Klaus: Der Kampf gegen das liberale Strafrecht: eine Studie zum Antiliberalismus in der Strafrechtswissenschaft der zwanziger und dreißiger Jahre. Berlin 1975 (zitiert: *Marxen*, Der Kampf gegen das liberale Strafrecht, S.).

Michalik, Kerstin: Kindsmord. Sozial- und Rechtsgeschichte der Kindstötung im 18. und beginnenden 19. Jahrhundert am Beispiel Preußen. Pfaffenweiler 1997 (zitiert, *Michalik*, Sozial- und Rechtsgeschichte der Kindstötung, S.).

Pestalozzi, Johann Heinrich: Memorial ad „Über Verbrechen und Straffen" in: Job-Günter Klink, Bibliographie Johann Heinrich Pestalozzi, Schrifttum 1923–1965. Schweiz 1968 (zitiert: *Pestalozzi*, Über Verbrechen und Strafen, S.).

Radbruch, Gustav: Die Peinliche Gerichtsordnung Kaiser Karls V. von 1532 (Carolina). 5. verbesserte und ergänzte Auflage herausgegeben von Arthur Kaufmann. Stuttgart 1980 (zitiert: *Radbruch*, Carolina, S.).

Rameckers, Jan Matthias: Der Kindsmord in der Literatur der Sturm- und Drang-Periode. Ein Beitrag zur Kultur- und Literatur-Geschichte des 18. Jahrhunderts. Rotterdam 1944 (zitiert: *Ramekers*, S.).

Rentrop, Kathrin: Untreue und Unterschlagung (§§ 266 und 246 StGB). Reformdiskussion und Gesetzgebung seit dem 19. Jahrhundert. Berlin 2007 (zitiert: *Rentrop*, Untreue, S.).

Rubo, Ernst Traugott: Kommentar über das Strafgesetzbuch für das Deutsche Reich. Berlin 1879 (zitiert: *Rubo*, Kommentar, S.).

Schmidt, Eberhard: Einführung in die Geschichte der deutschen Strafrechtspflege. 3. Auflage. Göttingen 1965 (zitiert: *Schmidt*, Strafrechtspflege, S.).

Schmoller, Kurt: Abschaffung der Sonderregelung für „Kindestötung"?, in: Festschrift für Karl Heinz Gössel zum 70. Geburtstag, herausgegeben von Dieter Dölling und Volker Erb, Heidelberg 2002, (zitiert: *Schmoller*, Abschaffung der Sonderregelung für „Kindestötung?", in FS Gössel, S.).

Schönke, Adolf / Schröder, Horst: Strafgesetzbuch, Kommentar, 27. Auflage. München 2006 (zitiert: *Bearbeiter*, in: Schönke / Schröder, StGB, S.).

Schröder, Horst, Die künftige Gestaltung der Tötungsdelikte, in Materialien zur Strafrechtsreform, Bd. 1. Bonn 1954, S. 283–293 (zitiert: *Schröder*, Die künftige Gestaltung der Tötungsdelikte, S.).

Schubert, Werner: Die Quellen zum Strafgesetzbuch von 1870/71, in GA 1982, S. 191 ff. (zitiert: Schubert, Quellen zum Strafgesetzbuch, GA 1982, S.).

Schwarz, Manfred: Die Kindestötung in ihrem Wandel vom qualifizierten zum privilegierten Delikt. Berlin 1935 (zitiert: *Schwarz*, Kindestötung, S.).

Scheffler, Uwe: Das Reformzeitalter 1953–1975, in: Vormbaum, Thomas / Welp, Jürgen: Das Strafgesetzbuch. Sammlung der Änderungsgesetze und Neubekanntmachungen. Supplementband 1: 130 Jahre Strafgesetzgebung – Eine Bilanz, Berlin 2004, S. 174. (zitiert: Scheffler, Das Reformzeitalter, S.).

Strampff, Heinrich Leopold von: Kritische Briefe über den Entwurf des Strafgesetzbuches für die Preußischen Staaten, Berlin 1844, in: Bibliothek des Deutschen Strafrechts, Meister der Moderne (64), Goldbach 1997 (zitiert: *v. Strampff*, Kritische Briefe über den Entwurf des Strafgesetzbuches für die Preußischen Staaten, Berlin 1844, in: Bibliothek des Deutschen Strafrechts, Meister der Moderne [64], Goldbach 1997).

STREB, Jochen: Über die Kindestötung. Eine strafrechtliche und kriminologische Studie zur Problematik des § 217 StGB und des von ihm vorausgesetzten Deliktstyps. Berlin 1968 (zitiert *Streb*, Kindestötung, S.).

TEMME, Jodocus Donatus Hubertus: Kritik des Entwurfs des Strafgesetzbuches für die Preußischen Staaten, Erster Theil. Berlin 1843, in: Bibliothek des Deutschen Strafrechts, Meister der Moderne (92), Goldbach 1997 (zitiert: *Temme*, Kritik des Entwurfs des Strafgesetzbuches für die Preußischen Staaten. Erster Theil.).

VOLZ, Gustav Berthold: Die Werke Friedrichs des Großen. Band 8. Philosophische Schriften. Reprint der Originalausgabe von 1913. Berlin 2006 (zitiert. Die Werke Friedrichs des Großen, Bd. 8, S.).

VORMBAUM, Thomas: Eid, Meineid und Falschaussage. Reformdiskussion und Gesetzgebung seit 1870. Berlin 1990 (zitiert: *Vormbaum*, Eid, Meineid und Falschaussage, S.).

VORMBAUM, Thomas: Einführung in die moderne Strafrechtsgeschichte, Berlin / Heidelberg 2009 (zitiert: *Vormbaum*, Einführung in die moderne Strafrechtsgeschichte, S.).

WAHLE, Eberhard: Zur Privilegierung der Kindestötung (§§ 217 StGB, 136 E 1962) in: FamRZ 67, S. 542 ff. (zitiert *Wahle*, Zur Privilegierung der Kindestötung [§§ 217 StGB, 136 E 1962], FamRZ 67, S.).

WALCHER, Kurt: Das Neugeborene in forensischer Hinsicht. Berlin 1941 (zitiert: *Walcher*, Das Neugeborene in forensischer Hinsicht, S.).

WALLACH, Hans: Zur Lehre vom Kindesmord. Köln 1932 (zitiert; *Wallach*, Kindsmord, S.).

WÄCHTERSHÄUSER, Wilhelm: Das Verbrechen des Kindesmordes im Zeitalter der Aufklärung. Eine rechtsgeschichtliche Untersuchung der dogmatischen, prozessualen und rechtssoziologischen Aspekte. Berlin 1973 (zitiert: *Wächtershäuser*, Das Verbrechen des Kindesmordes, S.).

WELP, Jürgen: Die Strafgesetzgebung der Nachkriegszeit (1945–1953) in: Vormbaum, Thomas / Welp, Jürgen (Hrsg.): Das Strafgesetzbuch. Sammlung der Änderungsgesetze und Neubekanntmachungen. Supplementband I: 130 Jahre Strafgesetzgebung. Eine Bilanz. Berlin 2004. S. 139 ff. (zitiert: *Welp*, Strafgesetzbuch der Nachkriegszeit, S.).

WEINSCHENK, Miriam: § 217 StGB – Folgen des Wegfalls einer Norm. Konstanz 2004 (zitiert: Weinschenk, S.).

WEISKE, Julius: Abhandlungen auf dem Gebiete des teutschen Rechts theoretischen und praktischen Inhalts. Leipzig 1830 (zitiert: *Weiske*, Abhandlungen aus dem Gebiete des teutschen Rechts, S.).

Juristische Zeitgeschichte

Herausgeber: Prof. Dr. Dr. Thomas Vormbaum, FernUniversität in Hagen

Abteilung 1: Allgemeine Reihe

1 *Thomas Vormbaum (Hrsg.):* Die Sozialdemokratie und die Entstehung des Bürgerlichen Gesetzbuchs. Quellen aus der sozialdemokratischen Partei und Presse (1997)
2 *Heiko Ahlbrecht:* Geschichte der völkerrechtlichen Strafgerichtsbarkeit im 20. Jahrhundert (1999)
3 *Dominik Westerkamp:* Pressefreiheit und Zensur im Sachsen des Vormärz (1999)
4 *Wolfgang Naucke:* Über die Zerbrechlichkeit des rechtsstaatlichen Strafrechts. Gesammelte Aufsätze zur Strafrechtsgeschichte (2000)
5 *Jörg Ernst August Waldow:* Der strafrechtliche Ehrenschutz in der NS-Zeit (2000)
6 *Bernhard Diestelkamp:* Rechtsgeschichte als Zeitgeschichte. Beiträge zur Rechtsgeschichte des 20. Jahrhunderts (2001)
7 *Michael Damnitz:* Bürgerliches Recht zwischen Staat und Kirche. Mitwirkung der Zentrumspartei am Bürgerlichen Gesetzbuch (2001)
8 *Massimo Nobili:* Die freie richterliche Überzeugungsbildung. Reformdiskussion und Gesetzgebung in Italien, Frankreich und Deutschland seit dem Ausgang des 18. Jahrhunderts (2001)
9 *Diemut Majer:* Nationalsozialismus im Lichte der Juristischen Zeitgeschichte (2002)
10 *Bianca Vieregge:* Die Gerichtsbarkeit einer „Elite". Nationalsozialistische Rechtsprechung am Beispiel der SS- und Polizeigerichtsbarkeit (2002)
11 *Norbert Berthold Wagner:* Die deutschen Schutzgebiete (2002)
12 *Miloš Vec:* Die Spur des Täters. Methoden der Identifikation in der Kriminalistik (1879–1933), (2002)
13 *Christian Amann:* Ordentliche Jugendgerichtsbarkeit und Justizalltag im OLG-Bezirk Hamm von 1939 bis 1945 (2003)
14 *Günter Gribbohm:* Das Reichskriegsgericht (2004)
15 *Martin M. Arnold:* Pressefreiheit und Zensur im Baden des Vormärz. Im Spannungsfeld zwischen Bundestreue und Liberalismus (2003)
16 *Ettore Dezza:* Beiträge zur Geschichte des modernen italienischen Strafrechts (2004)
17 *Thomas Vormbaum (Hrsg.):* „Euthanasie" vor Gericht. Die Anklageschrift des Generalstaatsanwalts beim OLG Frankfurt/M. gegen Werner Heyde u. a. vom 22. Mai 1962 (2005)
18 *Kai Cornelius:* Vom spurlosen Verschwindenlassen zur Benachrichtigungspflicht bei Festnahmen (2006)
19 *Kristina Brümmer-Pauly:* Desertion im Recht des Nationalsozialismus (2006)
20 *Hanns-Jürgen Wiegand:* Direktdemokratische Elemente in der deutschen Verfassungsgeschichte (2006)
21 *Hans-Peter Marutschke (Hrsg.):* Beiträge zur modernen japanischen Rechtsgeschichte (2006)

Abteilung 2: Forum Juristische Zeitgeschichte

1 *Franz-Josef Düwell / Thomas Vormbaum (Hrsg.):* Themen juristischer Zeitgeschichte (1) – Schwerpunktthema: Recht und Nationalsozialismus (1998)
2 *Karl-Heinz Keldungs:* Das Sondergericht Duisburg 1943–1945 (1998)
3 *Franz-Josef Düwell / Thomas Vormbaum (Hrsg.):* Themen juristischer Zeitgeschichte (2) – Schwerpunktthema: Recht und Juristen in der Revolution von 1848/49 (1998)
4 *Thomas Vormbaum:* Beiträge zur juristischen Zeitgeschichte (1999)
5 *Franz-Josef Düwell / Thomas Vormbaum:* Themen juristischer Zeitgeschichte (3), (1999)
6 *Thomas Vormbaum (Hrsg.):* Themen juristischer Zeitgeschichte (4), (2000)
7 *Frank Roeser:* Das Sondergericht Essen 1942–1945 (2000)
8 *Heinz Müller-Dietz:* Recht und Nationalsozialismus – Gesammelte Beiträge (2000)
9 *Franz-Josef Düwell (Hrsg.):* Licht und Schatten. Der 9. November in der deutschen Geschichte und Rechtsgeschichte – Symposium der Arnold-Freymuth-Gesellschaft, Hamm (2000)
10 *Bernd-Rüdiger Kern / Klaus-Peter Schroeder (Hrsg.):* Eduard von Simson (1810–1899). „Chorführer der Deutschen“ und erster Präsident des Reichsgerichts (2001)
11 *Norbert Haase / Bert Pampel (Hrsg.):* Die Waldheimer „Prozesse“ – fünfzig Jahre danach. Dokumentation der Tagung der Stiftung Sächsische Gedenkstätten am 28. und 29. September in Waldheim (2001)
12 *Wolfgang Form (Hrsg.):* Literatur- und Urteilsverzeichnis zum politischen NS-Strafrecht (2001)
13 *Sabine Hain:* Die Individualverfassungsbeschwerde nach Bundesrecht (2002)
14 *Gerhard Pauli / Thomas Vormbaum (Hrsg.):* Justiz und Nationalsozialismus – Kontinuität und Diskontinuität. Fachtagung in der Justizakademie des Landes NRW, Recklinghausen, am 19. und 20. November 2001 (2003)
15 *Mario Da Passano (Hrsg.):* Europäische Strafkolonien im 19. Jahrhundert. Internationaler Kongreß des Dipartimento di Storia der Universität Sassari und des Parco nazionale di Asinara, Porto Torres, 25. Mai 2001 (2006)
16 *Sylvia Kesper-Biermann / Petra Overath (Hrsg.):* Die Internationalisierung von Strafrechtswissenschaft und Kriminalpolitik (1870–1930). Deutschland im Vergleich (2007)
17 *Hermann Weber (Hrsg.):* Literatur, Recht und Musik. Tagung im Nordkolleg Rendsburg vom 16. bis 18. September 2005 (2007)
18 *Hermann Weber (Hrsg.):* Literatur, Recht und (bildende) Kunst. Tagung im Nordkolleg Rendsburg vom 21. bis 23. September 2007 (2008)

Abteilung 3: Beiträge zur modernen deutschen Strafgesetzgebung Materialien zu einem historischen Kommentar

1 *Thomas Vormbaum / Jürgen Welp (Hrsg.):* Das Strafgesetzbuch seit 1870. Sammlung der Änderungen und Neubekanntmachungen; Vier Textbände (1999–2002) und drei Supplementbände (2005, 2006)
2 *Christian Müller:* Das Gewohnheitsverbrechergesetz vom 24. November 1933. Kriminalpolitik als Rassenpolitik (1998)

3 *Maria Meyer-Höger:* Der Jugendarrest. Entstehung und Weiterentwicklung einer Sanktion (1998)
4 *Kirsten Gieseler:* Unterlassene Hilfeleistung – § 323c StGB. Reformdiskussion und Gesetzgebung seit 1870. (1999)
5 *Robert Weber:* Die Entwicklung des Nebenstrafrechts 1871–1914 (1999)
6 *Frank Nobis:* Die Strafprozeßgesetzgebung der späten Weimarer Republik (2000)
7 *Karsten Felske:* Kriminelle und terroristische Vereinigungen – §§ 129, 129a StGB (2002)
8 *Ralf Baumgarten:* Zweikampf – §§ 201–210 a.F. StGB (2003)
9 *Felix Prinz:* Diebstahl – §§ 242 ff. StGB (2003)
10 *Werner Schubert / Thomas Vormbaum (Hrsg.):* Entstehung des Strafgesetzbuchs. Kommissionsprotokolle und Entwürfe. Band 1: 1869 (2002); Band 2: 1870 (2004)
11 *Lars Bernhard:* Falsche Verdächtigung (§§ 164, 165 StGB) und Vortäuschen einer Straftat (§ 145d StGB), (2003)
12 *Frank Korn:* Körperverletzungsdelikte – §§ 223 ff., 340 StGB. Reformdiskussion und Gesetzgebung von 1870 bis 1933 (2003)
13 *Christian Gröning:* Körperverletzungsdelikte – §§ 223 ff., 340 StGB. Reformdiskussion und Gesetzgebung seit 1933 (2004)
14 *Sabine Putzke:* Die Strafbarkeit der Abtreibung in der Kaiserzeit und in der Weimarer Zeit. Eine Analyse der Reformdiskussion und der Straftatbestände in den Reformentwürfen (1908–1931), (2003)
15 *Eckard Voßiek:* Strafbare Veröffentlichung amtlicher Schriftstücke (§ 353d Nr. 3 StGB). Gesetzgebung und Rechtsanwendung seit 1851 (2004)
16 *Stefan Lindenberg:* Brandstiftungsdelikte – §§ 306 ff. StGB. Reformdiskussion und Gesetzgebung seit 1870 (2004)
17 *Ninette Barreneche †:* Materialien zu einer Strafrechtsgeschichte der Münchener Räterepublik 1918/1919 (2004)
18 *Carsten Thiel:* Rechtsbeugung – § 339 StGB. Reformdiskussion und Gesetzgebung seit 1870 (2005)
19 *Vera Große-Vehne:* Tötung auf Verlangen (§ 216 StGB), „Euthanasie" und Sterbehilfe. Reformdiskussion und Gesetzgebung seit 1870 (2005)
20 *Thomas Vormbaum / Kathrin Rentrop (Hrsg.):* Reform des Strafgesetzbuchs. Sammlung der Reformentwürfe. Band 1: 1909 bis 1919. Band 2: 1922 bis 1939. Band 3: 1959 bis 1996 (2008)
21 *Dietmar Prechtel:* Urkundendelikte (§§ 267 ff. StGB). Reformdiskussion und Gesetzgebung seit 1870 (2005)
22 *Ilya Hartmann:* Prostitution, Kuppelei, Zuhälterei. Reformdiskussion und Gesetzgebung seit 1870 (2006)
23 *Ralf Seemann:* Strafbare Vereitelung von Gläubigerrechten (§§ 283 ff., 288 StGB). Reformdiskussion und Gesetzgebung seit 1870 (2006)
24 *Andrea Hartmann:* Majestätsbeleidigung (§§ 94 ff. StGB a.F.) und Verunglimpfung des Staatsoberhauptes (§ 90 StGB). Reformdiskussion und Gesetzgebung seit dem 19. Jahrhundert (2006)
25 *Christina Rampf:* Hausfriedensbruch (§ 123 StGB). Reformdiskussion und Gesetzgebung seit 1870 (2006)
26 *Christian Schäfer:* „Widernatürliche Unzucht" (§§ 175, 175a, 175b, 182, a.F. StGB). Reformdiskussion und Gesetzgebung seit 1945 (2006)

27 *Kathrin Rentrop:* Untreue und Unterschlagung (§§ 266 und 246 StGB). Reformdiskussion und Gesetzgebung seit dem 19. Jahrhundert (2007)
28 *Martin Asholt:* Straßenverkehrsstrafrecht. Reformdiskussion und Gesetzgebung seit dem Ausgang des 19. Jahrhunderts (2007)
29 *Katharina Linka:* Mord und Totschlag (§§ 211–213 StGB). Reformdiskussion und Gesetzgebung seit 1870 (2008)
30 *Juliane Sophia Dettmar:* Legalität und Opportunität im Strafprozess. Reformdiskussion und Gesetzgebung von 1877 bis 1933 (2008)
31 *Jürgen Durynek:* Korruptionsdelikte (§§ 331 ff. StGB). Reformdiskussion und Gesetzgebung seit dem 19. Jahrhundert (2008)
32 *Judith Weber:* Das sächsische Strafrecht im 19. Jahrhundert bis zum Reichsstrafgesetzbuch (2009)
33 *Denis Matthies:* Exemplifikationen und Regelbeispiele. Eine Untersuchung zum 100-jährigen Beitrag von Adolf Wach zur „Legislativen Technik" (2009)
34 *Benedikt Rohrßen:* Von der „Anreizung zum Klassenkampf" zur „Volksverhetzung" (§ 130 StGB). Reformdiskussion und Gesetzgebung seit dem 19. Jahrhundert (2009)
35 *Friederike Goltsche:* Der Entwurf eines Allgemeinen Deutschen Strafgesetzbuches von 1922 (Entwurf Radbruch) (2010)
36 *Tarig Elobied:* Die Entwicklung des Strafbefehlsverfahrens von 1846 bis in die Gegenwart (2010)
37 *Christina Müting:* Sexuelle Nötigung; Vergewaltigung (§ 177 StGB) (2010)
38 *Nadeschda Wilkitzki:* Entstehung des Gesetzes über Internationale Rechtshilfe in Strafsachen (IRG) (2010)

Abteilung 4: Leben und Werk. Biographien und Werkanalysen

1 *Mario A. Cattaneo:* Karl Grolmans strafrechtlicher Humanismus (1998)
2 *Gerit Thulfaut:* Kriminalpolitik und Strafrechtstheorie bei Edmund Mezger (2000)
3 *Adolf Laufs:* Persönlichkeit und Recht. Gesammelte Aufsätze (2001)
4 *Hanno Durth:* Der Kampf gegen das Unrecht. Gustav Radbruchs Theorie eines Kulturverfassungsrechts (2001)
5 *Volker Tausch:* Max Güde (1902–1984). Generalbundesanwalt und Rechtspolitiker (2002)
6 *Bernd Schmalhausen:* Josef Neuberger (1902–1977). Ein Leben für eine menschliche Justiz (2002)
7 *Wolf Christian von Arnswald:* Savigny als Strafrechtspraktiker. Ministerium für die Gesetzesrevision (1842–1848), (2003)
8 *Thilo Ramm:* Ferdinand Lassalle. Der Revolutionär und das Recht (2004)
9 *Martin D. Klein:* Demokratisches Denken bei Gustav Radbruch (2007)
10 *Francisco Muñoz Conde:* Edmund Mezger – Beiträge zu einem Juristenleben (2007)
11 *Whitney R. Harris:* Tyrannen vor Gericht. Das Verfahren gegen die deutschen Hauptkriegsverbrecher nach dem Zweiten Weltkrieg in Nürnberg 1945–1946 (2008)
12 *Eric Hilgendorf (Hrsg.):* Die deutschsprachige Strafrechtswissenschaft in Selbstdarstellungen (2010)

13 *Tamara Cipolla:* Friedrich Karl von Strombeck. Leben und Werk – Unter besonderer Berücksichtigung des Entwurfes eines Strafgesetzbuches für ein Norddeutsches Staatsgebiet (2010)

14 *Karoline Peters:* J. D. H. Temme und das preußische Strafverfahren in der Mitte des 19. Jahrhunderts (2010)

Abteilung 5: Juristisches Zeitgeschehen Rechtspolitik und Justiz aus zeitgenössischer Perspektive

Mitherausgegeben von Gisela Friedrichsen („Der Spiegel")
und RA Prof. Dr. Franz Salditt

1 *Diether Posser:* Anwalt im Kalten Krieg. Ein Stück deutscher Geschichte in politischen Prozessen 1951–1968. 3. Auflage (1999)

2 *Jörg Arnold (Hrsg.):* Strafrechtliche Auseinandersetzung mit Systemvergangenheit am Beispiel der DDR (2000)

3 *Thomas Vormbaum (Hrsg.):* Vichy vor Gericht: Der Papon-Prozeß (2000)

4 *Heiko Ahlbrecht / Kai Ambos (Hrsg.):* Der Fall Pinochet(s). Auslieferung wegen staatsverstärkter Kriminalität? (1999)

5 *Oliver Franz:* Ausgehverbot für Jugendliche („Juvenile Curfew") in den USA. Reformdiskussion und Gesetzgebung seit dem 19. Jahrhundert (2000)

6 *Gabriele Zwiehoff (Hrsg.):* „Großer Lauschangriff". Die Entstehung des Gesetzes zur Änderung des Grundgesetzes vom 26. März 1998 und des Gesetzes zur Änderung der Strafprozeßordnung vom 4. Mai 1998 in der Presseberichterstattung 1997/98 (2000)

7 *Mario A. Cattaneo:* Strafrechtstotalitarismus. Terrorismus und Willkür (2001)

8 *Gisela Friedrichsen / Gerhard Mauz:* Er oder sie? Der Strafprozeß Böttcher/Weimar. Prozeßberichte 1987 bis 1999 (2001)

9 *Heribert Prantl / Thomas Vormbaum (Hrsg.):* Juristisches Zeitgeschehen 2000 in der Süddeutschen Zeitung (2001)

10 *Helmut Kreicker:* Art. 7 EMRK und die Gewalttaten an der deutsch-deutschen Grenze (2002)

11 *Heribert Prantl / Thomas Vormbaum (Hrsg.):* Juristisches Zeitgeschehen 2001 in der Süddeutschen Zeitung (2002)

12 *Henning Floto:* Der Rechtsstatus des Johanniterordens. Eine rechtsgeschichtliche und rechtsdogmatische Untersuchung zum Rechtsstatus der Balley Brandenburg des ritterlichen Ordens St. Johannis vom Spital zu Jerusalem (2003)

13 *Heribert Prantl / Thomas Vormbaum (Hrsg.):* Juristisches Zeitgeschehen 2002 in der Süddeutschen Zeitung (2003)

14 *Kai Ambos / Jörg Arnold (Hrsg.):* Der Irak-Krieg und das Völkerrecht (2004)

15 *Heribert Prantl / Thomas Vormbaum (Hrsg.):* Juristisches Zeitgeschehen 2003 in der Süddeutschen Zeitung (2004)

16 *Sascha Rolf Lüder:* Völkerrechtliche Verantwortlichkeit bei Teilnahme an „Peace-keeping"-Missionen der Vereinten Nationen (2004)

17 *Heribert Prantl / Thomas Vormbaum (Hrsg.):* Juristisches Zeitgeschehen 2004 in der Süddeutschen Zeitung (2005)

18 *Christian Haumann:* Die „gewichtende Arbeitsweise" der Finanzverwaltung. Eine Untersuchung über die Aufgabenerfüllung der Finanzverwaltung bei der Festsetzung der Veranlagungssteuern (2008)

Abteilung 6: Recht in der Kunst

Mitherausgegeben von Prof. Dr. Gunter Reiß

1 *Heinz Müller-Dietz:* Recht und Kriminalität im literarischen Widerschein. Gesammelte Aufsätze (1999)
2 *Klaus Lüderssen (Hrsg.):* »Die wahre Liberalität ist Anerkennung«. Goethe und die Juris prudenz (1999)
3 *Bertolt Brecht:* Die Dreigroschenoper (1928) / Dreigroschenroman (1934). Mit Kommentaren von Iring Fetscher und Bodo Plachta (2001)
4 *Annette von Droste-Hülshoff:* Die Judenbuche (1842) / Die Vergeltung (1841). Mit Kommentaren von Heinz Holzhauer und Winfried Woesler (2000)
5 *Theodor Fontane:* Unterm Birnbaum (1885). Mit Kommentaren von Hugo Aust und Klaus Lüderssen (2001)
6 *Heinrich von Kleist:* Michael Kohlhaas (1810). Mit Kommentaren von Wolfgang Naucke und Joachim Linder (2000)
7 *Anja Sya:* Literatur und juristisches Erkenntnisinteresse. Joachim Maass' Roman „Der Fall Gouffé" und sein Verhältnis zu der historischen Vorlage (2001)
8 *Heiner Mückenberger:* Theodor Storm – Dichter und Richter. Eine rechtsgeschichtliche Lebensbeschreibung (2001)
9 *Hermann Weber (Hrsg.):* Annäherung an das Thema „Recht und Literatur". Recht, Literatur und Kunst in der NJW (1), (2002)
10 *Hermann Weber (Hrsg.):* Juristen als Dichter. Recht, Literatur und Kunst in der NJW (2), (2002)
11 *Hermann Weber (Hrsg.):* Prozesse und Rechtsstreitigkeiten um Recht, Literatur und Kunst. Recht, Literatur und Kunst in der NJW (3), (2002)
12 *Klaus Lüderssen:* Produktive Spiegelungen. 2., erweiterte Auflage (2002)
13 *Lion Feuchtwanger:* Erfolg. Drei Jahre Geschichte einer Provinz. Roman (1929). Mit Kommentaren von Theo Rasehorn und Ernst Ribbat (2002)
14 *Jakob Wassermann:* Der Fall Maurizius. Roman (1928). Mit Kommentaren von Thomas Vormbaum und Regina Schäfer (2003)
15 *Hermann Weber (Hrsg.):* Recht, Staat und Politik im Bild der Dichtung. Recht, Literatur und Kunst in der Neuen Juristischen Wochenschrift (4), (2003)
16 *Hermann Weber (Hrsg.):* Reale und fiktive Kriminalfälle als Gegenstand der Literatur. Recht, Literatur und Kunst in der Neuen Juristischen Wochenschrift (5), (2003)
17 *Karl Kraus:* Sittlichkeit und Kriminalität. (1908). Mit Kommentaren von Helmut Arntzen und Heinz Müller-Dietz (2004)
18 *Hermann Weber (Hrsg.):* Dichter als Juristen. Recht, Literatur und Kunst in der Neuen Juristischen Wochenschrift (6), (2004)
19 *Hermann Weber (Hrsg.):* Recht und Juristen im Bild der Literatur. Recht, Literatur und Kunst in der Neuen Juristischen Wochenschrift (7), (2005)
20 *Heinrich von Kleist:* Der zerbrochne Krug. Ein Lustspiel (1811). Mit Kommentaren von Michael Walter und Regina Schäfer (2005)
21 *Francisco Muñoz Conde / Marta Muñoz Aunión:* „Das Urteil von Nürnberg". Juristischer und filmwissenschaftlicher Kommentar zum Film von Stanley Kramer (1961), (2006)

22 *Fjodor Dostojewski:* Aufzeichnungen aus einem Totenhaus (1860). Mit Kommentaren von Heinz Müller-Dietz und Dunja Brötz (2005)
23 *Thomas Vormbaum (Hrsg.):* Anton Matthias Sprickmann. Dichter und Jurist. Mit Kommentaren von Walter Gödden, Jörg Löffler und Thomas Vormbaum (2006)
24 *Friedrich Schiller:* Verbrecher aus Infamie (1786). Mit Kommentaren von Heinz Müller-Dietz und Martin Huber (2006)
25 *Franz Kafka:* Der Proceß. Roman (1925). Mit Kommentaren von Detlef Kremer und Jörg Tenckhoff (2006)
26 *Heinrich Heine:* Deutschland. Ein Wintermährchen. Geschrieben im Januar 1844. Mit Kommentaren von Winfried Woesler und Thomas Vormbaum (2006)
27 *Thomas Vormbaum (Hrsg.):* Recht, Rechtswissenschaft und Juristen im Werk Heinrich Heines (2006)
28 *Heinz Müller-Dietz:* Recht und Kriminalität in literarischen Spiegelungen (2007)
29 *Alexander Puschkin:* Pique Dame (1834). Mit Kommentaren von Barbara Aufschnaiter/Dunja Brötz und Friedrich-Christian Schroeder (2007)
30 *Georg Büchner:* Danton's Tod. Dramatische Bilder aus Frankreichs Schreckensherrschaft. Mit Kommentaren von Sven Kramer und Bodo Pieroth (2007)
31 *Daniel Halft:* Die Szene wird zum Tribunal! Eine Studie zu den Beziehungen von Recht und Literatur am Beispiel des Schauspiels „Cyankali" von Friedrich Wolf (2007)
32 *Erich Wulffen:* Kriminalpsychologie und Psychopathologie in Schillers Räubern (1907). Herausgegeben von Jürgen Seul (2007)
33 *Klaus Lüderssen:* Produktive Spiegelungen: Recht in Literatur, Theater und Film. Band II (2007)
34 *Albert Camus:* Der Fall. Roman (1956). Mit Kommentaren von Brigitte Sändig und Sven Grotendiek (2008)
35 *Thomas Vormbaum (Hrsg.):* Pest, Folter und Schandsäule. Der Mailänder Prozess wegen „Pestschmierereien" in Rechtskritik und Literatur. Mit Kommentaren von Ezequiel Malarino und Helmut C. Jacobs (2008)
36 *E. T. A. Hoffmann:* Das Fräulein von Scuderi – Erzählung aus dem Zeitalter Ludwigs des Vierzehnten (1819). Mit Kommentaren von Heinz Müller-Dietz und Marion Bönnighausen (2010)
37 *Leonardo Sciascia:* Der Tag der Eule. Mit Kommentaren von Gisela Schlüter und Daniele Negri (2010)

Abteilung 7: Beiträge zur Anwaltsgeschichte

Mitherausgegeben von Gerhard Jungfer, Dr. Tilmann Krach
und Prof. Dr. Hinrich Rüping

1 *Babette Tondorf:* Strafverteidigung in der Frühphase des reformierten Strafprozesses. Das Hochverratsverfahren gegen die badischen Aufständischen Gustav Struve und Karl Blind (1848/49), (2006)
2 *Hinrich Rüping:* Rechtsanwälte im Bezirk Celle während des Nationalsozialismus (2007)

Abteilung 8: Judaica

1 *Hannes Ludyga:* Philipp Auerbach (1906–1952). „Staatskommissar für rassisch, religiös und politisch Verfolgte“ (2005)
2 *Thomas Vormbaum:* Der Judeneid im 19. Jahrhundert, vornehmlich in Preußen. Ein Beitrag zur juristischen Zeitgeschichte (2006)
3 *Hannes Ludyga:* Die Rechtsstellung der Juden in Bayern von 1819 bis 1918. Studie im Spiegel der Verhandlungen der Kammer der Abgeordneten des bayerischen Landtags (2007)

Bei Fragen zur Produktsicherheit wenden Sie sich bitte an:
If you have any questions regarding product safety,
please contact:

Walter de Gruyter GmbH
Genthiner Straße 13
10785 Berlin
productsafety@degruyterbrill.com